MÉXICO A TRES BANDAS

MÉXICO A TRES BANDAS

Un recorrido crítico de la historia de México

Leopoldo Mendívil,
Juan Miguel Zunzunegui,
Pedro J. Fernández

Grijalbo

México a tres bandas
Un recorrido crítico de la historia de México

Primera edición: febrero, 2020

D. R. © 2019, Pedro J. Fernández
D. R. © 2019, Leopoldo Mendívil
D. R. © 2019, Juan Miguel Zunzunegui

D. R. © 2020, derechos de edición mundiales en lengua castellana:
Penguin Random House Grupo Editorial, S. A. de C. V.
Blvd. Miguel de Cervantes Saavedra núm. 301, 1er piso,
colonia Granada, delegación Miguel Hidalgo, C. P. 11520,
Ciudad de México

www.megustaleer.mx

ISBN: 978-607-318-805-0

Impreso en México – *Printed in Mexico*

El papel utilizado para la impresión de este libro ha sido fabricado a partir de madera
procedente de bosques y plantaciones gestionadas con los más altos estándares ambientales,
garantizando una explotación de los recursos sostenible con el medio ambiente y beneficiosa para las personas.

Penguin
Random House
Grupo Editorial

ÍNDICE

PRÓLOGO

¿Quién ha dicho que se requiere ser historiador para divulgar la historia? ¿Quién? Ni Leopoldo Mendívil ni Juan Miguel Zunzunegui ni Pedro J. Fernández, o quien suscribe las presentes líneas a modo de *introito* para presentar un trabajo de investigación deslumbrante, tenemos una licenciatura en Historia. Si bien prescindimos de un título académico en esta materia, semejante razón no nos impide ni nos impedirá la posibilidad de indagar, de averiguar, de estudiar, escrutar, escudriñar y rastrear lo acontecido en el pasado de México, divulgarlo, y dar las sonoras y debidas voces de alarma, de modo que juntos tratemos de impedir la repetición dolorosa de los hechos a falta de memoria histórica en nuestro país.

No podemos volver a tropezarnos con las mismas piedras ni intentar recorrer los viejos caminos que conducen al desastre al carecer de experiencia, conocimientos o recuerdos de antaño, sobre todo cuando México ya cuenta con ciento treinta millones de habitantes, es decir, diez veces más compatriotas que quienes, en 1913, padecieron los horrores una revolución, una guerra fratricida que destruyó a la nación con un

11

escandaloso reporte de pérdidas de vidas humanas que enlutaron a las familias mexicanas.

De ahí que el trabajo de Mendívil, Zunzunegui y Fernández constituya una lectura inescapable y obligatoria, porque estos tres grandes investigadores rehuyeron con gran talento a los términos académicos y a la construcción sofisticada de nuestro pasado para hacer accesible la lectura a quienes deseen acercarse a esta historia con el fundado ánimo de informarse para descubrir el rostro de nuestros eternos enemigos, así como para saber los errores y aciertos cometidos por nuestros antepasados, cuyos resultados hoy estamos disfrutando o padeciendo.

El faraónico ahínco de estos tres importantes investigadores constituye un ejemplar esfuerzo a seguir a cargo de las generaciones futuras, ya que de las escasas centenas de historiadores graduados en las universidades del país no podemos esperar sorprendentes trabajos reveladores en diferentes aspectos de la materia que nos ocupa. ¿Razones? Quien haya terminado su carrera y decida abordar un tema de alguna manera desconocido, tendrá que dedicar al menos tres años para llegar a conocer a fondo la vida de un personaje o de un hecho concreto. Pensemos en algún joven historiador que deseara redactar la biografía de Joel Poinsett, embajador de los Estados Unidos en los primeros años del México independiente, o la importancia del petróleo mexicano en la Gran Guerra, sin el cual seguramente Inglaterra habría sucumbido ante la ferocidad de las tropas del Káiser Guillermo II. ¿Cómo podría financiar el autor de marras su investigación, sobre todo si es un desconocido en los medios especializados? ¿Quién financiará su patriótica labor mientras se extravía durante años en archivos, hemerotecas, bibliotecas y viaja por el país o al extranjero para hacerse de más fuentes personales o materiales, movido por el justificado deseo de fundar e impulsar debidamente su obra?

Si el autor de mi ejemplo decidiera llevar una vida económica paralela para coronar sus ambiciones con un excelente ensayo histórico, tendría que convencer a una editorial sobre la posibilidad de llevar a cabo la publicación, y aun así, tendría que enfrentar otro enorme desafío: ¿Qué parte del público invertiría sus ahorros en la adquisición de su trabajo? Mi experiencia me indica que tal vez podría vender tres mil ejemplares, después de emplear tres años en la investigación y de padecer severas carencias económicas. ¿Resultado? Un albañil azulejero —debo subrayar mi admiración por ese sector de nuestra sociedad— ganaría más que un recién graduado en Historia después de haber pasado años en las aulas. ¿Conclusión? La inmensa mayoría de los egresados prefieren dar clases en alguna escuela o, tal vez, prestar sus servicios en las páginas de sociales de los diarios de la república para ganarse la vida. De ahí que sea tan difícil encontrar las obras de nuevos historiadores mexicanos en las librerías del país...

Cuando Leopoldo, Juan Miguel y Pedro me hicieron el honor de invitarme a redactar el presente prólogo, acepté entusiasmado porque en México requerimos de cientos de Leopoldos, Juan Migueles y Pedros que lleven a cabo trabajos monumentales de divulgación como el que actualmente tienen en sus manos. Estoy convencido de que para redactar la inmensa obra escrita por ellos son indispensables los siguientes ingredientes para alcanzar el éxito que han conquistado en sus disciplinados trabajos de investigación y redacción: uno, contar con un sólido amor por México; dos, tener algo que

13

decir, material con el que ellos cuentan en abundancia; tres, saber narrar sus descubrimientos, habilidad innegable que ocurre a manos llenas en todos los casos; y cuatro, describir con pasión y certeza los acontecimientos con los que deleitan a sus cientos de miles de lectores.

¿Cómo no agradecerles y reconocerles este colosal recuento de acontecimientos apretados en una síntesis virtuosa, por ejemplo, cuando mencionan a quienes quisieron borrar de un plumazo los tres mil años anteriores a la llegada de los españoles, como si la historia de México hubiera comenzado con el arribo de los europeos a las costas de Veracruz? Imposible pasar por alto la existencia de Nezahualcóyotl, el "rey poeta", que proponía la existencia de un solo Dios sin sacrificios humanos, ni evitar el hecho de que seiscientos españoles derrotaron a la "mayor civilización que hubiese visto Mesoamérica", mucho menos desconocer los argumentos mediante los cuales se insistió en etiquetar a la Malinche como una traidora, entre otros tantos que acreditan a Cortés como el "padre" de México.

Ahí están presentes las diferencias ocasionadas por intrigas y envidias entre Carlos V y Cortés, así como la ruindad sentimental con la que el conquistador terminó sus días. Del mismo modo aparecen las consecuencias que tuvo para la Nueva España la llegada de los Borbones y los primeros intentos para lograr la independencia de la metrópoli. ¿A dónde íbamos con una sociedad mexicana que en 1800 tenía unos seis millones de habitantes, de los cuales cinco millones eran indios, además analfabetos, hasta llegar al "Grito de Independencia", la cual conseguimos años más tarde, después de muchas peripecias y desencuentros narrados con singular maestría? ¿Por qué no fuimos un imperio en lugar de una república después del derrocamiento de Iturbide? ¿Cuál fue el papel de las logias y del embajador Joel Poinsett? ¿Cómo se planteó, antes de la guerra con Estados Unidos, la pérdida de la mitad de nuestro territorio?

Por ahí desfilan, claro está, Vicente Guerrero, primer presidente traicionado y fusilado; Santa Anna y la Guerra de los Pasteles; el entierro y posterior desentierro de la pierna de Su Alteza Serenísma; Benito Juárez y la república itinerante; Napoleón III y Maximiliano inmiscuidos en la Guerra de Secesión en Estados Unidos, hasta llegar a la dictadura porfirista en ágil vuelo de pájaro sin olvidar los detalles de la Revolución Mexicana ni el papel de los petroleros extranjeros en el desarrollo de México, en la Primera Guerra Mundial, y en el asesinato de Madero, otro presidente mexicano. La obra concluye con la llegada de los sonorenses al poder, el Maximato, y obviamente se describe la dictadura perfecta, en donde termina este recuento de hechos orientados a refrescar con éxito la memoria histórica de México.

Vaya mi más calurosa y genuina felicitación a estos poderosos investigadores que nunca se han cansado de arrojar cubetadas de luz a nuestro pasado para ayudar a entendernos, a acercarnos entre los mexicanos, a desterrar prejuicios y evitar, en la medida de lo posible, volver a tropezarnos una y mil veces con la misma piedra.

MÉXICO PREHISPÁNICO

UN VIAJE POR EL MUNDO PREHISPÁNICO

Leopoldo Mendívil

Algunos dicen que la historia de México comienza con la Independencia —como si el mundo prehispánico no importara—, porque, argumentan ellos, antes de ser México no se llamaba así, no existía el país como tal. A quienes opinan esto, yo les respondo: si un griego pensara como tú, no estudiaría la antigua Grecia (Sócrates, Platón, Aristóteles, Guerra de Troya, etc.), porque en la época de la antigua Grecia, Grecia no se llamaba Grecia y ni siquiera existía como país.

Otros dicen que la historia de México comienza realmente desde la Conquista (1519-1521), porque sólo hasta ese momento se juntaron aztecas, españoles y demás para formar nuestra raza. Usted, lector, ¿qué piensa? ¿Los 3 000 años anteriores no importan (es decir, el mundo prehispánico)?

Incluso en tiempos de Felipe Calderón se hizo un escándalo cuando *La Jornada* publicó que la SEP estaba "desdibujando" la historia prehispánica de México en los libros de texto de las primarias —por los motivos que "haigan sido", para usar las palabras del propio Calderón—. Algunos dijeron que se trataba del inicio de un "lavado de cerebro" neoliberal para comenzar a borrarles la identidad mexicana a los niños.

El caso es que México comenzó desde antes de la Conquista, y quien quisiera borrar de un plumazo esos 3 000 años anteriores a la llegada de los barcos españoles cometería un delito, puesto que están llenos de una riqueza inconmensurable y son una fuente de poder ubicada en nuestro pasado.

Antes de seguir, quiero aclarar algo más: existen dos partidos que realmente retardan nuestro desarrollo como nación, retardan y bloquean nuestro progreso: los antiespañoles por un lado, y los antiaztecas por el otro.

Las conversaciones bizarras sobre este tema muestran lo poco evolucionados que estamos aún los mexicanos. Los antiespañoles detestan a Hernán Cortés y a los españoles en general por "conquistarnos" hace 500 años; los antiaztecas aborrecen a los aztecas diciendo que "hacían sacrificios humanos".

¿Por qué México se "clavó" con el tema de la Conquista, al grado de convertirse en una obsesión-complejo?

Los pueblos evolucionados ya superaron el tema de ser conquistados, pues toda nación existente hoy es el resultado de muchos conquistadores en el pasado —no hay excepción—. Esto aplica también para los antiaztecas, que dedican horas a decir que los aztecas también fueron unos conquistadores crueles, y que pobres tlaxcaltecas, cómo sufrieron. Tanto para el odio antiespañol como para el odio antiazteca existe una explicación que tiene que ver con a quién le conviene que México se odie a sí mismo.

Así que sin más preámbulo, entremos a explorar esos 3 000 años anteriores al contacto con Europa, que están llenos de enigmas.

Poco antes de que llegara Hernán Cortés a México estaba ocurriendo un cambio muy importante en el centro mismo del Imperio azteca; un movimiento de intelectuales que ya no creían en muchos dioses sino en uno solo, y que estaban en contra de los sacrificios humanos. Este grupo, del que muy poca gente conoce en México, era al que pertenecía el rey Nezahualcóyotl, el popularmente llamado "rey poeta".

Lo siguiente que vale la pena mencionar es que las más grandes civilizaciones de esos 3 000 años en territorio del actual México (olmecas, teotihuacanos, mayas del periodo clásico, toltecas) florecieron, tuvieron sus momentos cúspide y de pronto desaparecieron sin dejar rastro. Esto sucedió de pronto en todos los casos, y es parte del "misterio de Mesoamérica". Los teotihuacanos, por ejemplo, desaparecieron alrededor del año 650 d.C., después de haber dominado territorios inmensos, y nunca se supo a dónde se fueron. ¿Se desvanecieron? ¿Se fueron a otros lugares? La enorme ciudad de Teotihuacán quedó deshabitada como un pueblo fantasma. Permaneció vacía y abandonada hasta el momento en que, nueve siglos después, los aztecas la descubrieron, vieron las ruinas y se maravillaron al contemplar sus pirámides enormes, de las cuales pensaron que habían sido construidas por gigantes, o incluso por dioses.

Lo que la historia confirma es que el pueblo teotihuacano (del cual ni siquiera sabemos su idioma ni su nombre real) surgió a su vez de una catástrofe: otra ciudad anterior fue destruida por un volcán semejante al que acabó con Pompeya —el volcán Xitle, ubicado a 6 kilómetros del actual parque de diversiones Six Flags de la Ciudad de México, que explotó en el año 50 a.C. y devastó la antigua ciudad de Cuicuilco (la de la pirámide redonda que está en Perisur)—. Los pocos sobrevivientes de ese horrendo siniestro migraron 60 kilómetros hacia el norte, a su antes rival Teotihuacán, cuyos habitantes les dieron posada y cobijo, y juntos la transformaron en una megaciudad planificada matemáticamente, alineada con las siguientes entidades astronómicas: Sirio, las Pléyades y Orión.

Teotihuacán entonces se transformó en una especie de Roma que dominó al mundo antiguo del año 200 al 650 d.C. Se sabe que su "presidente", Átlatl Cauac, Búho Arrojador de Lanzas (Jatz'om Kuh, en maya), organizó diversos golpes de Estado en territorios tan lejanos como la zona maya: en el año 378 d.C. envió a su gran amigo Rana Humeante (llamado por los mayas Siyah K'ak) a derrocar al desafortunado rey de la ciudad maya Tikal (en Guatemala), Chak Tok Ich'aak I, al cual le dijeron "comes y te vas" y ese mismo día lo mataron. Siyah, el teotihuacano, se ungió a sí mismo como nuevo "gobernador" (fue una especie de Javier Duarte). El trono de Tikal se lo cedió al hijo mismo del Búho Arrojador de Teotihuacán (Yax Nuun Ahiin I).

Para los mayas esto podía haber sido tomado como una ofensa o burla, pero lo aceptaron tan filosóficamente que hicieron lo mismo que hacemos sus herederos, los mexicanos actuales, con respecto a los gringos cuando nos manipulan: empezaron a imitar en todo a sus opresores para parecerse a ellos, hasta que la moda misma se vio afectada, como puede observarse en los glifos (se volvió *cool* usar los sombreros abultados de estilo teotihuacano, por ejemplo).

Esto mismo se repitió en el año 426: Teotihuacán derrocó al gobierno de la ciudad maya Copán (actual Honduras), donde eliminaron al pobre rey que estaba ahí y colocaron en su lugar a un títere teotihuacano al servicio de Átlatl, llamado K'inich Yax K'uk' Mo' (Soleado Gran Quetzal-Guacamayo),

22

el cual adquirió la moda teotihuacana de usar "anteojos redondos" estilo Tláloc (como los que hoy vemos en el Museo de Antropología), y cambiaron la arquitectura maya al estilo teotihuacano. Átlatl, el conquistador, murió tratando de hacerles lo mismo a los zapotecas de Oaxaca (en la ciudad-montaña Monte Albán), pero ellos no se dejaron.

Otro ejemplo de desaparición repentina fue el de los toltecas. Alrededor del año 1150 d.C., 500 años después, Tula, la ciudad capital (estado de Hidalgo), se vació y quedó totalmente deshabitada y abandonada igual que todas las otras ciudades de los toltecas. ¿Por qué sucedió esto? No se sabe a ciencia cierta a dónde se fueron, salvo uno: el rey llamado Quetzalcóatl. Cuenta el mito que cuando la ciudad estaba siendo destruida, el rey fue atacado por un extraño hechicero y escapó hacia el este, hasta perderse de vista. Al llegar a un lugar llamado Nonoalco se prendió fuego a sí mismo y al hacerlo se convirtió en el planeta Venus. Desde entonces le da vuelta a la Tierra.

Lo increíble cuando se investiga la historia de los mayas, en el sureste de México, es que hay huellas de que desde el oeste (centro de México) llegó un hombre poderoso que fundó o refundó Chichén Itzá (en la zona maya), y decía llamarse "Señor serpiente con plumas" (en maya, Kukulcán). Si pronto van a Chichén Itzá notarán algo asombroso: la arquitectura de Chichén no es estilo maya, es tolteca. Es la obra de ese misterioso rey Kukulcán o Quetzalcóatl, que venía del oeste.

Hoy ese Kukulcán, que posiblemente es Quetzalcóatl, el rey de Tula, está convertido en un dios debido a lo que hicieron las generaciones posteriores: lo transformaron en leyenda y sumaron al rey humano con un ser cósmico. Por su lado, los aztecas, que llegaron siglos después, combinaron a su dios del viento Ehécatl con el Quetzalcóatl de las civilizaciones a las que atacaron y absorbieron, y lo imaginaron como un dragón gigante. Lo cierto es que Quetzalcóatl, antes de ser un dios, fue una persona de verdad. También es cierto que las ruinas actuales del sitio arqueológico de Tula tienen partes quemadas aproximadamente del 1150 d.C. ¿Quién quemó Tula y acabó con los toltecas? Es un misterio.

Los historiadores piensan que la figura de Tezcatlipoca, que en el mito es el "hechicero maligno" que atacó a Quetzalcóatl, representa en realidad a un grupo invasor que llegó desde el norte (actual Estados Unidos) y que ellos fueron la causa de la catástrofe (algo parecido a los invasores vikingos que aterrorizaron a Europa siglos antes, los famosos "Nord-Men", "hombres del norte" o "normandos"). Hoy se piensa, de hecho, que tanto los vikingos como aquel grupo salvaje de migrantes del norte fueron el resultado de eventos mundiales de cambio climático. La anomalía climática medieval o periodo cálido medieval se inició en el año 800 debido a un evento geológico que afectó a todo el planeta. La sequía dejó sin comida a miles de personas que tuvieron que emigrar a otras partes del mundo causando desórdenes, matanzas y cambios sociales en Europa y también aquí (se cree que fue la destrucción de la civilización tolteca).

¿Quiénes eran esos invasores? ¿Dónde quedaron? ¿A dónde se fueron?

Lo que sabemos es que un pequeño resto de los toltecas sobrevivientes logró migrar hacia el sur, hacia las orillas de un enorme lago: el lago de Texcoco, en el centro de México, en la actual ciudad Nezahualcóyotl (vulgarmente llamada "Nezahualodos"), y se llamaron acolhuas.

También sabemos que 200 años después de la destrucción de Tula (1350 d.C.), por el mismo motivo de un cambio climático llamado Pequeña Edad de Hielo, en la que los océanos globales fueron un grado más fríos que hoy, llegó otra población misteriosa desde el norte hacia el centro de México: salvajes incivilizados que adoraban a un dios sanguinario llamado "Colibrí del sur" o Huitzilopochtli. Este dios les había prometido darles un territorio donde encontraran un águila sobre un nopal (según el mito que les expresó uno de sus líderes para acicatearlos).

Todo estaba preparado para una colisión espectacular en el lago de Texcoco entre los sobrevivientes de los toltecas y los "nuevos" que estaban a punto de llegar para invadirlos: los aztecas.

Pero si retrocedemos 400 años, al año 900 d.C., a la zona selvática y lluviosa del sureste (Chiapas, Yucatán, Tabasco, Campeche, Quintana, Roo, Guatemala, Honduras, Belice), ocurrió también una destrucción repentina y masiva que acabó con la civilización maya (la versión clásica). Las ciudades que habían sido ultrapoderosas como Calakmul, Tikal, Copán, Palenque, quedaron completamente deshabitadas en un periodo de 50 años, abandonadas para siempre.

Fue hasta 1840 cuando exploradores estadounidenses se metieron a esas selvas —como John Lloyd Stephens—, y empezaron a quitar rocas y plantas, y descubrieron increíbles ciudades perdidas de las que Stephens dijo que eran más imponentes que las egipcias y las griegas. Si ustedes han visitado Sayil, Labná, Uxmal, Kabah, en la sierra Puuc de Yucatán, o Xpujil, en Campeche, saben de lo que estamos hablando. La arquitectura maya de la sierra Puuc es casi desconocida para los mexicanos y se llega a ella por caminos de terracería a los que en muchos casos no tienen acceso los turistas.

Las enormes lápidas de Calakmul —la mayor ciudad maya de toda la historia— fueron cortadas con sierras eléctricas hace muchos años y deben de estar hoy en alguna colección privada. Alguien tiene hoy en su mansión la historia de esa gigantesca ciudad que fue la Londres de los antiguos mayas, y en su sala están escondidas claves vitales del pasado maya. Exguardias de ese sitio arqueológico con los que yo platiqué no dudan en afirmar que las autoridades participaron en estos atracos.

De la destrucción de la civilización maya sabemos, por ejemplo —gracias a las crónicas que están en las piedras de Palenque, Tikal y Yaxchilán—, que hubo guerras interminables entre todas esas grandes ciudades. En esas guerras se destacó el rey de Palenque, llamado Pakal, que medía dos metros, y su rival, el rey Dios Jaguar, Itzamnaah B'alam II, de Yaxchilán, y una mujer bastante aguerrida que hoy conocemos como la Reina Roja (alguien de quien las feministas aún no hablan: la esposa de Pakal, el Grande).

Pero ¿qué destruyó a esa civilización tan grandiosa en el año 950 d.C. al grado de dejar abandonadas todas esas ciudades de golpe, sin rastros de a dónde se fue su población? ¿Otro cambio climático, o el mismo del año 800? Hoy pueden visitar esas ciudades y darse cuenta de los restos del momento del colapso porque hay paredes en Palenque donde incluso las pinturas se quedaron sin terminar, lo que significa que el pintor abandonó el lugar y nunca volvió a pararse ahí.

El territorio maya quedó virtualmente despoblado y vivió una edad oscura o edad media que duró hasta el año 1150, cuando precisamente desde el oeste llegó el hombre misterioso llamado Kukulcán.

El mayor de todos los misterios es la civilización olmeca. Fue la más antigua de las que se tiene noticia. Son tan antiguos que la cabeza olmeca más vieja se esculpió en el 1500 a.C. Para darnos una idea, en esa época ni siquiera existían los griegos ni los romanos.

Los olmecas son un misterio sobre todo por cómo surgieron. Estoy seguro de que miles de veces han visto las cabezas olmecas, tan enormes, con la nariz chata y ancha y los labios gruesos de un negro africano; ¿por qué tenían esas extrañas facciones que no guardan ninguna relación con las razas que existían en este continente, los nativo-americanos morenos del gen Q-M242, que provenían de Asia a través del estrecho de Bering? O... ¿hubo otra realidad?

En efecto, nadie tiene una teoría clara sobre por qué esas cabezas retratan a un negro africano (o australoide). Las 17 cabezas gigantes descubiertas hasta ahora fueron construidas durante 1 000 años, desde la primera en San Lorenzo hasta la última en Tres Zapotes, fechada el 4 de noviembre del año 291 a.C. ¿Era un dios? ¿Era un rey ancestral o varios? ¿Por qué todas tienen facciones negroides?

El descubridor de la primera cabeza hallada en 1862, José María Melgar, no dudó ni por un segundo en decir que el retratado era un hombre de raza negra. Pero ¿qué hacía en México? ¿Cómo llegó? ¿Hubo acaso expediciones africanas a este lado del mundo antes de Colón, o quizá vinieron negros polinesios desde Oceanía, como los que colonizaron la Isla de Pascua que pertenece a Chile? ¿Por qué tan pocos mexicanos lo han investigado?

El antropólogo guyanés Iván Van Sertima afirmó: "Ellos vinieron antes que Colón" (*They Came Before Colombus*, Random House, 1976), se refiere a los olmecas, y dice que fueron africanos (al menos los dirigentes que aparecen en las cabezas) —cabe hacer notar que Iván Sertima es de raza negra y tal vez buscó enaltecer a su propia civilización—. Los "historiadores serios" criticaron a Sertima porque su teoría simplemente no concordaba con las de ellos. Ante las críticas, la antropóloga Clarence Weiant, que trabajó personalmente en las excavaciones olmecas de Tres Zapotes (Veracruz), escribió una carta al *New York Times* (1° de mayo de 1977) en la que dijo: "Siendo yo alguien que participó en las excavaciones de las primeras cabezas [olmecas], debo confesar que me parecen razonables las conclusiones de Van Sertima".

Por su parte, el también afro Clyde Ahmad Winters, en su libro *African Empires in Ancient America*, afirma que los negros de las cabezas gigantes provenían de ancestros de la actual cultura mandé de África occidental, que tal vez se aventuraron en botes y colonizaron esta parte de América. El craneólogo polaco Andrzej Wierciński analizó cráneos en dos antiguos emplazamientos olmecas: Tlatilco (actual colonia San Rafael Chamapa / Naucalpan / Ciudad de México) y Cerro de las Mesas (Veracruz); utilizando craneometría determinó un 14% de población negra africana en Tlatilco y 4.5% en Cerro de las Mesas. Pero ¿eran negros africanos?

Estudios recientes del ADN mitocondrial extraído de huesos de individuos olmecas de los sitios arqueológicos San Lorenzo y Loma del Zapote (realizados por Enrique Villamar Becerril, con asesoría de María de Lourdes Muñoz Moreno y Miguel Moreno Galeana) revelan que estos restos no contienen genes de origen africano, sino puramente americano. La muestra estudiada, sin embargo, abarca un número limitado de individuos.

Aún es poco lo que sabemos de nuestro pasado. Los ortodoxos niegan todo y afirman que la teoría del origen negroide de Sertima, Melgar, Winters y Wierciński es una estupidez, pero entonces que expliquen por favor al público por qué las 17 cabezas tienen los labios de un negro y la nariz de un jugador de baloncesto afroamericano, y la expresión de Laurence Fishburne o Samuel Jackson.

Piensen también por qué gran parte de estas cabezas colosales, que habían costado años en esculpirse, y que implicaron esfuerzos titánicos para arrastrarlas 150 kilómetros desde la cantera montañosa en Sierra de los Tuxtlas, fueron llevadas a un lugar donde los olmecas las enterraron intencionalmente para que nadie las viera (¡estas cabezas pesan en promedio 25 toneladas!). ¡¿Las esculpieron para enterrarlas?!

Para cuando los aztecas surgieron, los olmecas habían desaparecido hacía 1.5 milenios de manera súbita y misteriosa —como todos en la América precolombina— entre el 400 y el 350 a.C., y ya no quedaba nada de su recuerdo más que leyendas borrosas, las cabezas enterradas y dos ciudades "de transición" semimayas llamadas Izapa y Tak'alik Ab'aj.

Cuando los aztecas caminaban en su tortuosa caravana desde el norte árido, desde el mítico Aztlán, Chicomostoc o Lugar de las Siete Cuevas, ubicado en los actuales Estados Unidos, en búsqueda de su tierra prometida o "donde haya un águila en un nopal", los entonces harapientos migrantes decían: "Existe Tamoanchan, un paraíso en la niebla, con pantanos, donde existieron los primeros hombres". ¿Eran los olmecas, ahora extintos?

La migración de los aztecas fue la última de una serie de oleadas humanas que cada 200 o 300 años venían desde un lugar árido ubicado en el norte semiseco (Arizona, Nuevo México, Sonora, Durango), el cual se volvía un desierto mortal cuando ocurrían cambios climáticos y había que emigrar a otros sitios al sur. Cuando esos migrantes incivilizados llegaban al centro de México, arrasaban a los pueblos existentes, como les ocurrió a los teotihuacanos y a los toltecas.

Ahora llegaba una nueva horda para destruirlo todo, y más grave aún, pues tenían la instrucción de su propio dios, Huitzilopochtli, quien literalmente les había dicho mientras ellos avanzaban hacia el sur: "¡Y allí estaremos y allí reinaremos […]! ¡[…] allí les haremos ver: a todos los que nos rodean allí los conquistaremos! […] ¡El sitio donde el águila grazna, en donde abre las alas; el sitio donde ella come y en donde vuelan los peces […]! ¡Ése será México Tenochtitlan, y muchas cosas han de suceder!"

Y sucedieron. El encuentro mortal estaba a punto de ocurrir en un lugar lacustre y relativamente pacífico (el lago de Texcoco), donde estaban las ciudades de los sobrevivientes de los antiguos toltecas y de otros pueblos ya civilizados que convivían en relativo orden, como Culhuacán, Azcapotzalco y Tenayuca.

Una mañana del año 1323 llegaron a la ciudad de Culhuacán estos migrantes barbáricos y, para demostrarle su progreso en los "modales" al rey de esa ciudad, Achitométl, los líderes mexicas le pidieron la mano de su bella hija Yectli para que se casara con el jefe azteca Opochtli y establecer así una alianza entre "civilizados" y "bárbaros".

Semanas después, los mexicas invitaron al rey de Culhuacán al banquete de bodas para sellar la alianza, pero ocurrió algo horroroso para Achitométl. Salió de detrás de la mesa un chamán azteca gritando cosas horribles, como una bestia. En su espalda tenía puesta una piel humana, sangrante: era la de la princesa Yectli. La habían sacrificado y le habían arrancado la piel.

Eso fue lo que inició la guerra que culminó con la creación y expansión del Imperio azteca. Los aztecas fueron venciendo, derrotando a cada uno de sus enemigos, de forma horripilante, siempre auspiciados por su dios protector, Huitzilopochtli, que era una deidad de los desiertos áridos del norte, no del centro de México, donde los dioses eran el pacífico Tláloc y el "bondadoso" Quetzalcóatl (uno de origen teotihuacano y el otro de origen tolteca). También "amparaba" a los aztecas el aterrador dios Xipe-Totec, que era nada menos que una divinidad con una piel arrancada de ser humano en su espalda, el "dios desollado".

Hoy abundan los que dicen, siempre sonriendo, que morir sacrificado era un honor, y que Xipe-Totec significa la resurrección. Yo les pregunto honestamente: ¿ustedes se sacrificarían? ¿Se ofrecerían a Xipe para resucitar? O ¿no les parece más lógico que la piedra de sacrificios en lo alto del templo fuera realmente un instrumento político para decirle a la población: "O te comportas, o te traemos aquí para que nos hagas el 'honor' de obedecer"?

Definitivamente, el culto a la muerte y el terror fueron efectivos y eficaces para la expansión meteórica del Imperio azteca, pues los pueblos preferían rendirse que enfrentarse a morir despellejados en esos ritos que superaban en sadismo a todo lo que se había visto antes. En sólo 300 años el pueblo de inmigrantes salvajes llegado del norte ya era dueño de la novena parte del actual México.

Pero esto lo usan hoy los antiaztecas para decir que los mexicas eran un asco, como si fuera lo único que hicieron. Fray Diego Durán incluso les hizo su actual publicidad negativa cuando escribió para la posteridad que en un día sacrificaban a 80 000 personas, lo cual se ha estudiado con precisión matemática y resulta no sólo falso, sino materialmente imposible. Simplemente habrían tenido que sacrificar a 1.27 personas por minuto, y para algo así "no hay dinero que alcance".

Peor aún, esa imagen negativa, que funcionó perfectamente como propaganda para justificar la conquista española, "embarró" a todas las civilizaciones previas (olmecas, mayas, teotihuacanos, toltecas, totonacas), y contribuyó a que hoy muchos fifís vean con asco el mundo prehispánico.

Resumiendo:

1) Los aztecas no son todo lo que existió durante 3 000 años del México prehispánico u olmeca-descendiente.

2) Los aztecas tuvieron muchas cosas buenas, extraordinarias, que tienen que volver a la composición actual de los mexicanos; absorbieron todo lo mejor de las culturas que existieron antes que ellos. Fueron en ese sentido como los romanos, y al momento de su cúspide eran un imperio multicultural que condensó toda la pre-historia de la región que conquistaron.

3) Un importante grupo azteca, en el que estaba el rey que gobernaba Texcoco (Nezahualcóyotl), había iniciado una corriente de pensamiento que comenzaba a hacer

cambios profundos en la mentalidad cósmica y espiritual. Estos individuos se parecieron a los griegos y a los hombres del Renacimiento italiano porque desafiaron el sistema imperante azteca y a la religión. Estos hombres llegaron a la conclusión de que todos los dioses que exigían sacrificios humanos eran un invento de los sacerdotes, y que en realidad sólo existía un único dios, al que llamaron Ipalnemohuani, "el dador de la vida", y Tloque Nahuaque, "el que está aquí y en todas partes". Estos hombres de hecho estuvieron contra los sacrificios humanos y comenzaron una era que apuntaba hacia el desarrollo de la ciencia y la tecnología. Tal vez si los españoles hubieran tardado un poco más, habrían encontrado algo muy diferente aquí. El rey acolhua que dirigía este movimiento de renacimiento era Nezahualcóyotl, y sobre esto se hablará completamente en *Secreto azteca*, un próximo libro mío.

HERNÁN CORTÉS: EL PADRE DE MÉXICO

JUAN MIGUEL ZUNZUNEGUI

¡Si los españoles no nos hubieran conquistado…!, se acabaría en este momento esta disertación y este libro, todos los libros editados en español en esta tierra desde el siglo XVI, los impresores, escritores y lectores. Se acabaría todo lo que somos, esta y todas las discusiones sobre la hispanidad de México. Si los españoles (que no eran españoles) no hubieran conquistado este territorio (que no era México), nada de lo que hoy somos sería lo que es. No habría México ni mexicanos.

El México que somos, ese país mestizo y multicolor, donde se habla náhuatl y maya junto a docenas de lenguas indígenas, y que es a la vez el mayor país hispanohablante del mundo; esta tierra donde sobreviven Quetzalcóatl y Tonantzin detrás de Jesús y la Virgen, más decenas de deidades detrás de cada santo católico; este mundo de pirámides y templos barrocos, de teponaztlis y mariachi… toda esta realidad derivada de la fusión de lo indígena y lo español, el México y lo mexicano de hoy, no podrían existir sin el padre de dicho mestizaje. El nacionalismo que desprecia a Hernán Cortés por llegar a Mesoamérica es, pues, un nacionalismo que lamenta que México exista.

lo nos duele el trauma de la Conquista; la idea
o inoculada por un sistema de adoctrinamiento
que se ... llamar educativo, de que, en un tiempo lejanísimo
esto era México; nosotros, instalados en un eterno presente
que siempre está en el pasado, vivíamos aquí, y éramos mexicanos, ciudadanos felices del más próspero y sabio imperio, un
edén de tipo bíblico donde todo era abundancia y camarade-
ría. Pero llegaron los asesinos y avariciosos españoles, absolutamente inferiores en todo aspecto a cada glorioso azteca, y
aunque no pasaban de 600, derrotaron a la mayor civilización
que hubiese visto Mesoamérica.

Todo es pobreza y desgracia desde entonces. Cada ciudadano pobre de hoy es resultado de aquel pecado original, ese
que la Malinche cometió con Cortés. Cada mexicano humillado y ofendido del siglo XXI vive en su miseria no por responsabilidad de los mexicanos y los gobernantes de hoy, sino por
la canallesca aventura de un maldito truhán hace 500 años.
Cada pobre de hoy es un desheredado que perdió su herencia
a manos de un español, desde entonces los malos de la mafia
en el poder, y cada mexicano rico y exitoso es el descendiente
de esos malditos ladrones que despojaron a la población original americana, desde entonces los buenos, los sabios, los ham-
breados y sedientos de justicia: el pueblo.

El águila y la serpiente no dejan de luchar nunca en México, el país de la eterna y metafísica batalla entre el bien y el
mal. Ese discurso de buenos y malos, de enemigos internos, ha
sido una constante en cada gobierno en este país, desde que
comenzó la revolución que dicen que nos modernizó en 1910,
y desde que comenzó esa narrativa oficial de la historia, nacida entre la década de los veinte y los treinta, entre Obregón

y Cárdenas, entre Vasconcelos y los muralistas del Partido Comunista, entre liberales y cristeros. Siempre hemos sido enemigos, y parece que todo es culpa del fantasma de Hernán Cortés.

Todo era perfecto en un remoto, mitológico e hipotético pasado; toda nuestra dicha fue destruida por un acto de hace medio milenio, y cada tragedia de hoy es resultado de aquel nefasto episodio de la historia. Pero la esperanza no se pierde nunca en el país de los desesperanzados, donde sabemos que ese pasado de oro necesariamente será restaurado en un futuro profético y áureo. Mejor aún, todo ocurrirá como por arte de magia, sin que ni un solo poblador de México tenga que hacer el menor ajuste en su manera de pensar y de vivir.

Sólo hay que tener fe, que no razonamientos, en la llegada del Elegido. Total... el elegido llega cada seis años; durante seis meses de promesas despierta el alma dormida de cada mexicano, y durante un año de espejismos mantiene esa ilusión de despertar. Después, con los mismos mexicanos de siempre, México termina por ser exactamente lo mismo... pero mantiene el mismo discurso de conquista, y por lo tanto, repite compulsivamente el anterior comportamiento.

El trauma de la Conquista es pretexto perfecto para mantener pobre a un pueblo al que se pretende saquear eternamente, con el color político del que se vista en cada momento el mismo viejo dinosaurio. Un discurso que entrega culpables a falta de resultados, promesas a futuro en vez de realidades presentes, contiene un eterno traidor intangible como causa de toda desgracia, desde la Malinche hasta el neoliberalismo, y nos hace vivir con miedo al extranjero como eterno conquistador potencial.

Así es México, el mayor país hispanohablante del planeta, creador del barroco más hermoso del mundo, orgulloso de sus ciudades coloniales, de su tequila, de sus charros y su mariachi; celoso de su catolicismo y su guadalupanismo, pero avergonzado de los padres que lo hicieron ser todo lo que es, de lo hispano y lo indio que son la piedra angular de esa colorida y multicultural construcción llamada México.

México odia a su padre por haberle dado la vida, por haber cometido el sacrilegio de poner la mitad hispana de la semilla del pueblo mestizo que somos. El padre, por supuesto, depositó esa semilla en una doncella, en el útero americano que brindó en ese momento la otra mitad de nuestra fusión cultural; esa madre a la que también odiamos por haberse entregado al que la historia apoda como "el conquistador", y la convierte a ella en "la traidora".

Todos somos desde entonces, como bien señaló Octavio Paz, hijos de la chingada, quizá por eso nos chingamos tanto entre nosotros, y somos, por eso mismo, por una absurda versión histórica enclavada en la mente, un pueblo donde nos odiamos los unos a los otros. Por eso necesitamos una carta del rey de España que solucione todas nuestras actuales miserias y nos haga sentir una efímera, sutil, fugaz y pírrica victoria. Una carta donde el rey, como buen nacionalista mexicano, lamente toda la serie de hechos que llevó a la existencia misma de México.

Muchas cartas son necesarias para arreglar los problemas actuales del mundo, para expiar los agravios de los pueblos malvados de la historia. Alrededor del 1200 a.C. una serie de pueblos bárbaros, salvajes e ignorantes invadieron las costas del Mediterráneo oriental y destruyeron prácticamente todas las culturas a su paso. Sólo una sobrevivió, Egipto, y de ellos aprendieron ciencias y artes, mitología y misticismo, filosofía y matemáticas. Los invasores lo destruyeron casi todo... pero pasó el tiempo y se civilizaron; hoy les decimos griegos. Toda la civilización occidental, incluyendo la existencia de México, depende de este acontecimiento histórico.

Más o menos por las mismas fechas, otro pueblo invadió el Medio Oriente, pero ellos venían del desierto. Les hicieron la guerra a los pueblos de la zona hasta derrotarlos y crear un nuevo reino al que llamaron Israel. Pueblo y religión judía tienen su origen en esta invasión cultural, se justifique o no con un Dios bíblico que además de creador es corredor de bienes raíces. Toda la cultura occidental depende también de este evento; desde la aparición histórica de Jesús —quien haya o no existido históricamente— se modificó el rumbo de la historia, hasta el derivado obvio: la cultura cristiana que construyó los cimientos de Europa.

Toda la historia humana es resultado del encuentro y desencuentro de culturas, y dado que los humanos tenemos un gran lado temeroso y violento, dichos encuentros han tenido como eje central la guerra. Pero todo lo que hoy existe, cada pueblo, cada cultura y cada país, es resultado de todos los encuentros del pasado. México, desde luego, no es la excepción; es de hecho un gran ejemplo... pero parece ser el único país (junto a sus hermanos de continente) que lamenta profundamente los hechos pretéritos que lo hicieron nacer, con lo que, en realidad, sólo se puede concluir que México lamenta su existencia misma.

En el siglo IV a.C. el gran Alejandro derrotó a los persas, conquistó casi todo el mundo conocido por entonces, y llevó la cultura griega desde Egipto hasta el Asia Central. La humanidad aún espera las disculpas que Grecia debe ofrecer a Egipto, Irán y Afganistán. Otra carta que sigue pendiente es una en la que Italia pida perdón a Grecia y a Egipto por haberlos invadido en el siglo I a.C., cuando eran Imperio romano... y desde luego, nadie podrá descansar hasta que Alemania pida perdón (siempre necesarias las disculpas de Alemania) en una misiva dirigida a Italia, por aquel momento en que los bárbaros germánicos invadieron Roma.

En 1071 los turcos selyúcidas invadieron el Imperio bizantino. Derivado de eso, otros grupos túrquicos siguieron invadiendo la zona donde con el tiempo surgió el Imperio otomano y después la actual Turquía... así pues, los turcos deben disculparse con los turcos por invadir el territorio que con el tiempo terminó siendo Turquía. Los celtas, quizá Escocia o Galicia en su nombre, deben disculparse con todos los países europeos que hoy existen gracias a las invasiones celtas, y lo mismo deben hacer los vikingos.

Desde luego, y quizá con esto podamos salvar a la Unión Europea, los daneses deben disculparse, aunque sea por Twitter, con los ingleses, por aquella invasión de 1066 en la que los vikingos de Dinamarca invadieron la isla británica... y con ello dieron origen a la actual Inglaterra.

Una vez que todo lo anterior ocurra, se podrá ver la relevancia de que España se disculpe con México por la serie de acontecimientos que lo hicieron nacer. Una serie de eventos que involucran a los mongoles, a los turcos, a los bizantinos, a los venecianos, a los portugueses y a los castellanos... no a los españoles, porque por aquellos lejanos tiempos del siglo XVI, cuando Hernán Cortés abandona Europa a los 19 años, no existía aún ningún país llamado España, y ni un solo individuo humano que se identificara a sí mismo como español. En aquel mismo tiempo, nada se llamaba México y no existía lo mexicano.

El 29 de mayo de 1453 Constantinopla, la otrora gran capital del Imperio Romano de Oriente, la ciudad de 2 000 años, la Segunda Roma, la sede de la cristiandad oriental (hoy por cierto llamada Estambul), cayó ante los turcos musulmanes comandados por el sultán Mehmet II. Sin que nadie lo pudiera saber entonces —y con muy pocos que lo saben ver hoy—, ahí comenzó la serie de eventos que desembocaron en los viajes de Colón a América, y por añadidura, en la Conquista de Mesoamérica, que no de México.

Sin ese acontecimiento histórico, México no existiría como existe ni sería lo que es; lo cual aplica a todos los demás eventos que lo hicieron ocurrir, hechos que parecen lejanos en tiempo y distancia, y sin relación alguna con nuestro país, pero que en la gran telaraña de la historia están absolutamente entrelazados. Constantinopla fue debilitada con la expansión del islam desde el siglo VII, destruida por las cruzadas, invadida por mongoles en el siglo XIII y azotada por la peste negra en el siglo XIV. Cada uno de esos hitos históricos tiene que ver con que México exista; así como la existencia misma del islam, ya que España, el país que decimos que nos conquistó, se formó tras siglos de guerra santa contra los musulmanes.

El año que cayó Constantinopla los futuros Reyes Católicos y Cristóbal Colón aún no cumplían dos años de edad, a Hernán Cortés le faltaban poco más de tres décadas para nacer, y la gran pesadilla de nuestra historia, el verdadero conquistador, nacería con el nombre de Carlos hasta 1500, aunque

41

es hasta 1516 cuando se hace rey de Castilla y Aragón, y hasta 1519 que adquiere el título que lo hizo famoso en la historia: Carlos V.

Para 1453 las grandes potencias europeas eran las repúblicas de mercaderes o los reinos dedicados al comercio en el Mediterráneo. Venecia y Génova en el primer caso; Portugal y Aragón, en el otro. Las cuatro potencias navegan por el Mediterráneo, donde tienen colonias y propiedades, pero su verdadero negocio es llegar a los puertos orientales de Egipto, Palestina, Siria y Constantinopla para intercambiar con la Ruta de la Seda, esa extensa red comercial que une Europa con Persia, India y China, y por la que circula la mayor cantidad de riqueza del mundo.

Pero el año en que cayó Constantinopla los turcos otomanos, ahora dueños del oriente del Mediterráneo, y de todos los puertos donde termina la Ruta de la Seda, cerraron sus rutas comerciales a Portugal y a Aragón, reinos que venían de siglos de guerra santa contra musulmanes, y mantuvieron acuerdos comerciales con Venecia y Génova, que por lo tanto siguieron usando la ruta turca.

La economía de Portugal y de Aragón dependía del comercio con las llamadas Indias Orientales, y con el Mediterráneo cerrado a sus barcos no tuvieron más opción que buscar otra ruta. Los portugueses comenzaron a explorar las costas africanas hasta dar la vuelta al inmenso continente, llegar al océano Índico y seguir por ahí su viaje al oriente. Aragón y Castilla, unidos por el matrimonio de Fernando e Isabel, prefirieron dedicar sus esfuerzos a expulsar a los musulmanes de la península ibérica, cosa que lograron en enero de 1492.

Para aquel año ya no había forma conocida de llegar al oriente, los otomanos dominaban el Mediterráneo, que compartían sus socios genoveses y venecianos, y Portugal dominaba la ruta africana. Es por eso que Isabel de Castilla aceptó participar en el proyecto de negocios que le presentó Cristóbal Colón: llegar a las Indias Orientales dando la vuelta al mundo por el occidente.

Muy poco se sabe de Colón, la tradición dice que era genovés, pero hay teorías que lo hacen catalán y portugués. No hablaba o escribía genovés; la forma en la que hablaba y escribía, llena de lusismos, más los 15 años que navegó para Portugal, apoyan la versión del origen portugués; eso, más el hecho de que al volver de su primer viaje, patrocinado por la reina Isabel y para beneficio de Castilla, Colón llegara directo a Lisboa a entrevistarse con el rey de Portugal y darle a él los pormenores de la exploración.

Poco importan ahora los secretos de don Cristóbal. La exploración y dominio del llamado Nuevo Mundo provocó conflictos entre Castilla y Portugal que fueron dirimidos por el papa Rodrigo de Borja, aragonés, por cierto, en 1494, quien dividió el mundo entre estos dos reinos. La zona del mar Caribe y sus islas, más el territorio donde hoy existe México, quedó bajo dominio de las coronas de Castilla y Aragón.

Aragón tenía una larga tradición de mirar hacia el Mediterráneo, por lo que la aventura del Atlántico y el Caribe la tomaron los castellanos, de manera muy específica los de Extremadura, una región al sur, limítrofe con Portugal, reino al que habían tratado de incorporarse en una larga guerra civil que involucró al predecesor y hermano de Isabel de Castilla, el rey Enrique IV. Guerra que perdieron y en la que terminaron incorporados a Castilla.

Vamos a ubicarnos en 1485, cuando según la tradición nació Hernán Cortés. La guerra civil había terminado, Isabel le había ganado el trono a Juana, su hermana ilegítima, y le había arrebatado Extremadura a Juan II, rey de Portugal. Lentamente comenzaba a conformarse España, aunque los nobles extremeños no estuvieran de acuerdo. De ahí, de esos nobles extremeños, viene Hernán Cortés Monroy y Pizarro Altamirano, un hombre donde se unen cuatro familias con derechos feudales, con rancios linajes, y añejos títulos... pero que lucharon en el bando que resultó perdedor en esa guerra donde Isabel estaba construyendo España.

Muchos extremeños dejaron su tierra por la aventura americana desde 1494, para 1500 ya habían colonizado el Caribe, ya habían saqueado sus recursos, y entre venta de esclavos, trabajos forzados y enfermedades, ya casi habían terminado con la población original. A ese lugar llegó Hernán Cortés en 1504, con 19 años de edad, después de haberse graduado como bachiller en leyes en la Universidad de Salamanca.

Cortés, que no se sentía español, porque tal cosa no existía, ni castellano, porque precisamente sus familias habían luchado por no ser anexados a Castilla, llegó sin identidad a un mundo que los castellanos habían destruido al tratar de imponer sus formas sin tomar en cuenta las culturas locales. Ahí comenzó su aprendizaje. Para 1510 estaba instalado en lo que hoy es Haití, había tomado por mujer a una india taína con la que tuvo una hija a la que llamó Catalina, como su madre. A partir de entonces, Cortés comenzó una vida basada en alejarse lo más posible del poder del hombre con el que tuvo conflictos el resto de su existencia: Carlos V.

Cuando Cortés dejó Europa en 1504, la reina Isabel de Castilla había muerto, su heredera natural, Juana, decían que estaba loca; por lo que su padre, Fernando el Católico, trató de quedarse con el trono, que finalmente fue tomado en 1516 por el nieto de los Reyes Católicos e hijo de Juana; un hombre llamado Carlos, que había nacido en Gante, jamás había pisado la península ibérica, y no hablaba ni media palabra de castellano. En términos prácticos, el poder lo ostentó Fernando hasta su muerte en 1516.

Para 1510 Cortés vivía muy bien en Haití, hasta que llegó la autoridad real en la persona de Diego Colón, el hijo del Almirante, por lo que don Hernán decidió aventurarse más allá, y llegó a Cuba. Cuando la autoridad real llegó aquella isla a través de una junta de frailes jerónimos que gobernaban desde Santo Domingo en nombre de la Corona, Cortés decidió aventurarse más allá. Eso fue en 1519, y así comenzó su odisea americana, la que terminó con la conquista de Tenochtitlan e hizo nacer nuestro país.

Cortés era alcalde de Santiago, notario e industrial de la caña de azúcar, pero decidió invertir toda su fortuna en fletar 11 barcos, pagar a la tripulación, comprar caballos, ganado, granos, herramientas y armas... era obvio que no encabezaría un viaje de exploración, como había dicho. Cortés dejaba Cuba para siempre, incluso sin saber qué había más allá. Se alejaba del poder real.

Los sucesos ocurridos entre 1519 y 1521 nos revelan a un Cortés completamente alejado del imaginario trauma de México. Es un hombre culto y letrado, abogado y latinista, que aprendió a hablar náhuatl, líder natural, guerrero valiente, hombre astuto y audaz; pero, ante todo, un hombre que había aprendido de la experiencia de destrucción en el Caribe, y llevaba a Mesoamérica un sueño mestizo. No sólo fue un hombre que se enamoró romántica y perdidamente de Malintzin, sino de Mesoamérica y sus indios. Más importante aún, y los hechos de la llamada Conquista lo dejan claro: los indios también se encantaron con Hernán Cortés, fueron ellos, finalmente, los que lo hicieron derrotar a los aztecas.

Desde que llegó a Yucatán, supo Cortés del odio que todos los pueblos profesaban a los aztecas a causa de su tiranía. Su mente comenzó a fraguar un plan. Al llegar a zona nahua, los pueblos del lugar comenzaron a acercarse a él y a lamentarse de los aztecas, al tiempo que embajadores de Motecuzoma se acercaban también para decirle que no intentara llegar a Tenochtitlan. Cortés firmó alianzas con los pueblos sojuzgados por los aztecas, y emprendió su camino al centro del continente.

Lo que ocurrió en la mente de Motecuzoma nunca lo sabremos, pero recibió a Cortés y lo llevó a vivir a Tenochtitlan. Cada uno estaba encantado con el otro, y los españoles vivieron en la capital azteca en paz desde noviembre de 1519 hasta junio de 1520, cuando fueron echados por una rebelión encabezada por disidentes como el valeroso Cuitláhuac, quien murió de viruela, esa gran conquistadora.

Hernán Cortés se refugió en Tlaxcala, su eterno aliado americano, y durante un año se dedicó a planear la toma de Tenochtitlan y a fraguar alianzas con los demás pueblos. De pronto eso había en Mesoamérica, que nunca había sido un país o algún tipo de Estado unificado; había dos bandos en conflicto: de un lado de los volcanes estaban los aztecas; del otro, todos los demás pueblos, españoles incluidos, listos para el asalto final. Así, tras dos meses de sitio, el 13 de agosto de 1521 Hernán Cortés, al mando de un puñado de españoles, y más de 150 000 indígenas americanos hicieron caer la capital de los aztecas. En ese momento, europeos y americanos sembraron la semilla de México.

Hernán Cortés gobernó su recién creada Nueva España, hasta que la autoridad real llegó en forma de una Real Audiencia; entonces Cortés emprendió un viaje a Centroamérica para alejarse; después volvió a la ciudad de México a evitar los excesos ordenados por Carlos V; viajó a España a entrevistarse con el emperador del mundo, quien por un lado le otorgó el título de marqués, pero por otro, mandó quemar y prohibir todos sus libros... porque la pluma era la otra poderosa arma de Cortés además de la espada.

El Marqués del Valle volvió a su patria, a Nueva España, y cuando el poder imperial llegó nuevamente, ahora en forma de virrey, Cortés volvió a la aventura y se lanzó al descubrimiento de California. Todo el poder de Carlos V se volcó contra él, que buscaba un México mestizo, independiente, y libre de la Corona, la parte de la historia que nunca será contada en México.

Arrojado y valiente como era, volvió a España por segunda vez a entrevistarse con Carlos V, quien intentó no encontrarse con el conquistador que, a sus casi 60 años, se dio el lujo de luchar al lado de su emperador en una batalla contra los musulmanes en Argel, en la que el propio emperador se rindió, asustado por el mal tiempo. Carlos, un hombre derrotado en todos los frentes y aspectos de su vida, no soportaba la presencia de aquel conquistador de quien sus contemporáneos decían que era como un nuevo Alejandro Magno.

El Marqués del Valle, el conquistador, el creador de Nueva España, decidió volver para morir en su tierra americana, pero sintió próxima la muerte y se sentó a dictar su testamento cerca de Sevilla, el 2 de octubre de 1547. Tuvo un buen presentimiento, exhaló su último aliento en España, donde recibió sepultura, y a pesar de la voluntad expresada en testamento de que su descanso eterno fuera en México, el emperador Carlos V, y después su hijo, el rey de España Felipe II, lo prohibieron; al parecer por temor a que, con la llegada de sus restos, comenzara un movimiento de independencia... tal como ocurrió.

Cortés tuvo tantas aventuras muerto como vivo, sus restos cambiaron de un lugar a otro entre dos continentes, hasta descansar finalmente en el Hospital de Jesús de la ciudad de México, una obra de caridad instituida por él en su testamento y con su capital. Ahí, donde nadie lo ve y casi todos ignoran su historia, descansa, en su país, don Hernán Cortés Monroy y Pizarro Altamirano, el padre de este mestizaje que es México. Un padre al que nos enseñan a ver como un deforme, jorobado y sifilítico, y no como el Alejandro Magno que fue. De la forma en que veamos a nuestro padre dependerá la forma en que nos veamos a nosotros mismos.

No tiene monumentos don Hernán Cortés en México por trauma de conquista, y en España quizá por culpa, quizá porque el emperador mismo amenazó con dejarlo fuera de la historia. Pero no necesita monumentos el Marqués del Valle, el conquistador, el padre... tiene uno, grande, folclórico y hermoso. Se llama MÉXICO.

LA NIÑA QUE SOBREVIVIÓ

Pedro J. Fernández

Imaginen que son una joven que acaba de cumplir 15 años, que su piel se parece al color de la tierra, que apenas dejan atrás su niñez… y que sueñan con el que será el gran amor de su vida. Ahora imaginen que es 1519, que son esclavas de unos hombres extraños que vinieron del mar, que su padre murió hace seis años y que fue su madre quien las vendió a unos mercaderes porque a su nuevo esposo le estorbaban.

Imaginen que en sus primeros años de vida vieron cómo los guerreros mexicas doblegaban, por medio de las armas, a los pueblos indígenas que no querían pagar los tributos, que no dejaban de escuchar historias sobre los horribles sacrificios humanos que hacían en sus templos, que abrían el pecho de los condenados y le ofrecían el corazón sangrante a su dios. Imaginen ese mundo salvaje visto a través de los ojos de una niña que se sabe en peligro, y que de repente tiene una cita con el destino cuando es regalada a hombres de piel blanca, ojos claros y barba dorada, que vinieron del mal y que se parecen a las descripciones que han hecho del dios Quetzalcóatl.

Pónganse en el lugar de Malinalli. Están en uno de los puentes de entrada a la Gran Tenochtitlan. Acompañan a un Hernán

Cortés que viste su armadura plateada, 400 españoles están a sus espaldas, y sin embargo ustedes son pieza clave para lo que va a ocurrir. De repente aparece una comitiva de guerreros, mayordomos y políticos mexicas encabezados por el hombre más importante de aquel mundo, el tlatoani que ahora conocemos como Moctezuma. Díganme, sin prejuicios de ningún tipo, sin recordar lo que les han contado sobre la Conquista de México... ¿qué sentirían exactamente? ¿Miedo? ¿Les temblarían las piernas? ¿Traducirían sin tartamudear el mensaje que les da Moctezuma, para que Jerónimo de Aguilar se los diga en voz alta a los españoles? Sean honestos con sus respuestas, y verán que comienzan a entender a la mujer a la que han insultado durante tantos años.

Yo soy de la idea de que quien llama traidora a Malinalli es porque no entiende la vida complicada que tuvo ella, testigo y actriz de lo que habría de convertirse en aquel proceso histórico llamado la Conquista de México. Claro, no podría ser de otra forma. Las pinturas y películas siempre la han mostrado como una mujer adulta, manipulada por Hernán Cortés, que se vuelve cómplice de los españoles que orquestarían la caída de la Gran Tenochtitlan. La señalamos con el dedo, la hacemos responsable de la crueldad a los indígenas, hasta nos referimos a ella con aquella palabra que describe ese sentimiento de amor por todo lo extranjero: malinchismo.

¿La verdad? ¡Malinalli era una niña-mujer que decidió luchar, sobrevivir, permanecer digna, usar su inteligencia, y destacar entre los hombres de su época!

Déjenme contarles algo de su historia, para que sigan entendiendo un poco mejor su humanidad.

Después de que Hernán Cortés, junto con casi 400 hombres, ganara una batalla junto al río Grijalva, los indígenas del lugar hicieron un pacto con los españoles, en el cual les regalaron a varias mujeres, entre las que destacaba una joven a la que llamaban Malitzin, que quiere decir "noble prisionera". Esto se debe a que su padre era un cacique de la zona de Veracruz. Los españoles, que apenas entendían el nuevo idioma, pronunciaron mal Malitzin, y por ello la nombraron Malinche, apelativo que permanece hasta hoy.

Malinalli, su verdadero nombre, llamó la atención no sólo por su porte y juventud, sino por su don de lenguas, pues sabía hablar maya y náhuatl.

Con los españoles iba un hombre llamado Jerónimo de Aguilar, que hablaba maya y español, y que había sido de gran utilidad para comunicarse con los indígenas de la zona. Hasta ese momento él les había sido útil, pero sucedió lo impensable.

Moctezuma se había enterado de la llegada de los españoles. Sus espías acudieron hasta él con pictogramas para hablarle de los hombres de piel blanca que habían ganado una batalla junto al río Grijalva. Su respuesta fue enviarles aquello que se consideraba excremento de los dioses: ¡oro! ¡Piezas de oro!

Los mensajeros llegaron con Hernán Cortés, hablaron en nombre de Moctezuma, y se encontraron con un dilema: Jerónimo de Aguilar no conocía el náhuatl. No podía traducirle a Cortés lo que aquellos hombres decían, lo cual era un problema gravísimo… hasta que se acordaron de la noble prisionera que conocía bien el idioma de los mensajeros. Entonces, por primera vez se dio uno de los juegos de "teléfono descompuesto" más memorable de la historia mundial. Los emisarios mexicas dieron su mensaje en náhuatl a Malinalli para que ella lo repitiera en maya, y finalmente Jerónimo de Aguilar pudiera recitarlo en español (o mejor dicho, castellano).

Esos primeros momentos de traducción debieron ser complicados para Malinalli, quien trataba de encontrar las palabras adecuadas en un idioma para repetirlas en otro. ¿Cuánto del mensaje se habrá perdido en ese ir y venir de vocablos? ¿Qué habrá pensado de lo que se decían? ¿Qué tanto inventó por no traducir una expresión idiomática? Malinalli, sin quererlo, se convirtió en la primera gran traductora del Nuevo Mundo y en una pieza fundamental para ese choque de dos civilizaciones, la americana y la europea.

Para ella, los siguientes meses no serían fáciles, pues Moctezuma insistió en enviar más regalos de oro con la intención de alejar a los españoles, pero éstos sólo quisieron conocer la fuente de tan codiciado tesoro, y avanzaron hacia la Gran Tenochtitlan. En el camino se encontraron con otros pueblos indígenas, a través de los cuales Cortés se enteró del enorme descontento que había hacia los mexicas, de modo que los españoles pactaron con aquellos pueblos, principalmente con los tlaxcaltecas (otros que han pasado a la historia como grandes traidores).

Pues bien, la forma de realizar este pacto fue muy sencilla, una vez más recurrieron a los dones de Malinalli para hacer aquel "teléfono descompuesto".

Y el pacto quedó establecido.

Es destacable que en aquellos tiempos fuera Malinalli una de las indígenas que les enseñara a los españoles acerca de la religión y las costumbres de aquellos pueblos. Mientras que los españoles hicieron lo mismo, al hablarles a los diferentes pueblos indígenas de cómo era el rey Carlos, de las ciudades en España y, por supuesto, de la religión que llevaban. Por lo pronto, Jerónimo de Aguilar les habló de la religión católica, cuyas explicaciones Malinalli atendió muy bien y, llegado el momento, fue una de las primeras mujeres en América en recibir el bautismo. El nombre cristiano que se le otorgó fue Marina… y por mucho tiempo se le conoció como doña Marina. Cabe destacar que "doña" no era un título que se otorgaba a la ligera, más bien indicaba que desde inicios de la aventura de Cortés se le tenía en gran estima a la joven. Lástima que no haya pasado a la historia como Marina o Malinalli, sino simplemente como Malinche (de manera despectiva).

En su andanza hacia Tenochtitlan, los españoles se detuvieron en Cholula, donde no serían bien recibidos, aunque de momento no lo sabían. Es aquí donde nuestra querida Malinalli jugó otro papel importante.

Cortés fue advertido de que los tlaxcaltecas no podrían entrar a Cholula por su enemistad con los habitantes de esta ciudad. Queriendo evitarse problemas, les pidió a los tlaxcaltecas que permanecieran fuera, mientras él y un grupo de españoles entraron a lo que luego describieron como una ciudad verdaderamente majestuosa. Malinalli iba con ellos, siempre cerca de Hernán Cortés, como su compañera incondicional.

Puedo imaginar la incertidumbre de aquella niña de 15 años al entrar a una gran urbe, majestuosa y desconocida, llena de casas, templos, murmullos y miradas expectantes. Habrá, sin duda alguna, abierto bien los ojos para entender todo lo que sucedía a su alrededor, sin imaginar que una vieja la tomaría del brazo para llamar su atención.

Sin que los españoles se percataran de este hecho, la vieja le reveló a Malinalli que se tramaba un oscuro complot para matar a todos los españoles. Claro, se lo advertía para que ella tuviera la oportunidad de dejar atrás a Hernán Cortés y salvar su vida. ¿Por qué no lo hizo? ¿Qué mantuvo a Cortés y a Malinalli tan juntos a lo largo de los tortuosos meses que significaron la Conquista de México? Se ha especulado sobre el amor que pudieron haber sentido el uno por el otro, incluso que ambos entendieron que se necesitaban para sobrevivir. Yo, por lo pronto, soy un poco más romántico, y creo que había algo entre ellos que nunca supieron expresar.

De cualquier forma, haya sido la razón que haya sido, Malinalli informó a Cortés sobre aquella funesta traición y éste puso manos a la obra para evitarla. Se hizo de guerreros tlaxcaltecas y de otros pueblos indígenas, y esa noche llevó a cabo lo que hoy se conoce como La matanza de Cholula. Después de todo, los cholultecas eran aliados de los mexicas, los mismos que tanto odiaban los tlaxcaltecas. Aquello se salió de control. Se estima que ese día perecieron alrededor de 6 000 seres entre hombres, mujeres, niños y animales, que quedaron muertos y despedazados en la plaza principal.

¡Qué silencio debió sentirse aquella mañana en la que se percibió la muerte en esa plaza! La guerra, no dicha, comenzaba a darse. Los castellanos y sus aliados tenían el paso libre para llegar a Tenochtitlan... y el 8 de noviembre de 1519 sucedió el encuentro que he narrado anteriormente, y en el cual Malinalli fue importantísima para que Moctezuma y Cortés pudieran entenderse. Así lograron entrar a la ciudad.

Lo que sucedió durante los siguientes meses tiene más que ver con la relación entre Cortés y Moctezuma... y cómo es que ahora podemos (o no queremos) entenderlos. Lo que sí está claro es que la forma de comunicarse fue a través de las palabras de Malinalli, quien demostró ser más inteligente de lo que se hubiera esperado de ella. Y es que aprendió a hablar castellano, de modo que pudo traducir los mensajes de Moctezuma, en náhuatl, directamente al idioma de Cortés, sin necesidad de usar a Jerónimo de Aguilar como intermediario.

Que haya existido un intercambio de ideas no significa que haya comprensión entre los personajes de esta historia. Poco a poco comenzó a deteriorarse la relación entre Cortés y Moctezuma. Parecían no entenderse entre ellos, y después de que Cortés tuvo que resolver un asunto en Veracruz, Pedro de Alvarado, quien se quedó en Tenochtitlan, aprovechó una fiesta ceremonial de los mexicas para realizar un ataque. Hoy lo conocemos como La matanza del Templo Mayor.

Bernardino de Sahagún la describe de la siguiente manera:

Al momento todos acuchillan, alancean a la gente y les dan tajos, con las espadas los hieren. A algunos les acometieron por detrás; inmediatamente cayeron por tierra dispersas sus entrañas. A otros les desgarraron la cabeza: les rebanaron la cabeza, enteramente hecha trizas quedó su cabeza… a otros les dieron tajos en los hombros: hechos grietas, desgarrados quedaron sus cuerpos. A aquéllos hieren en los muslos, a éstos en las pantorrillas, a los de más allá en pleno abdomen. Todas las entrañas cayeron por tierra. Y había algunos que aún en vano corrían: iban arrastrando los intestinos y parecían enredarse los pies en ellos. Anhelosos de ponerse en salvo, no hallaban a dónde dirigirse.

El furor creció entre los mexicas, con justa razón. ¡Querían a los españoles fuera de su ciudad a como diera lugar! Moctezuma salió a uno de sus balcones para apaciguar a la turba furibunda cuando las pedradas comenzaron a caer. Algunos dicen que fueron estas piedras, y algunas flechas, las que le quitaron la vida al tlatoani, otros afirman que fueron los mismos castellanos quienes asesinaron a Moctezuma para que tuvieran un poco de tiempo para escapar. Sea como fuere, la muerte del gobernante mexica sólo implicó que los españoles, junto con Malinalli, tuvieran las horas contadas.

Haciendo gala de su desmedida ambición, tomaron todo el oro que pudieron e intentaron escapar durante la noche, pero fueron sorprendidos y derrotados por los guerreros mexicas. Malinalli pudo escapar hacia Coyoacán con el resto de los hombres. Seguramente presenció cuando Cortés, según la leyenda, se sentó junto a un ahuehuete y lloró hasta el amanecer.

Quizá Malinalli sintió deseos de consolarlo... ¿y acaso ese gesto de humanidad la hace una traidora? ¿En verdad?

Mi querido Zunzunegui tiene razón, acusamos a Malinalli de traicionar a México, cuando México no existía. Más bien fue una mujer de su tiempo, que tuvo que sobrevivir a La matanza de Cholula y del Templo Mayor, a la ira de los mexicas, pero también a la ira de Cortés. Ella fue testigo de cómo Tenochtitlan fue sitiada y finalmente derrotada el 13 de agosto de 1521.

La pasión entre Malinalli y Cortés finalmente fue consumada, porque un año después ella dio a luz a un hijo de ambos, un hombre que sería llamado Martín Cortés, que siempre llevó el apodo de el Mestizo. Sin embargo, Malinalli y Cortés nunca se casaron, ni siquiera cuando él enviudó por causas bastante sospechosas.

Malinalli se quedó en la ciudad de México, donde se casó con un hombre llamado Juan Jaramillo, con quien se sospecha tuvo una hija. Los últimos años de Malinalli se difuminan un poco en la historia. La versión más aceptada de su muerte es que enfermó de viruela y murió a inicios de 1529. Su tumba nunca ha sido encontrada, aunque muchos historiadores han hecho esfuerzos por hallarla.

Los testimonios que nos han llegado sobre Malinalli provienen principalmente de hombres europeos y anécdotas posteriores. En pocos destaca su asombrosa dignidad.

Desde entonces, su imagen se ha ido deteriorando como una mujer chingada (según la describe Octavio Paz) o sumisa y desnuda (como en el mural de Diego Rivera en el Colegio de San Ildefonso). Su nombre se ha transformado en un sustantivo que significa desprecio por lo mexicano y amor por lo extranjero; pero yo creo que, a 500 años de ese proceso histórico llamado Conquista de México, es necesario ponernos en el lugar de Malinalli, entenderla como una mujer de su tiempo que supo sobrevivir y estar a la altura de las circunstancias.

Más que llamarla traidora, deberíamos estar orgullosos de que una mujer tan inteligente y valiente sea madre del mestizaje mexicano.

VIRREINATO

NUESTRO ORIGEN OCULTO

Juan Miguel Zunzunegui

La Gran Tenochtitlan, capital de los mexicas, el pueblo que
sometía a las demás naciones mesoamericanas, cayó en manos
de Cortés el 13 de agosto de 1521. Hernán Cortés llevó a cabo
la aventura que devino en la conquista de Mesoamérica y el
nacimiento de México, de manera personal y privada, pagada
de su bolsillo, sin que el rey de España, Carlos I (Carlos V de
Alemania), supiera lo que estaba pasando.

Pero fiel a las costumbres de su tiempo, para justificarse
y legitimarse, y desde luego para evitar que otros aventureros
le comieran el mandado, lo hizo todo en nombre de Su muy
Católica y Cesárea Majestad, Carlos V... es decir que aquel
extremeño que no quería ser castellano llevó a cabo una serie
de conquistas en nombre del emperador alemán, miembro de
una dinastía austriaca, los Habsburgo. Pero Carlos era nieto
de los Reyes Católicos, y por esa herencia castellana, de pronto sus dominios incluían todo lo que se estaba descubriendo
y conquistando en ese mundo que fue llamado América en
honor a un florentino, y que fue descubierto por un aventurero que quizá fue genovés, aunque lo más probable es que fuese portugués.

Fue el mismo Cortés quien le propuso a Carlos V el nombre de Nueva España para las tierras que conquistó, pero no porque existiera ya un país llamado España, que en realidad no terminó de unificarse y llevar ese nombre hasta que tomó el trono Felipe II, en 1556, sino por el nombre que desde tiempos ancestrales los romanos le habían dado a la región: la Hispania. Cortés, en latín, lengua que hablaba mejor que el emperador, propuso el nombre de *Novus Hispania*, que fue como se llamó este país desde 1521 en que lo sugirió Cortés, hasta 1821 en que don Agustín de Iturbide independizó el territorio y lo denominó Imperio mejicano, así, con jota.

1521. El año en que Cortés venció a los aztecas, el rey Carlos aún se debatía en violentos conflictos civiles, conocidos como las guerras de los comuneros, para abolir los derechos de la nobleza feudal y unir Castilla, Aragón y Navarra en un solo país; ése al que hoy llamamos España. Desde 1519 ese mismo Carlos había obtenido el trono electivo del Sacro Imperio Romano Germánico; las comunidades autónomas de Castilla y Aragón no querían un rey ausente que viviera en Alemania; mucho menos uno que, con recursos de la península ibérica, financiara las guerras que como emperador alemán tenía contra los turcos.

El propio Cortés, en una de sus cartas, le escribió que no existía razón legal para que la riqueza de Nueva España costeara las guerras contra los turcos, y que, dado que la Nueva España era más rica en recursos, más próspera y abundante, y que en nada tenía necesidad económica de Castilla o Aragón, no existía un fundamento jurídico para que hubiera un pacto de vasallaje. Es decir, desde aquellos lejanos tiempos, Cortés está abogando por la independencia; comienza a nacer el conflicto que tendrán toda su vida el conquistador y el emperador.

1524: los sueños de Cortés van más allá. Ha conquistado a los aztecas y ahora es en la práctica el nuevo tlatoani a quien rinden pleitesía y tributos los otros pueblos de la zona nahua. Pero el sueño de Cortés es unificar toda Mesoamérica, zona nahua y zona maya, en un solo gran imperio americano que no tenga necesidad alguna de Europa; por eso en ese año se lanza a explorar Centroamérica, una proeza en la que invirtió dos años, hasta que, notificado de los disturbios que los enviados del rey provocan en Nueva España, decide volver.

Corría el año de 1527, esto se llamaba Nueva España, pero no era aún un virreinato. Carlos V, que de momento había nombrado gobernador a Cortés, aún no sabía cómo administraría lo que consideraba sus nuevas tierras. Ese año llegaron a la ciudad de México oficiales fiscales del rey para tomar el control económico, y como primera medida desterraron a don Hernán de aquel sitio. El conquistador quiso alejarse nuevamente del poder real y organizó una expedición desde Acapulco para tomar las Islas Molucas (hoy en Indonesia).

En ese mismo año, el emperador Carlos V le declaró la guerra al papa, sitió y saqueó Roma, y dado que las guerras cuestan, pretendía obtener los recursos necesarios de la Nueva España, a lo que Cortés se negó rotundamente. El conflicto entre los dos hombres se hizo evidente, y Carlos V mandó quemar públicamente todos los libros, crónicas y cartas que Hernán había publicado en Sevilla; prohibió imprimir cualquier documento cortesiano e incluso estableció penas por el simple hecho de poseer un ejemplar.

El conquistador decidió que esa batalla contra el emperador debía ser en persona, y en 1528 se embarcó rumbo a Sevilla. Había salido 24 años atrás y nunca había vuelto. Viajaba a un mundo desconocido. Carlos V quedó impresionado por la presencia física de Cortés, acompañado por una corte de cientos de guerreros indígenas; le quitó oficialmente el gobierno de Nueva España y a cambio le dio tierras y un título nobiliario: Marqués del Valle de Oaxaca... con el detalle de que el Valle comenzaba en Tehuantepec y terminaba en Coyoacán; era prácticamente un Estado para Cortés.

Dos años le llevó el viaje al conquistador, ahora marqués, que volvió a Nueva España en 1530 para recibir la noticia de que por orden de Carlos V tenía prohibido vivir en la ciudad de México. Para ese momento, un primo suyo, Francisco Pizarro, consolidaba la conquista de Perú. Cortés tuvo el sueño de unir por mar y comercio esos territorios, y en las costas de Oaxaca comenzó a construir barcos. Al poco tiempo, y por orden real, sus barcos le fueron requisados.

El poder real seguía persiguiendo a Cortés, y él, siempre alejándose, trató de conquistar más allá y comenzó la exploración de Baja California. En eso estaba cuando en 1535 le notificaron la llegada de don Antonio de Mendoza, que venía con cartas credenciales de Carlos V que lo nombraban virrey de la Nueva España. Finalmente el emperador había tomado una decisión, asumió que todo en América era suyo, y comenzó a instituir la figura del Virreinato; es decir, Nueva España era un reino y Carlos V era su rey, que por estar tan distante, mandaba a un representante. Comenzó formalmente el periodo conocido como Virreinato.

Cortés asumió parte de la derrota. Había sido despojado del gobierno, y sus sueños de un país independiente eran destrozados por la avaricia de Carlos V. El Marqués del Valle de Oaxaca tenía entonces 50 años, todo el poder real caía sobre él y ya no había más tierra para alejarse, ya habían prohibido sus libros y el emperador del mundo había amenazado con borrarlo de la historia. Siguió como empresario y comerciante, sembrando uvas para elaborar vino en California y navegando por el Pacífico. En 1539 todo le fue confiscado, a través del virrey, por orden de Carlos V.

La afrenta era demasiada, y en 1540 Cortés decidió embarcarse otra vez a España para nuevamente confrontar a su Señor. Dejó seis hijas en su palacio de Cuernavaca y viajó con sus tres hijos a Europa. Es en este viaje cuando, a sus 56 años, toma el mando de un navío para apoyar a Carlos V en su guerra contra los moros, y fue en esa batalla abandonada por Carlos donde el creador de Nueva España terminó de convencerse de la poca estatura de su rey. Decidió volver a Nueva España, pero la muerte lo sorprendió en el camino en 1547.

Carlos V abdicó a sus tronos en 1556 y murió en 1558; los restos del conquistador volvieron a Nueva España hasta 1567, cuando los tres hijos de don Hernán estaban envueltos en una revuelta de independencia. Ninguno de ellos era como el padre, la rebelión fracasó, y España —ahora sí ya España, desde que Felipe II se convirtió en rey en 1556— terminó de tomar el control en el reino mestizo creado por don Hernán Cortés.

Don Antonio de Mendoza fue virrey de 1535 a 1550 y fue el último caballo de batalla de Carlos V contra Cortés. Organizó el Virreinato como una colonia de España, estableció monopolios reales y, ante todo, organizó el pago anual del quinto real; la quinta parte de toda riqueza producida era propiedad del rey.

Luis de Velasco fue virrey de 1550 a 1564, y murió en ejercicio del poder. Fue en ese momento cuando los hijos de Cortés llevaron a cabo la fallida intentona de tomar el mando, fueron detenidos y condenados a muerte... aunque a falta de virrey gobernaba la Real Audiencia, y la ejecución no se podía llevar a cabo. Para su suerte, Gastón de Peralta, tercer virrey de Nueva España, sólo de 1566 a 1567, decidió que los hijos del conquistador no podían ser ejecutados, y los desterró a España.

Martín Enríquez de Almansa, cuarto virrey, de 1568 a 1580, fue el primero en ser nombrado ya por Felipe II, el hijo de Carlos V, y con el nuevo rey vendrían nuevas políticas y nuevas ordenanzas. La más obtusa de todas: prohibir el mestizaje. El estoque de muerte para el sueño de Hernán Cortés. Prohibir el mestizaje cuando habían nacido mestizos desde 1519, año en el que el conquistador casó a sus generales con princesas indígenas; cuando había cuatro décadas de mestizaje étnico, y lo más importante, de mestizaje cultural; este último combatido por la Santa Inquisición, que se estableció en Nueva España en 1571.

Así, por ley, sólo podía haber españoles e indios en un país cada vez más mestizo. Españoles e indios que dejaron de mezclarse, en todos los sentidos posibles, para con ello comenzar la división social que casi 500 años después no ha podido ser erradicada. Con la Inquisición llegaron órdenes menos tolerantes que los franciscanos llevados por Cortés, como los dominicos, y así fue como la Iglesia, verdadera conquistadora, empezó a tomar el control de un territorio que la Corona no podía dominar en realidad.

En 1521 habría una población nativa de quizá 20 millones de indígenas y no más de 1 000 españoles; pero la otra conquistadora, la viruela, comenzó a hacer de las suyas, y en un siglo murió 95% de la población original. La Nueva España de 1620 no pasaba de 700 000 habitantes, de los cuales unos 600 000 eran indios, y otros 100 000 eran españoles, y los mestizos que oficialmente no existían.

La prohibición de mestizaje y la llegada de mujeres españolas generó un nuevo componente social: el criollo. Hijos de españoles pero nacidos en América… los que con el tiempo fueron asumiendo esta patria como suya, y los que con más tiempo lucharon por su independencia y la obtuvieron.

El primer siglo de Nueva España, de 1521 a 1600, fue caótico en todos los sentidos. Las guerras de conquista posteriores a Tenochtitlan, los intentos por someter a los mayas y a los chichimecas, el conflicto entre Cortés y Carlos V, la instauración del Virreinato y sus abusos, el Tribunal de la Inquisición, las grandes epidemias de viruela y otras pestes. Aun así, es el siglo del gran mestizaje, del nacimiento de ciudades como México, Puebla, Oaxaca, puertos como Veracruz y Acapulco. Comenzaron a funcionar las grandes haciendas agrícolas, y entre todo, la extracción de oro y plata.

La raíz de México, el que sí se escribe con *x*, empezó ahí. Fusión de pueblos y de culturas, encuentro y mezcla de tradiciones, nuestro barroco más enredado que lo normal hasta llegar al churrigueresco, los bailes, la música y la gastronomía, el taco y el tequila, los charros y la china poblana, llegada en el Galeón de Manila, donde venían también los mangos del mismo nombre que hoy sentimos tan nuestros; el catolicismo tan ecléctico, sincrético y a veces pagano, nuestras estructuras económicas y sociales, nuestro español con nahuatlismos... nuestra forma de ver el mundo. Todo lo que hoy es México, lo bueno y lo malo, comenzó a germinar en el siglo XVI.

En el siglo XV la gran potencia europea era Portugal, papel que le empezó a disputar España en la segunda mitad del siglo XVI, cuando otros reinos de Europa, como Inglaterra, Francia y Holanda, comenzaron a luchar también por la supremacía, a cruzar los océanos y a tratar de llevarse su parte en la conquista del mundo. Para inicios del siglo XVII era Holanda quien se alzaba como potencia, papel que a mediados de ese siglo ya tenía Francia, y que para la segunda mitad del siglo XVIII era tomado absolutamente por Inglaterra.

La guerra de potencias de Europa necesariamente tuvo su eco en América. Holandeses e ingleses intentaron en más de una ocasión conquistar Nueva España, al tiempo que se iban apoderando de Norteamérica y de las islas del mar Caribe. Las nuevas y poderosas dinastías reales europeas no dejaban de luchar, y para los Habsburgo, los amos y señores de la América hispana hasta 1700, los recursos para esas contiendas debían salir de Nueva España y de Perú.

Precisamente en el siglo XVI comenzaron las grandes dinastías famosas en la historia. Los Habsburgo, señores de Austria y Croacia, se hicieron reyes de España con el matrimonio de Felipe el Hermoso con Juana la Loca, hija de los Reyes Católicos, lo que colocó a Carlos y sus descendientes en el trono español. Los Tudor tomaron el poder en Inglaterra tras 30 años de guerra civil, y gobernaron poco más de un siglo hasta dejar la Corona inglesa en manos de los Estuardo; los Hohenzollern comenzaron su dominio en Prusia y los Borbón en Francia. Las dinastías lucharon 300 años por el dominio de Europa.

En 1700 murió el último Habsburgo español, Carlos II, lo que abrió la puerta de España a los Borbón, cuya llegada cambió todo en América con una serie de reformas que finalmente culminaron en las independencias. Otra forma que tomó la guerra entre los grandes imperios que se estaban formando, como el español, el inglés, el francés y el holandés, fue la piratería. Todo el oro que España sacaba de América e intentaba llevar a través del Atlántico dio origen a corsarios y piratas; esos ladrones del mar construyeron grandes imperios, hasta legar el máximo imperio creado por ellos: el británico.

PERO ESO SÍ, LLEGARON LOS BORBONES

Pedro J. Fernández

Nueva España nació bajo el reinado de la Casa de los Habsburgo, Carlos I de España (el famosísimo Carlos V de Alemania, quien desde hace muchos años aparece en las envolturas de un chocolate) era a quien Hernán Cortés le escribía sus *Cartas de Relación* durante la Conquista, y quien tomó las primeras decisiones sobre el nuevo territorio mestizo.

Durante los primeros años del nuevo reino se establecieron leyes y territorios, y se creó una cultura mestiza que habría de definir lo que hoy es México. Carlos I fue el primer rey español que gobernó sobre Nueva España, y años después sería Carlos II el último Habsburgo que habría de hacerlo.

Recuerden, todo lo que sucedía en la península ibérica tenía una réplica en territorio americano.

Carlos II, hijo de Felipe IV y de Mariana de Austria, era feo como pegarle a Dios en Viernes Santo, como reza el dicho popular. Además de eso, era un niño terriblemente enfermizo, a causa de la endogamia que solían mantener las familias europeas coetáneas. Carlos tuvo síndrome de Klinefelter, lo que significa que desarrolló poca musculatura y fue infértil en su vida adulta. ¡Con razón tenía ese terrible aspecto en las pinturas!

El problema era mucho más claro de lo que parece, pues el hecho de que no pudiera usar su simiente para engendrar un heredero implicaba que habría un problema grave de sucesión al trono… como de hecho sucedió. Carlos murió desatando la Guerra de Sucesión Española que, en pocas palabras, hizo que cambiara la casa gobernante.

Subió al trono Felipe V, seguido de Carlos III (sí, el de la canción sobre la Puerta de Alcalá), Fernando VI, Carlos IV y, finalmente, Fernando VII. Ya no Habsburgos, sino Borbones.

Ay, pero estos Borbones eran ambiciosos a más no poder, y voltearon su mirada hacia la Nueva España… la rica, compleja, llena de plata y extensa Nueva España. La saqueable Nueva España.

Y así comenzó el declive de aquel reino.

En la escuela suelen enseñarnos la historia de Nueva España como si los 300 años hubieran tenido el mismo gobierno, las mismas leyes y hasta la misma sociedad. Imagínense cuántas cosas no sucedieron durante todo ese tiempo. Nada más cierren los ojos y piensen en todo lo que sucedió entre 1810 y 2010… y ésos fueron sólo 200 años.

Quizá la parte más romántica y religiosa, la que gozó de mayor "estabilidad", fue la etapa de los Habsburgo, entre la caída de la Gran Tenochtitlan en 1521 y el ascenso de Felipe V en 1700.

El siglo XVIII fue básicamente de implementación de las Reformas Borbónicas, una serie de leyes impopulares que causaron un gran descontento en España.

Es gracias a los Borbones que los criollos ya no pudieron acceder a ciertos cargos en el gobierno, pues sólo podían ofrecérselos los españoles nacidos en la península ibérica, lo cual produciría, más tarde, que algunos criollos (Miguel Hidalgo, Ignacio Allende y Agustín de Iturbide, entre otros) lo tomaran como una de sus razones para ser partidarios de la independencia de todo el reino.

Además, cambió el sistema tributario y aumentaron los impuestos, no sólo para llevar un mejor control, sino para pagar las deudas contraídas durante la Guerra de Sucesión y los constantes conflictos militares en los que España participaba, especialmente contra Inglaterra.

Lo anterior nos lleva a otro punto muy importante en el que los Borbones pusieron muchísima atención: la creación de un ejército en 1767. El propósito principal de esta milicia era proteger al reino de otros, pues Carlos III tenía miedo de que Inglaterra atacara Veracruz en cualquier momento. Es más, a principios del siglo XIX, ante la amenaza de que esto sucediera, una gran cantidad de soldados realistas acamparon en Veracruz para protegerlo de un ataque. Entre ellos estaban Allende, Aldama e Iturbide y otros soldados que luego formarían parte fundamental de la Guerra de Independencia, ya fuera del bando insurgente o del realista.

Y es que el ejército creado por Carlos III, formado principalmente por soldados americanos que eran fieles a la Corona o habían sido víctimas de la leva forzada, tendrían el propósito de luchar contra los sublevados entre 1810 y 1821. No tuvieron que defender el reino de una potencia extranjera, eso ya sucedería mucho después, en tiempos del México independiente.

Las Reformas Borbónicas cambiaron el mapa. Volvieron a distribuir el territorio, esta vez en "intendencias", que luego darían forma a las diferentes entidades que tenemos hasta hoy en México. Quedaron más o menos así: Puebla, Oaxaca, Veracruz, Mérida, Guanajuato, San Luis Potosí, Valladolid, Zacatecas, Guadalajara, Durango, y Arizpe. También hubo cambios políticos, y por lo mismo, muchos hombres de gobierno no estuvieron contentos con que las intendencias tuvieran más poder, pues la figura del virrey lo perdía.

Tal parecía que Nueva España no sólo estaba cambiando, sino que sentaba las bases de lo que más tarde serían los primeros años del México independiente.

La economía también cambió. El 28 de febrero de 1789 Carlos IV declaró que el reglamento del comercio libre se extendía al Virreinato de Nueva España, esto significaba que algunos monopolios llegarían a su fin, y que se podría negociar con otros espacios del Imperio español, como Filipinas. Esto permitió que más comercio y mercancías llegaran a Nueva España.

Es de notar esta segunda mitad del siglo XVIII porque habrían de nacer los hombres y mujeres que cambiarían el destino de la América Septentrional durante el siglo XIX. Ellos vivieron de primera mano estos cambios. Especialmente uno... don Miguel Hidalgo y Costilla.

Un fuerte sentimiento antijesuita crecía en todo el territorio español. Se trataba de una orden que se había enfocado principalmente en la educación, y por lo mismo chocaba de forma intensa con la Corona. Esta idea de búsqueda de conocimiento, de preguntar las causas del mundo, de cuestionar todo lo que existe no era del todo agradable al rey de España, Carlos III, quien había tenido que tolerar varias manifestaciones en su contra, y estaba seguro de que los jesuitas tenían que ver algo con eso, situación que le molestaba.

Como ya se sabe que quien tiene el poder puede culpar a cualquiera de los males que padece una nación, ordenó al fiscal del Consejo de Castilla, Pedro Rodríguez de Campomanes, que investigara el asunto. Aunque eso de investigar era sólo un decir, porque estaba claro cuál sería el final de esta historia: los jesuitas serían acusados. No es de extrañarse que después de "la violación del correo, informes de autoridades, delaciones, confidencias de soplones recogidas con gran misterio, en las que se señalaban amistades o concomitancias de amotinados con jesuitas, frases sueltas, hablillas y chismes", concluyera que "la doctrina del tiranicidio, su relajada moral, su afán de poder y riquezas, sus manejos en América, las querellas doctrinales…" eran parte del modo de vivir de aquellos jesuitas, lo cual era contrario a la corona.

Era lo que el rey estaba esperando para ordenar la expulsión de los jesuitas del reino. Los obispos estuvieron de acuerdo con él.

Se expulsó a 2 641 jesuitas de España y a 2 630 de América. Éstos tuvieron que buscar refugio en otros lugares de Europa, especialmente en ciudades francesas, Génova y los territorios pontificios.

¿Qué habrá pensado Miguel Hidalgo cuando de un día para otro sus maestros tuvieron que salir de los colegios? ¿Qué pensó la gente en Nueva España cuando muchos de sus queridos sacerdotes eran tratados como criminales y eran sacados de sus escuelas e iglesias?

El pueblo en América nunca olvidó aquella afrenta.

El descontento creció…

Para principios del siglo XIX, la situación era ya lamentable. Los comerciantes y ricos de Nueva España estaban cansados

75

de pagar contribuciones a la guerra y a la Corona española. El descontento entre los criollos crecía porque no podían acceder a ciertos cargos políticos y militares, y la expulsión de los jesuitas era una herida que aún se encontraba abierta.

Ciertamente la llegada de los Borbones a la Casa Real Española había cambiado las reglas del juego. América era un polvorín.

Sólo hizo falta un Napoleón para encender la mecha, un grito que desgarrara la América, y un dragón que le encontrara orden al caos.

Pero ésa… es otra historia.

Las Reformas Borbónicas fueron precursoras de una guerra civil que habría de dividir un reino español en América.

LA GUERRA PIRATA… TERROR EN EL CARIBE (INGLATERRA CONTRA ESPAÑA: COMBATE MORTAL)

Leopoldo Mendívil

Durante los 300 años de la Colonia o Virreinato, que acaba de describir Pedro J. Fernández, ocurrió también una guerra mortífera que terminó decidiendo las "independencias" de los países de América Latina, que casualmente se detonaron alrededor de 1810.

En cuanto los españoles se apoderaron de México comenzó una de las guerras más salvajes y largas que ha conocido el mundo entre España e Inglaterra: ambas querían el "bistec", es decir, América.

Esta guerra fue tan tremenda, tan visceral, que después de casi 500 años aún persiste, pues moldeó al mundo. Se convirtió en un verdadero "repudio" cultural. Los casos de "enemigos jurados" en la historia son clásicos entre naciones vecinas que siempre han peleado por los territorios fronterizos y por recursos (ríos, lagos, etc.). En el planeta hay varios casos de estos tipos de pleitos y resentimientos de antaño (India y Pakistán; el Tíbet y China).

Pero en el caso del repudio Inglaterra-España que surgió durante el Virreinato hubo algo más de fondo: no sólo que sus filosofías representaran y representen aún lo contrario en el mundo (a cada uno le da poco o mucho asco la forma de ser del otro); no sólo la religión (España católica; Inglaterra protestante). Este repudio cultural se expandió, hasta cierto punto, a todo el mundo angloparlante y a todo el mundo hispanoparlante de hoy en día (440 millones de hispanoparlantes repartidos en cinco continentes y 380 millones de angloparlantes en los países de la "angloesfera": Estados Unidos, el Reino Unido, Canadá, Australia, Sudáfrica, Nueva Zelanda).

Parece exagerado, pero en verdad podemos ir hacia atrás en el tiempo en busca de las raíces de este conflicto y nos toparemos con que hubo una época en que Europa estaba dividida en dos: norte y sur; los bárbaros al norte (los "germanos" de los tiempos romanos o "güeros") y los romanos mismos o "latinos", que son las razas mediterráneas del sur de Europa, más bronceados o morenos (franceses, ibéricos, italianos, griegos, etc.). En verdad se trata de dos troncos distintos en raza, en religión originaria y en lenguajes. No es de extrañar que el mundo occidental esté dividido en esos dos bloques aun ahora (a uno de ellos pertenece nuestra amada América Latina y nuestra "nave madre", España).

Hoy el poder lo tienen, sin embargo, los países del tronco germánico o "güero": Alemania, Holanda, Inglaterra misma y los Estados Unidos. Son los ricos, los reyes de la ciencia y la industria. Estos países miran a los latinos del mundo con una mezcla de compasión, curiosidad y, de plano (algunos), desprecio. En Europa es común oír la frase "Europa comienza en los Pirineos" (Pirineos es la cordillera que divide a Francia de España). Es como si dijeran que España y Portugal son tan atrasados y tan retrógradas que no parecen europeos, sino más bien partes de África. Así se las gastan en Europa.

Pero el desprecio mayor hacia España viene de dos países: Estados Unidos y, principalmente, Inglaterra. Esto es en extremo importante para los mexicanos porque, dado que hace 150 años comenzamos a ser controlados por los Estados Unidos (ya somos su "patio trasero", como diría el gran Adolfo Aguilar Zínzer, muerto en condiciones extrañas tras decir esta frase), hemos sido bombardeados por décadas con la lluvia de la propaganda antihispánica o antiespañola que profesan tanto los gringos como su "nave madre", los ingleses, y que tiene un nombre técnico: "Leyenda Negra" (y no es película).

¿Qué es esta "Leyenda Negra"? Es mejor ofrecer ejemplos. Seguro que han visto el programa británico *Monty Python*, donde los "malos" son unos tipos tarados vestidos con mantos de la Edad Media que vienen a quemar gente en la hoguera. Son la Inquisición española. Los pintan como retrógradas, asesinos, tontos, fanáticos religiosos. Así perfilan muchos británicos a los españoles, y esta imagen no es exclusiva de ese programa de televisión; está en el cine, en los libros, en la cultura, incluso en el rock: es parte de la propia idea que tienen los ingleses como pueblo. Ellos se enorgullecen de haber vencido a los españoles hace siglos y su plaza favorita en Londres se llama Trafalgar Square (Plaza Trafalgar, por la batalla en que acabaron con España como competencia marítima). Esa imagen es tan común para los británicos como la de los mexicanos que creó el Tío Sam: un sombrerudo con sarape dormido bajo un nopal. Ambas representaciones son para "hacernos caca" ante el mundo.

79

No es que la Inquisición española haya sido buena. Fue nefasta. Pero se borró el hecho de que los ingleses tenían una "inquisición" peor en el palacio de Westminster: la Star Chamber o Cámara de Estrellas, donde torturaron a cientos de habitantes —sin olvidar las matanzas que hizo Enrique VIII—. Lo que ocurre es que los pueblos anglosajones (la "angloesfera") son mucho mejores que los latinos —nosotros— para la publicidad, y eso es precisamente lo que hicieron con la "Leyenda Negra": crearon una estrategia de propaganda altamente eficaz para "ennegrecer" a los latinos hispanos, y tuvo tanto éxito que hoy, incluso en México, "la compramos todita". Los anglosajones construyeron la idea de los latinos-hispánicos como personas ineficaces, primitivas, con tendencias "innatas" a la corrupción y al caos, y en el aspecto religioso, por ser generalmente católicos, se nos ve como fanáticos, "persignados" y "medievales". Un logro publicitario.

Hoy se sabe con exactitud cómo y cuándo surgió esta "Leyenda Negra", cuyo objetivo era destruir a España. Hubo un publicista primario, un primer redactor que tuvo esa "brillante" idea, y todo tiene que ver con nosotros, los mexicanos. Aquí les hago un resumen:

1) Los españoles conquistan México y otras partes de América, y se convierten en el mayor imperio colonial del mundo.

2) Con el oro azteca, el rey español Carlos I logra pagar adeudos de los sobornos que lo habían hecho emperador alemán y el hombre más poderoso del mundo (los 850 000 florines pagados a los "príncipes electores", 167 000 millones de dólares actuales).

3) El hijo de Carlos V (el del chocolate), Felipe II, se casa con María Tudor, la hija del rey de Inglaterra, para así unir los dos reinos. Por un tiempo hay "paz". Al morir ella (María Tudor o la Sanguinaria), Felipe II opta por lo práctico: proponerle matrimonio a Elizabeth, la hermana menor de la fallecida. El problema es que ella no quiere.

(Aquí es donde comienza el problema que ya duró 500 años.)

¿Por qué no quiere? Felipe II le envía a Elizabeth una pequeña pintura de su propia cara, para que ella vea que no se ha puesto feo. Él había sido el héroe que años atrás la había sacado de prisión porque había tenido pleitos con María debido a la religión. Ahora, al ver el retrato del rey español, Liz acaricia su anillo. Les dice a sus pajes: "Yo no me voy a casar con ningún hombre. ¡Mi matrimonio es con Inglaterra!", y les sonrió. ¿Por qué decía esto? De niña vio que un hombre hacía cosas horribles con sus esposas: su propio papá, Enrique VIII, decapitó a dos de sus mujeres. Una de ellas era la mamá de Elizabeth.

Mejor soltera, pero con muchos amantes, todos los que se pueda.

4) Comienzan los problemas. Elizabeth I, ahora reina de Inglaterra, la emprende contra Felipe II. Inglaterra se está volviendo cada vez más protestante y más anticatólica, y Felipe II es un fanático católico. Su hermana había hecho en Inglaterra una cacería de protestantes, intentando reestablecer el catolicismo, y por eso la llamaron la Sanguinaria. Una de las prisioneras fue la pequeña Elizabeth. El promotor de Liz, Thomas Wyatt, fue torturado, decapitado y desmembrado.

5) Elizabeth hace dos cosas en secreto para fastidiar a Felipe II. Primera: les mete dinero y apoyo moral a los rebeldes que odian a Felipe en Flandes (Holanda/Bélgica) para que se independicen del rey de España. Son Guillermo de Orange, el Conde de Egmont y Philip de Montmorency. Lo peor: el propio hijo de Felipe II entra a esta conspiración para traicionar ¡a su papá!

La segunda cosa que hace Elizabeth es crear la piratería. Como los españoles estaban sacando toneladas de oro de sus conquistas en América (Perú y México), Elizabeth comenzó a apoyar a un "gánster", un saqueador o pirata, para que les robara en altamar todo cargamento posible de oro azteca o inca. Después el objetivo era saquear los puertos españoles en América. Así empezó la "guerra pirata".

6) La mañana del 16 de septiembre de 1568, en Veracruz, México, se vio llegar un grupo de barcos. Eran piratas ingleses, pero los muy "canijos" se habían puesto banderas españolas para desconcertar al enemigo. Al entrar y aproximarse al marítimo castillo de San Juan de Ulúa, el capitán de puerto los recibió con bombo y platillo. Sus hombres se aproximaron en botes y caminaron por el muelle para amarrar las seis naves, pero sorpresa, les vieron la cara: eran piratas ingleses. ¡El líder era nada menos que el peor de todos, John Hawkins!

Todos temblaron en el puerto. Los ingleses de plano se "agandallaron" la bahía y Veracruz se convirtió en una base pirata inglesa que Hawkins deseaba usar para saquear los alrededores y enviarle tesoros "mexicanos" a la pelirroja reina Elizabeth. Pero Hawkins no contó con una visita: México (la Nueva España) estaba cambiando de virrey, y el nuevo virrey, Martín Enríquez de Almansa, estaba llegando desde España con sus 13 barcos.

Hawkins, confiado en sus habilidades como negociador, pensó en hacerle una propuesta al nuevo virrey:

—¿Sabes? —le hizo saber a Almansa—, no vengo a atracarte. Ya tomé botines en Cabo Blanco, en Santo Domingo, Margarita… sólo déjame permanecer aquí lo suficiente para reparar mis barcos. Reparo y me voy.

El virrey lo miró con recelo.

—Bueno, reparas y te vas —y se estrecharon las manos.

Horas más tarde, John Hawkins estaba en su camarote, plácidamente, a bordo de su navío estrella: el *Jesus of Lübeck.* Se felicitó a sí mismo por su capacidad para convencer a cualquier enemigo.

—Esos españoles se creen todo lo que uno les diga… —se dijo.

De pronto escuchó un ruido extraño a sus espaldas. Se asomó por la claraboya. A unos metros de distancia, sobre el oleaje, la plataforma flotante española *San Salvador* ya no tenía sus tapas.

—Dios… ¡Es un barco falso! —estaban saliendo, completamente armados, 300 soldados españoles que se habían mantenido ocultos por orden de Almansa y de su capitán Francisco Luján al estilo del Caballo de Troya. Comenzaron a abordar el barco de Hawkins, prendiéndole fuego y gritando:

—¡Veracruz es puerto español! ¡El virrey trabaja para Felipe II de España, no para Elizabeth I de Inglaterra!

Quemaron los barcos de Hawkins. El segundo de a bordo, Francis Drake, conocido hoy por su "valor", de plano huyó con sus nueve toneladas de tesoros robados en el Caribe. Cien piratas fueron apresados y el virrey los "estrenó" en la Inquisición mexicana, la cual él mismo venía a fundar y fundó en 1571. Los rostizaron.

En Inglaterra, la reina Elizabeth I no pudo soportarlo. Estaba encolerizada. Miró el retrato de Felipe II. Lo estrelló contra la pared.

—*You bastard...!*

Les dijo a Sir Arthur Champernowne y a Sir William Cecil:

—Quemen el barco español que está en Plymouth, ¡quémenlo!

—Pero... ¿Majestad...? —le preguntó Cecil—. ¿Eso no va a iniciar una guerra...?

En esos momentos, con dinero secreto de Inglaterra, los rebeldes antiespañoles en Holanda comenzaron a meterse con antorchas a las iglesias católicas:

"¡Quemen todo!", les gritaron sus líderes. "¡Holanda [Flandes] va a ser libre, independiente de España, y va a ser protestante! ¡Mueran los españoles!"

Felipe II, consternado, recibió los informes:

—Quemaron todo —le dijo su agente—. Metieron 10 000 antorchas al templo de Nuestra Señora en Antwerp —y bajó la cabeza—. Lo peor es que el hijo de usted... el joven Carlos... es parte de este complot.

—¿Carlos...?

—Está ayudando a los holandeses y a los ingleses para separar a Holanda de España. Lo van a declarar rey.

7) Los holandeses, en efecto, con apoyo de Elizabeth I de Inglaterra, se rebelaron contra Felipe II y se independizaron para siempre. España perdió Flandes. Hoy es Bélgica y Holanda.

8) Era una guerra de Inglaterra contra España. Felipe II pensó: "Voy a construir una flota de barcos invencibles y voy a invadir Inglaterra. ¡Es la única manera! Voy a quitar a Elizabeth, y en su lugar voy a poner a la dulce María Stuart, que

es católica, ¡como debe de ser! Ella será favorable con España". Se puso a construir sus barcos. Elizabeth, más lista que bonita, mató a María Stuart y envió a su pirata favorito, Francis Drake, a que, con unos barcos muy sigilosos, se aproximara al puerto donde Felipe estaba construyendo esa flota en Cádiz. Simplemente la quemó. Les prendió fuego a los 37 barcos españoles antes de que fueran siquiera estrenados. Ardió el barniz nuevo.

9) Ardido y desconsolado, Felipe II construyó nuevos barcos (cada uno de aproximadamente cinco millones de dólares actuales), gastando para ello enormes sumas del tesoro español. Lanzó sus barcos hacia el norte para que atacaran a la flota inglesa, pero aquella vez fue Dios —o eso dijo Elizabeth después— el que se encargó de estrellar cada uno de esos colosales galeones españoles contra los acantilados de la costa de Irlanda. Felipe se sintió devastado.

—¿Cómo es que Dios, que es católico, me está abandonando?

10) Elizabeth I se convirtió en la heroína de Inglaterra, porque en el fondo Inglaterra siempre quiso ser totalmente libre y dominar. Su "mago de confianza", el aterrador hechicero John Dee (un tipo barbado al estilo mago Merlín, y el cerebro detrás de la creación del Imperio británico), acarició el "espejo mágico" que lo inspiraba para hacer estos planes macabros: un espejo de obsidiana llamado "Tezcatlipoca", entregado a él por sus piratas, proveniente de México (obsidiana azteca; hoy está en exhibición en el Museo Británico, código 1966,1001.1 – G1/fc20, con una inscripción de Horace Walpole).

11) Pasaron 100 años. Los piratas ingleses habían robado ya tantos barcos, y tantos puertos del Caribe español, que

ahora tenían más riqueza que sus adversarios, y con ello sentaban las bases de la actual fortuna de Inglaterra, que transportaron a los Estados Unidos. Mucho de este tesoro era proveniente del entonces muerto Imperio azteca. Se estableció el actual imperio anglosajón (angloesfera).

12) En 1704 los ingleses le dieron un golpe aún más mortífero a España, para quitarle el dominio del mar Mediterráneo. Con una flota de 51 barcos, el almirante inglés George Rooke se estacionó en Gibraltar, al sur de España, justo en la estratégica "puerta del Mediterráneo". Su razón de estar ahí: supuestamente ayudar a Austria a reinstalar, como monarca de España, al "rey legítimo", Carlos III de Austria. Los franceses (Luis XIV) se las habían arreglado para que el rey español fuera un francés: Felipe V de Borbón. Rooke bombardeó Gibraltar hasta más no poder y una vez que tomó el puerto (teóricamente para defender a Austria) quitó la bandera de la familia Habsburgo de Austria y puso la de Inglaterra. Les dijo a sus marinos:

—Desde este momento, Gibraltar es de Inglaterra (y así lo sigue siendo hasta hoy: es un puerto británico).

13) Los españoles, que entonces eran "parafranceses" debido a que sus reyes eran Borbones (dinastía francesa), se vengaron. ¿Cómo? Les metieron dinero y armas a los rebeldes antibritánicos que estaban protestando en las 13 colonias de Norteamérica. ¡Sí! ¡A los Estados Unidos! ¡La Independencia de los Estados Unidos se hizo con un complot de Francia en el que participó España, cuyo monarca era el franchute borbón Carlos III! Pocos gringos actuales saben que Francia fue clave en su independencia. España aportó 160 000 reales para la "gesta heroica" de George Washington y el armamento salió de Bilbao para hacer posible la existencia del actual Estados Unidos. Menos aún saben que México (la Nueva España) fue vital para independizar Florida (el libertador de Florida fue nada menos que nuestro después virrey Bernardo de Gálvez, ¡un picudazo protomexicano! Su estatua está en Galveston, Texas (ciudad que se llama así precisamente por Gálvez).

En pocas palabras, Estados Unidos no existiría sin la ayuda de los españoles y novohispanos/mexicanos. Los británicos odiaron tanto por esto a los franceses/españoles que la venganza contra los Borbones se llama Revolución Francesa, en la cual el rey mismo (Luis XVI) acabó sin cabeza; y el borbón de España (Fernando VII), destronado, dando pie a lo que aquí llamamos Independencia de México. En ese momento Inglaterra y los Estados Unidos comenzaron a desbaratar todo lo que los españoles tenían en América, patrocinando las independencias de los países de la que hoy llamamos Latinoamérica con la intención de controlarlos y desbancar a España.

El resentimiento contra España y contra la cultura hispánica en general continúa vivo hoy, 500 años después de su nacimiento como "Leyenda Negra", momento en que fue redactada su primera versión por parte de los hombres de la reina Elizabeth, cuando todo comenzó por el odio personal de esa mujer pelirroja y ojona hacia el rey de España, Felipe II, quien la rescató alguna vez de su celda. Lo irónico es que al morir, la reina británica, ahora símbolo de la "britanidad" y de la "antihispanidad", tenía junto a su cama un retrato de Felipe II, su amor platónico.

INDEPENDENCIA

¿QUÉ ES LA LIBERTAD?

Juan Miguel Zunzunegui

Como el adolescente rebelde y pendenciero, que un buen día se larga de su casa, encabronado sin saber muy bien por qué ni con quién, sin un plan, sin objetivos, sin visión a futuro, sin trabajo ni estudios, sin vocación; sin saber qué es lo que estaba dejando ni a dónde quería ir, así nació México. Después de nacer sin plan, jamás elaboró uno, y al ser un país con un pueblo tan lleno de odio contra sí mismo, nunca encontró otro camino que no fuera la violencia. Por eso lleva 200 años a la deriva.

A veces nos contamos mentiras trágicas como la supuesta conquista, otras ocasiones nos contamos mentiras muy bonitas sobre nosotros mismos, sobre lo chingones que somos, y lo más que seríamos si los pinches españoles no nos hubieran conquistado y los malditos gringos no conspiraran en nuestra contra, aliados con la ONU, la FIFA y el neoliberalismo internacional. Una de esas bonitas historias es que somos un pueblo unido, y que así, unidos y de la mano del bondadoso cura Hidalgo, planeamos y obtuvimos nuestra independencia. Qué bonito suena, verdad de Dios, pero no hay ni una sola palabra de verdad en esa heroica visión.

Toda independencia es una revolución, y todas las revoluciones de la historia son básicamente iguales: los de en medio convencen a los de abajo de romperse la madre contra los de arriba. Los de arriba caen, los de en medio suben, los de abajo mueren en el conflicto, y los que sobreviven no ven prácticamente ningún cambio, porque los de en medio, ahora arriba, se comportan como los de arriba. Cuando vuelva a generarse otro en medio en la sociedad, el ciclo se repetirá.

Lo anterior nos lleva a comprender que, para que haya cambios y revoluciones sociales, es necesario un estrato social en medio. Entendamos esto. Los de arriba tienen el poder, no necesitan cambio alguno, los de abajo en general no saben siquiera que la posibilidad de cambio existe, no saben cómo orientar dicho cambio, y desde luego, no tienen los recursos económicos e intelectuales para generarlo. Los de en medio, llamados en la teoría marxista la *intelligentsia*, es esa clase que no está en el poder, pero goza alguno de sus frutos, que no vive la miseria de hasta abajo, pero tiene contacto con ella; es, ante todo, la clase educada e intelectual, la que desarrolla y trata de implementar nuevas teorías económicas, políticas y sociales; es el estrato que vislumbra posibilidades de cambio y trata de llevarlos a cabo. Es, por lo tanto, la única clase social verdaderamente revolucionaria.

Comprendamos otra cosa, no fue hasta el siglo XVI con el auge de comercio, el XVII con la era de la ciencia y el XVIII con la Revolución Industrial, sucesos derivados todos del descubrimiento, conquista y colonización de América, que surgió una clase de en medio. Desde el inicio de la civilización hasta hace muy pocos siglos sólo había arriba y abajo, y el muro entre estos dos estratos era infranqueable.

Entonces, comenzó la era de las revoluciones; antes de eso era un fenómeno simplemente impensable. Dentro de dichas revoluciones se enmarcan las guerras de independencia alrededor de todo el orbe, ya que fue a partir del siglo XVI cuando Europa comenzó a conquistarlo todo, y fue a partir del XIX cuando ese mundo conquistado comenzó a soñar con la libertad.

Entendamos nuestra independencia dentro de este proceso, veámosla como el origen de la nación que somos hoy, y tratemos de comprender cómo se dio el proceso que hizo que un buen día dejara de existir la Nueva España y comenzara a existir el Imperio mejicano, que poco tiempo después tomó el ridículo y copiado nombre de Estados Unidos Mexicanos, ese complejo país que llamamos República Mexicana, sin estar muy seguros de qué significa ser una república, y que a nivel internacional, y en lo más profundo de nuestros corazones, es simplemente conocido como México.

Como siempre, es indispensable recapitular. Antes de la llegada de Cortés no existía un México independiente que fuera conquistado. No, los olmecas o los teotihuacanos no eran mexicanos, y para 1519 ya no existían. Para ese momento, docenas de pueblos habitaban este territorio, sin unidad lingüística, política o religiosa, y una buena parte de ellos estaban sometidos por la potencia mesoamericana de entonces: el señorío azteca, que no llevaba más de 100 años de existir como imperio dominante, y cuya capital, Tenochtitlan, no había cumplido aún los 200 años.

Esa América a la que llegaron los castellanos ya había visto pasar sus momentos de mayor esplendor entre los años 200 y 800, con el auge de Teotihuacán, Monte Albán y la cultura maya; ya había vivido procesos de oscuridad y decadencia tras la caída de grandes civilizaciones, ninguna viva cuando Cortés pisó este suelo, y quizá podríamos decir que entre la civilización tolteca, alrededor del 850 y 1100, y la azteca o mexica, a partir de 1325, se estaba comenzando a gestar un renacer. Nunca lo sabremos, ahí fue cuando llegaron nuestros ancestros europeos a ese choque y encuentro con nuestros ancestros americanos que determinó todo lo que somos hoy, todo lo que sí es México.

Las estructuras sociales de aquella lejana América no eran muy distintas a las europeas; en la parte alta de la pirámide social estaba la realeza, la nobleza, las castas sacerdotales y los guerreros; en la parte de abajo estaban los comerciantes, artesanos y campesinos. El concepto de una clase en medio es una absoluta novedad en la sociedad y la política de los humanos, y fue un fenómeno que comenzó a darse en la Europa del siglo XV, cuando gracias al auge del comercio y la era de la exploración, y más adelante la de la ciencia, los comerciantes empezaron a enriquecerse más que nunca, y muchos de ellos, arriesgando vidas y fortunas en circundar y colonizar el planeta, se convirtieron en los primeros emprendedores.

América es el origen de la clase media como concepto en Europa. Para el siglo XVI, habitantes de países como España, Portugal, Holanda, Francia, Escocia e Inglaterra comenzaron a colonizar lo que llamaron el Nuevo Mundo; fuera por motivos políticos, sociales o religiosos, esos seres humanos rompieron con las viejas estructuras medievales de Europa y comenzaron a generar ese nuevo estrato social dinámico, aventurero, audaz, pensante, atrevido, emprendedor, intelectual y científico que terminó siendo el cimiento del mundo moderno.

Pero dos cosmovisiones europeas fueron generando dos conceptos muy distintos de América. Precisamente en el siglo XVI, al mismo tiempo que Hernán Cortés estaba comenzando su aventura americana, un fraile alemán estaba iniciando la gran revolución religiosa que transformó Europa. Hablamos de Martín Lutero y la Reforma Protestante. Algunos países, como Inglaterra, Escocia y Holanda, rompieron con la Iglesia romana y sus ideas, y construyeron en Norteamérica sociedades muy diferentes a las que Portugal, y principalmente España, arraigados a la tradición católica y su visión medieval, implantaron más al sur.

En ambos casos, los que atravesaban el Atlántico lo hacían para de alguna manera romper con ese viejo mundo, para obtener de este lado lo que no se podía obtener en aquél, fuese gloria, prestigio, fortuna, o simplemente oportunidades. Muy mexicana costumbre es decir que aquí vino lo peorcito de España, sin reparar en que no dejamos de ser los descendientes de ese peorcito... pero esa visión es muy corta. SÍ, a Nueva España no vino la alta sociedad de rancio abolengo, ellos no tenían a qué venir cuando todo en Europa les era confortable. NO, no descendemos de la nobleza holgazana, sino del aventurero que lo dejó todo y se arriesgó en un gran salto al vacío.

En Nueva España se fue conformando una sociedad que comenzó, como todas, con un arriba y un abajo: los españoles y los indios... los mestizos, oficialmente prohibidos, quedaron más bien en un limbo social. Pero poco a poco se fue creando la clase social que terminaría por conformar el estrato de en medio: los criollos. En las colonias británicas de Norteamérica ocurrió un fenómeno bastante peculiar: los colonos eran los de en medio de un Imperio británico que se extendía a ambos lados del Atlántico, y con el tiempo, alrededor del mundo.

En Europa, los comerciantes enriquecidos y los emprendedores, ésos a los que históricamente se les conoce como la burguesía, comenzaron a engendrar un movimiento filosófico, político e intelectual conocido como la Ilustración, sobre todo en países como Francia, Holanda, Inglaterra y Prusia (Alemania). Nuevas ideas para construir una nueva sociedad. En el Siglo de las Luces, el XVIII, se empezó a hablar de liberalismo, socialismo, pactos sociales, capitalismo, república, democracia y soberanía popular, las ideas que desmoronaron los cimientos monárquicos, provocaron revoluciones, construyeron repúblicas y, lo más importante, inspiraron independencias.

Con ideas de república, democracia, liberalismo económico y soberanía popular, cuando los colonos británicos de Norteamérica, los de en medio del Imperio británico, estuvieron hartos del control económico de la Corona, idearon todo un plan para independizarse y construir un país con estructuras completamente diferentes a las europeas.

Filósofos, abogados, editores, impresores, inventores, científicos e intelectuales de Norteamérica pensaron a Estados Unidos, lo construyeron en su mente, urdieron un plan, lucharon una guerra, y cuando la ganaron, comenzaron a llevar a cabo el plan que los había motivado desde el principio. Por otro lado, 40 años después, en Nueva España, un cura libertino se encabronó con los españoles porque a causa de no pagar sus impuestos le embargaron sus haciendas, y levantó en armas a una multitud de campesinos analfabetas que gritaban vivas al rey de España.

En 1774 comenzaron los conflictos entre colonos británicos y la Corona; para 1776 se convirtió en guerra abierta por la independencia; en 1783 Inglaterra reconoció la Independencia de los Estados Unidos, y para 1789, año en que en Francia iniciaba su revolución, George Washington fue electo como primer presidente. En ese año llegó a Nueva España Juan Vicente de Güemes Pacheco de Padilla y Horcasitas, segundo conde de Revillagigedo, a tomar su puesto como virrey número 52; para los de su tiempo, y para aquellos que estudian el Virreinato, es considerado uno de los mejores gobernantes de este país.

Pero no basta que existan los de en medio para que haya revoluciones e independencias; es fundamental que esos de en medio estén suficientemente inconformes como para estar dispuestos a comenzar una revolución. Los de en medio de Nueva España, los criollos, estaban muy cómodos, y palabras como revolución o independencia no se escurrían de los labios de nadie. La revolución americana ya había engendrado a los Estados Unidos, la francesa ya había empezado… y aquí todo seguía su curso normal.

El curso normal de Nueva España era una sociedad que, para 1800, tendría unos seis millones de habitantes, de los cuales unos cinco millones eran indios; los campesinos sometidos por muchas fuerzas: por sus señores hacendados, por el sistema legal de discriminación y exclusión, por la Corona española, y, ante todo, por la Iglesia católica. Ese indio dominado era el súbdito más devoto de un rey al que nunca había visto, y el más sumiso creyente de un Dios del que sólo veía a sus representantes.

La normalidad novohispana era que dichos indios jamás hablaban de independencia, y que el otro millón de pobladores:

mestizos, criollos y españoles, tampoco. Parte de dicha normalidad era la existencia de la Santa Inquisición, el tribunal que condenaba con pena de excomunión, hoguera e infierno al que leyera cualquier libro sedicioso; es decir, cualquiera de los libros de la Ilustración que inspiraron a norteamericanos y franceses. Esa prohibición no se sentía demasiado, porque otra parte de aquella normalidad era que 90% de la población no sabía leer. Los que sabían leer leían poco, y los que leían, lo hacían con los libros autorizados por la Iglesia.

En 1776 un libro que invitaba a la insurrección, *Common Sense*, vendió 250 000 ejemplares en Norteamérica; en 2020 aún no hay libro que venda esa cantidad en México. Con eso sólo se quiere explicar que la Ilustración sí que inspiró a los rebeldes de Norteamérica, Francia y otros países de Europa, pero que dicha Ilustración no pasó por aquí… y a veces parece que 200 años después sigue sin pasar.

Thomas Jefferson, Benjamin Franklin, Alexander Hamilton y George Washington tenían un proyecto a largo plazo y lo construyeron tras ganar su Guerra de Independencia. Aquí, las circunstancias externas nos lanzaron a una guerra de todos contra todos, que de pronto era de independencia, y de pronto nos convirtió en país sin que nadie supiera muy bien qué había pasado. A partir de entonces improvisamos sobre la marcha según nos dictan nuestras pasiones, nunca nuestra razón. La razón, según todos los demócratas, desde Pericles el Grande en Atenas, hasta Al Gore, es el único fundamento de la democracia; es decir que sólo una sociedad educada que razona es capaz de gobernarse a sí misma.

En 1808 Napoleón Bonaparte invadió España y secuestró a Carlos IV y a Fernando VII, padre e hijo que se disputaban el trono español, en el que depositó los glúteos de su hermano José Bonaparte. Comenzó la invasión de Francia a España, y la respuesta española fue en forma de guerrillas de independencia. A falta de legítimo rey, se creó en Sevilla una junta de gobierno que pretendía representar al monarca en su ausencia, y desconocer a José Bonaparte.

La noticia llegó a Nueva España a mediados de 1808. No hay rey en España. Eso generaba una gran ausencia de poder en la ciudad de México, dado que finalmente Carlos IV, o Fernando VII, quien fuera, era también rey del Virreinato de Nueva España. El virrey José de Iturrigaray convocó a la Real Audiencia, formada por españoles, y al Ayuntamiento de la ciudad de México, para plantear los hechos y tener opciones. La Audiencia se pronunció por dejar todo como estaba y obedecer a la Junta provisional de gobierno de Sevilla como autoridad real. Pero el presidente del ayuntamiento, Francisco Primo de Verdad, manifestó que eso no era legal. Lo legal era hacer lo mismo que en España; ante la ausencia de monarca legítimo, había que formar una Junta de la ciudad de México, que debería ser el ayuntamiento, y gobernar en nombre de Su Majestad.

Era 1808, y la única discusión era quién debía representar aquí al rey de España, no hay en eso un solo atisbo de independencia. De cualquier forma, el virrey, que estuvo de acuerdo con esa postura, fue sacado violentamente del palacio por los miembros de la Audiencia, y enviado a España, mientras que Primo de Verdad amaneció colgado de un farol. Pero de 1808 a 1810, nada ocurrió.

El 14 de septiembre de 1810 entró en funciones un nuevo virrey, Francisco Xavier Venegas; todo en su mandato agoraba ser tranquilo. Lo que no sabía era que desde un año atrás un grupo de criollos, encabezados por el corregidor de Querétaro, Miguel Domínguez, cuya esposa no era corregidora, y apoyados en lo militar por Ignacio Allende, se reunían para buscar la forma de ser ellos, los criollos, y ese grupo en especial, los que representaran aquí al rey de España. Buscando adeptos carismáticos, Allende había invitado al párroco de Dolores, Miguel Hidalgo.

Hidalgo había sido rector del Colegio de San Nicolás (Valladolid, hoy Morelia), de donde fue expulsado por robarse el dinero y tener relaciones con las mujeres de alta sociedad de Valladolid. Fue enviado de párroco a San Felipe Torres Mochas, de donde fue expulsado por enredarse sexualmente con una actriz. En ese periodo fue cuando el gobierno le embargó tres haciendas por no pagar sus hipotecas... todo eso lo llevó a unirse al grupo de Querétaro.

En eso iba todo cuando las autoridades recibieron el soplido del grupo conspirador y la orden de arrestarlos. Fue la gota que derramó el vaso de Hidalgo, quien en ese momento, y con sus vísceras como consejeras políticas, alborotó a los campesinos de Dolores con un grito en el cual lanzó vivas al rey de España; liberó a los presos de la cárcel y comenzó a saquear casas y comercios de españoles, primero en Dolores y después en los pueblos aledaños. Cuando por tanto saqueo y asesinato fue excomulgado por el obispo de Valladolid, dirigió hacia allá su turba iracunda para cobrar venganza. Así comenzó nuestra independencia.

Hidalgo, criollo, es decir español, se dedicó al asesinato de españoles, algunas veces usándolos como toros en cosos taurinos improvisados y cortándoles las orejas. Se nombró Alteza

Serenísima, pero nunca presentó un plan de independencia. La multitud lo seguía, llena de rencor, por el permiso divino del saqueo. De regreso de Valladolid, rumbo a Zitácuaro, salió a su encuentro otro cura, José María Morelos, un hombre que hasta ese momento jamás había pronunciado la palabra *independencia*, y que por razones que nunca han quedado claras, se unió a Hidalgo, aunque en ningún momento volvieron a verse, pues mientras éste se dirigía a México, ordenó a Morelos saquear Acapulco.

Hidalgo gritó el 16 de septiembre de 1810, fue derrotado en enero de 1811 y ejecutado en julio de ese año. Los que se asumieron como sus continuadores siguieron siempre aclamando al rey de España con la pretensión de gobernar en su nombre. Sólo Morelos fue cambiando de planes. Él convocó a un congreso, proclamó la independencia, sin rey español de por medio, y habló de constituir una república donde la virtud fuera la guía social. Eso aún no pasa.

Morelos fue el hombre que sobre la marcha supo ir organizando un plan y una estructura, en vez de Alteza Serenísima se proclamó Siervo de la Nación, su guerra no duró cuatro meses como la de Hidalgo sino casi cinco años, hasta su asesinato el 22 de diciembre de 1815. Ese día, con los insurgentes desperdigados y temerosos, se acabó la guerra de independencia de Morelos. Lo de Hidalgo nunca fue guerra, ni mucho menos de independencia. De 1815 a 1820 nada importante pasó, aunque otro criollo, Agustín de Iturbide, ya tenía su propio plan de independencia; sólo estaba esperando el momento propicio para llevarlo a cabo.

Éste fue a inicios de 1820, cuando una revolución liberal en España obligó al rey Fernando VII a jurar una constitución liberal, de esas que dicen que todos somos iguales; esa constitución aplicaría en España y en todos sus virreinatos. Como los de arriba de Nueva España no querían que los igualaran con los de abajo, decidieron desconocer esa constitución e invitar a Fernando VII a gobernar Nueva España directamente desde aquí. Ese grupo de criollos, aristócratas, terratenientes y sacerdotes, encabezados por el gran inquisidor, Matías de Monteagudo, nombró a Agustín de Iturbide como brazo armado del movimiento.

Iturbide supo colarse en ese grupo a través de sus amoríos con María Ignacia la "Güera" Rodríguez. Pero al parecer su plan nunca fue traer a Fernando VII sino aprovechar todas las circunstancias favorables para llevar a cabo su Plan de Paz y Libertad, un hermoso texto que hoy conocemos como Plan de Iguala. Las armas de Iturbide fueron las letras más que los fusiles, y así, negociando, obtuvo la independencia, el 27 de septiembre de 1821.

El día 28 éramos independientes; casi nadie se enteró o pudo notar algún cambio en su vida, pero la guerra siguió entre los antiguos insurgentes de Morelos y los iturbidistas. Nacimos sin mucho plan y gracias a las circunstancias, y así seguimos navegando a la deriva, coqueteando con palabras como *imperio*, *república*, *federación* y *democracia*, que aún en el siglo XXI no comprendemos muy bien. Desde entonces decimos que somos libres, pero no asumimos la responsabilidad que ello implica, y en realidad, difícilmente sabemos qué es la libertad.

¿POR QUÉ FUIMOS UN IMPERIO?

PEDRO J. FERNÁNDEZ

Tras el fusilamiento de Miguel Hidalgo y de José María Morelos y Pavón, la insurgencia comenzó a mitigarse. Hacía falta un líder a quien siguieran los soldados. Un hombre con el carisma suficiente para convertirse en uno. De tal suerte que los habitantes de Nueva España pudieron, al menos, tener un poco de paz, pues aunque aún había batallas aquí y allá, no tenían que preocuparse de los saqueos y de las degollinas que sucedieron durante los primeros años de la lucha por la libertad de México.

Entonces, ocurrió algo que cambió el curso de la guerra. Una nueva constitución se preparaba en Cádiz, y era de corte liberal. Estas nuevas leyes limitaban el poder de la Iglesia católica en todo el territorio español... aquello incluía el de la América Septentrional.

¡Los representantes de la Iglesia católica en Nueva España saltaron! No estaban de acuerdo con las leyes que les querían imponer y decidieron cambiar de bando. Por primera vez comenzaron a considerar la idea de que el territorio americano se separara del español, que tuviera un gobierno propio. En pocas palabras, buscaban salvaguardar sus derechos.

PEDRO J. FERNÁNDEZ

No olvidemos que México era (y es) un país profundamente conservador (y mucho más en aquel tiempo). El mismísimo José María Morelos y Pavón escribió en su documento *Sentimientos de la Nación* el siguiente punto: "reafirmar la religión católica como la única aceptada sin tolerancia de otra"... Pero Morelos estaba muerto para ese momento, no podía ser elegido su representante. No, debían pensar muy bien quién sería la persona adecuada para llevar a cabo la encomienda de independizar a México.

Algunos nombres fueron debatidos, desde militares hasta sacerdotes, pero poco a poco se dieron cuenta de que sólo un hombre podría llevar a cabo la tarea, aquél al que apodaron ¡el Dragón de hierro!

Agustín de Iturbide había destacado entre 1810 y 1815 como general realista luchando contra las huestes insurgentes. Desde la batalla en el Cerro de las Cruces inició su ilustre historia en esta guerra, y peleó con gran destreza. Era bueno apagando guerrillas, acabando con los guerrilleros, descubriendo a mujeres que seducían a sus tropas y matándolas para que no lo volvieran a hacer... ah, porque Iturbide no sólo era famoso por su forma de hacer la guerra, sino también por su crueldad. Aunque, en estricta justicia, hay que decir que simplemente hacía la guerra de la misma forma en la que se la estaban haciendo a él.

Antonio Labarrieta, amigo de Miguel Hidalgo y partidario de la insurgencia, encabezó una serie de demandas de crueldad y corrupción que en 1815 ocasionaron que Iturbide fuera depuesto de su mando, arrestado y enjuiciado en la ciudad de México. Se le absolvió de todos los cargos, pero no se le devolvió el mando, lo cual hirió profundamente su orgullo.

Contrario a los chismes de la época que lo calificaban como un hombre disoluto, entregado a las mujeres y con los vicios más perversos (inventos de un masón llamado Vicente de Rocafuerte que sólo quería desacreditarlo), Iturbide se fue a su hacienda, ubicada en el actual Estado de México, a estar con su esposa y sus hijos. Y para que no digan que Agustín no cumplía con sus obligaciones maritales, la pobre de Ana María Huarte de Iturbide pasó casi toda la Guerra de Independencia en estado... Lo que sea de cada quién, los Iturbide se reprodujeron como conejos.

Pero también, hay que decirlo, Agustín tuvo momentos de gran reflexión y madurez. No sobre los excesos y actos crueles que había cometido mientras había luchado de parte del ejército realista, sino de la independencia en sí como una acción que ya era inevitable. Agustín, como muchos de los hombres que vivían en Nueva España, percibía una dualidad en su interior. Por un lado, se sentían parte de España, pues vivían en un reino meramente español; por el otro, se sentían americanos, pues era el continente en el cual habían nacido. Así que, para un hombre como Agustín, independizarse o no hacerlo traicionaría parte de su ser.

Encerrado en su hacienda, comenzó a estudiar la ideología que había surgido a raíz de la guerra. Para ello, se adentró en los escritos de Morelos y de otros insurgentes importantes. También en sus libros de historia, así que Agustín de Iturbide empezó a concebir un plan para independizar a la Nueva España.

Cuando terminó, lo nombró "Plan de Independencia de la América Septentrional". De inmediato comenzó a enviarlo a amigos de su familia para que le dieran su opinión. Según

Iturbide, nadie le hizo cambios, estaban de acuerdo en que estaba bien escrito. Aquél era un gran riesgo, por supuesto: si alguien lo denunciaba, o una copia de su plan iba a parar con las autoridades pertinentes, Agustín habría corrido la misma suerte que otros…. ¡el paredón de fusilamiento!

Y bien, como ya se sabe que cuando uno quiere mantener un secreto político, todo mundo termina por enterarse en la ciudad de México; una ilustre dama que llevaba por nombre María Ignacia Rodríguez de Velasco de Osorio Barba y Bello Pereyra, mejor conocida como la Güera Rodríguez, supo de este plan. Conocía a Agustín de Iturbide por reputación, y se le ocurrió presentar este nombre a la conspiración que formaba la Iglesia católica y otros ilustres miembros del reino para que lo tomaran en cuenta. No había mejor nombre. Tanto Iturbide como los miembros del complot podían aprovecharse mutuamente para lograr su objetivo.

Como dato cultural, las reuniones de dicha conspiración se llevaban a cabo en el Templo de la Profesa, en el centro de la ciudad de México, por eso se le conoce como la Conspiración de la Profesa. Vale la pena darse una vuelta por ahí, no sólo por interés artístico o religioso, sino para imaginar a estos hombres confabulando para lograr la independencia de México.

Pues bien, a Agustín de Iturbide se le propuso formar parte en este plan y él accedió. ¿Por qué no habría de hacerlo? Así, aceptó un nuevo cargo en el Ejército Realista y se fue con toda su tropa al sur del país con la misión de combatir a Vicente Guerrero, aunque en realidad quería hacer otra cosa…

Guerrero estaba extrañado. Agustín de Iturbide había demostrado ser uno de los militares realistas más capaces de la Guerra de Independencia; en cinco años solamente perdió una batalla importante, y ni siquiera fue por una razón atribuible a él. Ahora que tenía que combatirlo, Iturbide parecía torpe, tomaba decisiones que no tenían lógica, perdía contiendas fáciles y no aprovechaba su ejército completo para vencerlo. Guerrero pronto supo la razón de esto, Agustín quería ganarse su confianza para iniciar un intercambio epistolar.

En las primeras cartas (las cuales reproduzco en mi novela *Iturbide, el otro padre de la patria*, por si quieren leerlas) hay un sentimiento de aprensión entre los dos. Hay reclamos y desacuerdos entre el líder insurgente y el militar realista. Es más, por bien que me caiga Iturbide, tengo que decir que Guerrero le dio una lección de dignidad. Dejando atrás estos reproches, el tono se vuelve más amable, y comienzan cada carta con "querido amigo"; ahí es donde surgen las coincidencias y acuerdan reunirse. Si lo hicieron en Acatempan o si hubo abrazo es lo de menos. Lo importante es que se reunieron, y Agustín le mostró su plan, el cual Guerrero aceptó y firmaron en Iguala. A partir de ese momento, el Plan de Independencia de la América Septentrional comenzó a llamarse Plan de Iguala.

Ahora bien, el Plan de Iguala retoma la idea de Morelos de que la única religión que existirá en la nueva nación será la católica, que no pertenecerá a otra, y que será libre; Agustín añade que todos los hombres serán ciudadanos iguales, sin importar su casta o su color de piel. Ah, pero también aclara algo muy importante: la nueva nación, llamada México, sería un imperio.

¿Por qué Iturbide quería un imperio y no una república?

¡Sencillo! La América Septentrional había sido un reino español, era la única forma de gobierno que conocían. La mayoría de los hombres y mujeres que vivían en lo que hoy es México no conocían el concepto de república. Era, pues, más lógico que nos volviéramos un "glorioso imperio", una continuación de lo que había sido la civilización mexica, por eso el nombre de México y los elementos alusivos a su cultura (el águila, parada sobre un nopal, devorando una serpiente), pero sin perder la parte española (el tricolor, verde por la esperanza, blanco por la fe y rojo por la caridad; asimismo era una representación de las tres garantías planteadas por Iturbide: religión, independencia, unión).

Era, pues, lo lógico, dadas las circunstancias. Vicente Guerrero las aceptó, nunca fue engañado al respecto, tampoco los otros insurgentes que se fueron adhiriendo al Plan de Iguala. Una vez que Guerrero estuvo de su lado, le escribió a cuanta persona importante se le pudo ocurrir, sin importar el bando, para contarles de su plan.

Así, cuando Juan de O'Donojú llegó a Veracruz, había poco que hacer, pues el país quería la independencia. Por cierto, el puerto estaba tomado nada más y nada menos que por un personaje que aparecerá más tarde en esta historia: Antonio López de Santa Anna.

Agustín de Iturbide se reunió con don Juan de O'Donojú en Córdoba para tratar la independencia de México (el edificio aún existe y todavía se puede visitar, en la plaza que se encuentra enfrente está el único busto público de Iturbide, por si quieren pasar a tomarse la foto). En esa ocasión se firmaron los Tratados de Córdoba y se pactó la liberación de México.

El 27 de septiembre de 1821 Agustín de Iturbide hizo lo que Miguel Hidalgo no se atrevió: entrar a la ciudad de México con su ejército. Era su cumpleaños, era su triunfo; ese día, Iturbide se había convertido en el Libertador de México; como propongo en mi novela, es el otro padre de una patria nueva, digo otro, porque tampoco podemos quitarles su parte de la paternidad a Hidalgo, a Morelos y a Guerrero (ni su maternidad a Josefa, Leona y a la Güera Rodríguez).

El desfile de Iturbide entró por la calle que hoy es Madero. Él iba vestido de civil, el resto de la comitiva con uniforme militar, y Guerrero encabezaba el último contingente. Llegaron a la Plaza de la Constitución, Iturbide bajó del caballo, entró en lo que hoy es Palacio Nacional y subió al balcón. Desde ahí, junto a Juan de O'Donojú, declaró: "Ya conocen el modo de ser libres, a ustedes les corresponde el de ser felices".

Se dice que aquél fue el día más feliz de la historia mexicana. Al día siguiente se firmó el Acta de Independencia.

Luego comenzó la pesadilla.

La Guerra de Independencia dejó el país en un estado lastimero: pueblos quemados, caminos destruidos, pozos envenenados, fosas comunes, enfermedades, peste, familias divididas, negocios quebrados, ánimos por los suelos y unos cuantos centavos en Tesorería. Por si fuera poco, el Plan de Iguala establecía que la corona del Imperio mexicano se le ofrecería a un miembro de la Casa Real Española, y obviamente ésta no aceptaba de modo alguno la independencia de México. Es más, el rey Fernando VII nunca la reconoció en vida.

O sea, todo lo que podía salir mal, estaba saliendo mal. ¡Qué caray!

Había una junta gobernativa, eso sí, para que México tuviera un gobierno. Era encabezada por Iturbide y el mismo José Domínguez, esposo de Josefa (la Corregidora), era parte de ella. Era un parche, una forma de gobierno temporal. ¡Se necesitaba un emperador a como diera lugar!

Si yo hubiera terminado la historia de Agustín de Iturbide aquí, probablemente la historia habría sido un poco más amable con él, después de todo era el héroe del momento, el "nuevo Moisés", el "libertador", pero lamento decir que no. Nuestro personaje se dejó llevar por la ambición del poder.

Ya sea porque Iturbide le haya pagado a una turba para que llegara hasta el balcón de su casa, o que de verdad haya sido organizada por algún amigo con buenas intenciones (de esos que siempre sobran), el caso es que una noche Agustín escuchó gritos. Se encontraba jugando a los naipes con algunos amigos. Los gritos eran bastante claros: "¡Viva Agustín I!". Según cuenta él, su primer sentimiento fue el de repugnancia a tomar la corona (primer ajá), y uno de sus amigos le comentó que el "pueblo" (segundo ajá) consideraría un gran desaire si rechazaba el cargo de emperador. Entonces, Agustín hizo el sacrificio (tercer ajá) de aceptar.

Sí, todo mal. Muy mal.

A la mañana siguiente, la turba sacó a Iturbide de su casa para llevarlo al Congreso y, sin importarles si había quórum suficiente, los alzados amenazaron a los diputados presentes con cuchillos para que confirmaran a Agustín de Iturbide como el primer emperador mexicano. La coronación se llevó a cabo en la catedral, tan pobre estaba el gobierno que tuvieron que pedir las joyas al Monte de Piedad para montarlas en la corona, y luego regresarlas al día siguiente.

A partir de ahí, todo fue peor.

Los otros países no querían reconocer la existencia del Primer Imperio Mexicano, no había dinero para levantar al país de las cenizas, los diputados querían gobernar en lugar de crear una constitución, las voces de oposición eran cada vez más fuertes, los grupos masónicos se habían infiltrado al país con la intención de convertirlo en una república y, además, Estados Unidos había empezado a presionar al gobierno mexicano.

Menos de un año duró el emperador en el cargo, imperio que tan bien planteado había estado en el Plan de Iguala. Los errores de Iturbide (quien había demostrado ser un militar brillante, pero un gobernante terrible) fueron claros: disolvió el Congreso cuando se enteró de que algunos diputados conspiraban en su contra, no supo mantener a Antonio López de Santa Anna y a otros compañeros de armas a su lado, no supo gobernar... cuando empezaron los alzamientos no tuvo otra opción que renunciar y exiliarse en Liorna, puesto que cualquier territorio gobernado por los Borbones lo habría encontrado traidor y lo habría fusilado. De ahí se fue a Inglaterra, donde escribió su *Manifiesto al Mundo* para aclarar las mentiras que Vicente de Rocafuerte difundía de él en México.

Allá en Londres se enteró de que la Santa Alianza planeaba reconquistar México para que volviera a ser un territorio español, por lo que decidió volver, ignorando que el Congreso había aprobado una ley que lo consideraba traidor.

Así, Iturbide llegó a Soto la Marina, fue arrestado y fusilado en lo que hoy es la Presa Vicente Guerrero. Pasaron más de 10 años para que sus restos volvieran, con honores, a la Catedral Metropolitana de la ciudad de México, pero para entonces su imagen ya estaba demasiado distorsionada, de tal suerte que muchos mexicanos ahora no conocen su nombre o no entienden por qué alguna vez existió un hombre que soñó que México debía ser un glorioso imperio.

LA MANO NEGRA DE LOS ESTADOS UNIDOS...
EN LA INDEPENDENCIA
Y NACIMIENTO DE MÉXICO

Leopoldo Mendívil

Cuando el 15 de septiembre gritamos: "¡Viva la Independencia!", gritamos también: "¡Vivan los héroes que nos dieron patria!", y a continuación vociferamos la lista de los más destacados. Se nos olvida mencionar un nombre siniestro: la mano negra que estuvo detrás de todo por parte de los Estados Unidos.

Antes de describir a este sujeto —tal vez el más tenebroso de toda nuestra historia— tenemos que retroceder en el tiempo. Ubiquémonos seis años antes del grito de Dolores de 1810 —que en realidad no ocurrió en la pintoresca noche, sino a las 8:00 a.m.—. Situémonos en 1804, el día 9 de junio, en el despacho presidencial de Thomas Jefferson, tercer presidente de los Estados Unidos de América.

Ahí entró a visitarlo un viejo de greñas blancas hacia los lados, de nariz ganchuda, irónicamente muy parecido a nuestro amado cura Hidalgo. Era el secretario del Tesoro de los Estados Unidos: Abraham Alfonse Albert Gallatin. Alocadamente

113

colocó sobre el escritorio de Jefferson los muchos mapas de la Nueva España. Le dijo al presidente de dos metros de altura:

—¡Esto es simplemente increíble! ¡Este joven Humboldt —Alexander von Humboldt, el explorador alemán— nos trae todos estos mapas para que usted los vea! ¡Son todas las provincias de México, sus ríos, valles, sus recursos!

Jefferson observó todo ese cartograma de tesoros. Le brillaron los ojos.

—Dios... Esto es maravilloso —le dijo a su amado secretario—. ¿Ya los copiaste...?

—Desde luego. Me autorizó para hacer copias exactas. Son valiosísimos.

Jefferson suavemente acarició con su dedo las zonas de su interés, al lado del río Misisipi, pues acababa de comprarle la enorme Luisiana, al noreste de la Nueva España, a Francia (en 1803, por 80 millones de francos, 15 millones de dólares).

—Verás... —le dijo a Gallatin—. Necesito saber qué hay más allá de Luisiana, hacia los ríos Mexicana y Sabina, o sea, al otro lado del Misisipi y más allá del Red River. Dile al barón Humboldt que quiero saber qué población vive entre esas líneas: ¿blancos, pieles rojas o negros?

—Sí, señor...

—Los españoles van a perder todos esos territorios más pronto de lo que imaginas. Sólo temo que no sea antes de que nuestra población progrese lo suficiente para ir arrebatándoselos, parte por parte. Que Humboldt te diga si hay minas y de qué tipo son. Dile que su información será recibida con mucho agradecimiento —y le sonrió. Por el escritorio le deslizó un sobre con un sello que tenía una pirámide inacabada.

Siete años después, el 27 de noviembre de 1811, mientras en México Miguel Hidalgo ya estaba muerto, otro explorador de países —éste estadounidense: un joven engreído de cabellos relamidos y enchinados— se presentó ante el embajador de Chile en Argentina, Francisco Antonio Pinto:

—Me envía el presidente de los Estados Unidos, James Madison —y le hizo una mueca.

El horrible trato que hizo se reflejó un año después, en Santiago, capital de Chile: el general José Miguel Carrera le hizo un homenaje como primer cónsul extranjero a ese mismo joven. Sonaron los cañonazos.

—¡Tenemos aquí al distinguido emisario de los Estados Unidos de América, pueblo amigo, pueblo grandioso!

El cónsul estadounidense, orgulloso, se volvió hacia el general:

—General, ya preparé el texto de lo que será la Constitución de su país —le mostró el documento. Decía: *Reglamento Constitucional Provisorio de 1812*.

—¿Ah, sí…? —pestañeó el general—. ¡Gracias, ministro Poinsett!

Así, el gringo Joel Roberts Poinsett —luego embajador en México— estaba moldeando la independencia de Chile.

—La religión del Estado de Chile será la apostólica y católica —le indicó al general—, mas no necesariamente romana —le sonrió. Afectuosamente le puso la palma en el hombro—. También diseñé ya el escudo que tendrá este país, y la bandera. Será un gran país, muy semejante en sus leyes a los Estados Unidos de América —y miró hacia el horizonte.

Su siguiente punto de acción sería… México.

El 3 de abril de 1812 el preocupado virrey de la Nueva España, Francisco Xavier Venegas, tragó saliva. Entró a visitarlo su mensajero Castillo:

—Excelencia —y le mostró un papel—, le está escribiendo el embajador en los Estados Unidos, don Luis de Onís. Es una circular de emergencia. Dice que en Filadelfia hay movimientos hostiles hacia nuestro Virreinato. Me dice que, en su concepto, "se dirigen a fomentar la revolución de este reino de la Nueva España, con el objeto de unirlo a los Estados Unidos".

El virrey le arrebató el documento.

—No puede ser. ¡Acabo de firmar el tratado de zona neutral entre el río Sabina y el arroyo Hondo! ¡¿Qué quieren de nosotros los Estados Unidos?!

Pasaron cuatro angustiantes meses. Comenzaron a suceder cosas extrañas en el norte del Virreinato. Desde Natchitoches, Luisiana (2 de agosto de 1812), 130 sujetos armados secundados por el gobernador en Nueva Orleans, William C. C. Claiborne, por el emisario del presidente Madison ante México, William Shaler, y por el teniente Augustus William Magee, cruzaron hacia Texas (aún parte de la Nueva España/México) para invadirla y separarla de España. En unos cuantos días se apoderaron de las ciudades novohispanas de Nacogdoches y Santísima Trinidad de Salcedo, y la fortaleza Presidio de la Bahía. Los apoyaron los militares estadounidenses Samuel Kemper y el capitán John McFarland, Rueben Ross y el coronel Henry Perry. El gobierno estadounidense oficialmente negó su participación en la Independencia de México, argumentando que eso violaría la Neutrality Act.

El virrey, en la ciudad de México, se alarmó:

—¡Dios! ¡¿Los Estados Unidos están invadiendo partes de nuestro reino?! ¡¿Ya separaron la provincia de Texas?! —y golpeó el mapa—. ¡Envíen al comandante Simón de Herrera y Leyva!

Enviaron al comandante Simón de Herrera. Lo capturaron los gringos. Lo mataron. Tres días después, el 6 de abril de 1813, ya había una parte de la Nueva España independizada de España: Texas proclamó su constitución, dictada por los Estados Unidos, y tuvo su primer feliz presidente: Bernardo Gutiérrez de Lara —el mismo que dos años antes, en marzo de 1811, había contactado al sacerdote Miguel Hidalgo y Costilla para ofrecerle su ayuda para lograr la independencia de México.

—Su Majestad —le dijeron al virrey—, ¡Texas ya existe como país independiente! ¡Va a fusionarse a los Estados Unidos!

El virrey gruñó:

—¡Hostia! ¡¿Se olvidan de que nosotros pagamos parte de su independencia en 1776?! ¡Malagradecidos! ¡Nosotros los libertamos de Inglaterra! —y golpeó la mesa—. ¡Envíen al coronel Ignacio Elizondo y al general José Joaquín de Arredondo!

Los enviaron y también los mataron (3 de septiembre de 1813), pero lograron derrotar al presidente texano Bernardo Gutiérrez de Lara, que de cualquier manera era provisional.

El virrey fue informado de que desde 1810 en la Nueva España había un agente confidencial de los Estados Unidos, enviado por el presidente James Madison a Veracruz para contactarse con los insurgentes. Su nombre era William Shaler. Se le había detenido por espionaje en La Habana, ya que él tenía el proyecto de independencia de Texas y en 1812 se vinculó con Bernardo Gutiérrez de Lara para separar esa región norteña de la Nueva España. Shaler era colega de Joel Roberts Poinsett, el independizador de Chile y creador de conflictos en Argentina.

Pasaron ocho años. La guerra interna en la que estuvo envuelto el Virreinato de la Nueva España culminó cuando el militar español Agustín de Iturbide formuló el pacto de paz con el que nació el Imperio mexicano: el Plan de Iguala, que se tradujo en los Tratados de Córdoba que firmó felizmente Iturbide, en ese momento líder de los rebeldes mexicanos, con el entonces virrey Juan O'Donojú (último virrey de hecho, quien enigmáticamente murió 10 días después). El fallido presidente de Texas, Bernardo Gutiérrez de Lara, fue considerado héroe de la lucha libertaria y premiado por Iturbide con la gubernatura de Tamaulipas por la separación de Texas (que afortunadamente fue conservada por México).

Agustín de Iturbide nombró al conde regidor Juan Francisco Azcárate para encargarse de las relaciones internacionales, y éste recibió, el 4 de noviembre de 1822, la horrible visita del agente especial Poinsett:

—Me envía el presidente James Monroe —y le colocó un documento sobre la mesa—. Necesito saber si acepta venderle a los Estados Unidos los territorios de Coahuila, Nuevo León, Arizona, Texas, Nuevo México, Alta California, Baja California y Sonora.

El ministro Azcárate tragó saliva. Se volvió hacia el mapa del Imperio mexicano.

—Pero... eso nos dejaría sin la mitad de nuestro territorio... —y pestañeó—. ¿Por qué quieren tanto? ¡Esto es México!

Tembloroso, Azcárate se dirigió hacia la oficina del pelirrojo y risueño emperador mexicano Iturbide:

—Señor, los objetivos de Poinsett son cinco —los enumeró Doralicia Carmona—: primero, apoderarse de todas las tierras feracísimas y ricas de minerales que ha referido; segundo, tener puertos y ríos en una y otra mar para hacer exclusivamente el comercio interior de las provincias mediterráneas de nuestro territorio por el río Grande del Norte; tercero, hacerse exclusivamente del comercio de la peletería de castor, oso, ratón, marta, cíbolos, grasas y otros renglones con los que negocian los comanches de las tres familias; cuarto, apropiarse en su totalidad de la pesquería de la perla que se hace en las costas interiores y exteriores de ambas Californias, la de la nutria, la del ballenato, la de la cachalasa, la de la sardina y la de la concha, artículos todos preciosísimos; quinto, apropiarse también del comercio del cabotaje.

Iturbide parpadeó. Miró hacia la ventana.

—¿Qué le dijiste?

Azcárate tragó saliva.

—Le dije que no.

Iturbide se apoyó en el dorso de su silla:

—Yo le prohibí la entrada a México a este Poinsett. Su misión es arruinar nuestro imperio, sustituirlo por una república al estilo estadounidense que ellos puedan controlar. Fue Santa Anna quien lo dejó entrar desde Veracruz. Le dio incluso una maldita escopeta.

En su habitación oscura, el enviado estadounidense comenzó a escribirle al presidente James Monroe: "No pienso repetir las versiones que oigo a diario acerca del carácter y de la conducta de este hombre [Iturbide], se le acusa de haber sido el más cruel y sanguinario perseguidor de los patriotas y de no haber perdonado nunca a un solo prisionero [...]. En una sociedad que no se distingue por la moral, él se destaca por su inmoralidad […]. Mientras disponga de los medios para pagarles y recompensarles, se sostendrá en el trono […]. Sabedor del estado de sus finanzas y de las consecuencias probables para él de la falta de fondos, está desplegando grandes esfuerzos para negociar préstamos de Inglaterra".

El historiador veracruzano Wenceslao Vargas Márquez dice que, según Bravo Ugarte y T. Anna, "un agente especial del gobierno de Estados Unidos, Joel Poinsett, estuvo activo en México entre octubre y diciembre de 1822 trabajando por imponer la república [y derrocar, por tanto, al Imperio iturbidista]. Los últimos meses —añade T. Anna— de 1822 y los primeros meses de 1823 presenciaron un crecimiento espectacular de las logias antiiturbidistas, escocesas y masónicas, dirigidas por los republicanos que recién habían vuelto". Lo que escribió T. Anna fue: "Aun cuando la mayoría del ejército era leal al emperador Iturbide a fines de 1822, las logias [masónicas] se convirtieron en centros que estimularon un sentimiento antiiturbidista entre estos oficiales".

Pero… ¿quién controlaba a esas logias?

El primer día de febrero de 1823 se declaró el Plan de Casa Mata, que básicamente fue el levantamiento de generales mexicanos para derrocar al emperador Iturbide (firmaron este plan los generales Antonio López de Santa Anna y Antonio de Echávarri). La historiadora Nettie Lee Benson (citada por González Pedrero y Wenceslao Vargas Márquez) dice: "las bases [del Plan de Casa Mata] se habían venido elaborando en las logias, por hombres como Ramos Arizpe y [José Mariano de] Michelena, de quienes De Echávarri y sus oficiales eran tan sólo lugartenientes".

Siete semanas después Iturbide fue derrocado (abdicó, renunció). Se le expulsó a Europa, donde permaneció hasta que un siniestro plan extranjero lo trajo de regreso. Apenas pisó la costa de vuelta, fue asesinado (el gobernador en Tamaulipas, donde lo mataron, era aquel a quien él le había dado ese puesto, Bernardo Gutiérrez de Lara, el expresidente provisional de Texas, ayudado por William C. C. Claiborne).

Por fin hubo una república al estilo deseado por Poinsett: república federal, al modo estadounidense. Se designó un nuevo gobierno, y el primer presidente fue el duranguense distinguido Guadalupe Victoria (nombre completo: José Miguel Ramón Adaucto Fernández y Félix).

El 7 de marzo de 1825 el secretario de Estado de los Estados Unidos, Henry Clay, levantó un pesado documento plateado. Se lo puso enfrente al relamido Joel R. Poinsett:

—Serás nombrado el primer embajador de nuestra nación ante el nuevo país llamado México —y le sonrió—. Éstas son tus instrucciones —le empujó el documento—. Primera: salvar a Cuba de las acechanzas de México y Colombia. Cuba será para nosotros. Segunda: establecer nuevos límites entre México y los Estados Unidos, más convenientes para nosotros. Me refiero a Texas —sonrió—. Tercera: comunicar al gobierno mexicano la satisfacción que sentimos en los Estados Unidos al saber que México ha adoptado la Constitución americana como modelo para la suya. Y, cuarta: notificar al gobierno de México el mensaje del presidente James Monroe del 2 de diciembre de 1823, que es el siguiente: no se aceptará intromisión alguna de los países europeos en el continente americano. Me refiero a que no reciban ayudas, ni armas, ni influencias ni dineros de países de Europa. América para los americanos.

Al sur, en México, quien iba a ser el máximo opositor de este tiburón gringo Poinsett era un hombre de anteojos: Lucas Alamán, ministro del Interior, que comenzó a gritarles a los diputados mexicanos:

—¡Señores! —y levantó la nueva Constitución Mexicana, hecha en 1824—. ¡Esta acta constitutiva viene a ser una traducción de la Constitución de los Estados Unidos del Norte, con una aplicación diversa a la que en aquéllos había tenido, pues allí sirvió para ligar entre sí partes distintas, que desde su origen estaban separadas —las 13 colonias—, y en México tuvo por objeto dividir lo que estaba unido, y hacer naciones diversas de lo que era y debía ser una sola!

Pasaron meses. El 31 de octubre de 1825, irritado por la agresividad que sufría por parte del ministro mexicano Lucas Alamán, el relamido Joel R. Poinsett, a bordo de su horrible carroza, comenzó a dictar una carta para su primo Joseph Johnson:

—La Gran Bretaña busca dividirnos —y miró hacia la ventana, con asco—. Los británicos se están metiendo a intervenir en todos los países de América Hispana. No lo vamos a permitir. América es para los americanos. ¡Si la Gran Bretaña busca dividirnos, o crear un partido europeo en América, su ministro Henry Ward no podrá quejarse de que nosotros hagamos lo mismo, creando nuestras propias logias! ¡He dedicado cada minuto de mi tiempo a levantar un poderoso partido americano! ¡Un movimiento masónico! ¡Controlaremos a México!

Apenas tres semanas atrás, el 3 de octubre de 1825, el excongresista Carlos María de Bustamante le dictó a su secretario (para su diario):

—Se dice que Mr. Poinsett, encargado de reunir a los miembros de diversas logias de masones de los Estados Unidos de Norteamérica, lo ha conseguido y el viernes pasado (día de San Miguel, 29 de septiembre de 1825) ha instalado en México una logia a cuya cabeza están el presidente (Guadalupe) Victoria, (Lorenzo de) Zavala, Ramos Arizpe, Alpuche, Esteva y que sé yo (cuántos) otros sujetos. Preguntando yo con qué objeto se ha hecho esta reunión, se me dijo que con el de "apoyar al gobierno" —y lo miró con pesadumbre—. El presidente Victoria mismo se inició en la Gran Logia Yorkina este 30 de septiembre. La logia yorkina es el instrumento de Joel Poinsett para controlar a México.

Según el historiador José Fuentes Mares: "Lo que [Poinsett y el gobierno estadounidense] buscaba con la doctrina de Monroe era aislarnos de Europa, y lo que se quería con el tratado de comercio [con los Estados Unidos] era aislarnos de los pueblos hermanos del continente." En verdad, los Estados Unidos —por medio de Poinsett— querían que México adoptara dos sistemas "muy americanos": la república (en lugar de un imperio o monarquía al estilo europeo, como el que había representado Iturbide) y el federalismo (ser un conjunto de estados independientes confederados, en lugar de un país centralista manejado desde un núcleo).

Luis G. Cuevas, citado por Fuentes Mares, dice que Poinsett: "Concibió el proyecto, favorecido por mexicanos indignos, de dirigir las logias populares y organizarlas convenientemente para mantener una guerra [...] y [que] encendiese más el odio que comenzábamos a tener a nuestro origen, a nuestras costumbres y a los españoles [...]. Poinsett hizo más servicios a la Unión Americana que todos sus generales juntos en

123

la guerra de invasión, y que merece, más que ellos, un monumento magnífico en la colina del Capitolio".

El 31 de marzo de 1827 el embajador de la Gran Bretaña en México, Henry G. Ward, escribió al ministro de Asuntos Exteriores británico George Canning: "No vacilo en expresar mi convicción en el sentido de que la gran finalidad de la misión de Poinsett [como embajador] consiste en embrollar a México en una guerra civil, facilitando así la adquisición de las provincias que se encuentran al norte del río Bravo".

Los propósitos de Poinsett se acabaron logrando: uno de sus discípulos masónicos, Lorenzo de Zavala (congresista y posteriormente gobernador del Estado de México), fue uno de los instigadores para que en 1846 se separara Texas de México; su movimiento masónico americano o yorkino fue un éxito y acabó controlando al país en el siglo XIX, teniendo como su más distinguido campeón al presidente Benito Juárez —quien fue afín a los proyectos estadounidenses— (véase *Secreto Maximiliano*).

En su aposento, rodeado de flores nochebuenas, el embajador Joel R. Poinsett comenzó a dictar sus memorias:

—El florecimiento de la masonería [proamericana] aquí es superior a mis máximas esperanzas… —se sonrió—. Las consecuencias de esto no pueden ser sino altamente benéficas, y el fanatismo y la superstición [se refiere a la influencia de la Iglesia católica/Roma en México] van perdiendo gradualmente su influencia bajo la luz de la masonería —y se volvió hacia su secretario—. No publique esto —le sonrió.

Pero su secretario lo desobedeció. Escribió esa frase y por eso llegó a nosotros. Hoy está en la Colección Simón Gratz, Historical Society of Pennsylvania. Por eso la puse yo aquí.

Años después, el relamido Poinsett, amante de la naturaleza, fue nombrado secretario de Guerra de los Estados Unidos (el 7 de marzo de 1837). Su principal misión fue asesinar y exterminar a las naciones nativas americanas (navajos, comanches, creek, semínolas) para que no estorbaran al crecimiento de los Estados Unidos. Se calcula que mató a más de 3 000 personas.

En México no existe ningún monumento o estatua para el padrastro de la Independencia, o Padre de la Dependencia: Joel R. Poinsett. Debería existir, para poder tirarla.

MÉXICO INDEPENDIENTE

¿POR QUÉ FUIMOS REPÚBLICA?

Juan Miguel Zunzunegui

"México es una república federal constituida por 31 estados libres y soberanos y un Distrito Federal." Los niños aprenden esa cantaleta desde la primaria, sea en la clase de civismo, —en las épocas en las que existió— o en la de historia. Si ni siquiera sabemos bien a bien qué es México, prácticamente imposible será conocer el significado de todas las demás palabras de esa perorata que hay que memorizar sin cuestionar para pasar algún examen en la primaria.

República, ese bonito concepto latino creado por los romanos y retomado dos milenios después por los franceses, significa algo muy simple, pero muy profundo: la cosa pública. Es decir que "república" significa que el país es público, esto es, que nos pertenece a todos. El país es propiedad de todo el pueblo que lo habita. Eso que hoy puede sonar obvio, es la contraparte de una monarquía, donde el país, su territorio, sus recursos y hasta sus personas, le pertenecen al soberano. El país es del rey o emperador, junto con todo lo que hay en él.

México es, pues, una república; es decir, que es de todos nosotros. Que todo el territorio, sus mares, sus playas, todos sus recursos, todas sus riquezas, todo su potencial, nos pertenece a todos por igual. El concepto es hermoso, pero no creo que haya un solo mexicano que experimente la república, más allá del puñado de políticos que en términos prácticos sí que poseen todo el país. Pero un buen día de octubre de 1824 el primer Congreso de este país determinó que éramos, siempre debimos haber sido, y siempre seríamos, una república, y además, federal.

Si no sabemos con qué se come la república, eso de federal es simplemente imposible de digerir. Federación o confederación es un concepto antiguo que manejaban los pueblos germánicos o los vikingos hace más de 1 500 años. Significaba para ellos algo simple: hay diversas tribus, cada una con su jefe y su territorio; pero por existir vínculos comunes de lengua y cultura, los diversos jefes, en representación de sus tribus, se reunían para tomar decisiones que eran generales para toda la gran comunidad, aunque cada jefe seguía siendo líder indiscutible de su tribu y su territorio. Es en realidad un concepto muy civilizado para promover el entendimiento hablado por encima de la guerra.

En tiempos modernos, los primeros en usar el término fueron las diferentes ciudades suizas del siglo XVI, y en su versión más política y pragmática fue un invento de Thomas Jefferson. En 1776 las 13 colonias británicas comenzaron a luchar por su independencia (de manera muy precisa sólo 12 se unieron a la guerra); la declaración de independencia de Jefferson era muy clara al decir, estas colonias, UNIDAS son, y por derecho deben ser, libres e independientes. Dejaba patente que ese derecho natural a la libertad lo tenían todos juntos.

Pero desde 1783, cuando Inglaterra reconoció la independencia, fue muy tentador para cada colonia erigirse como un país independiente en solitario, separado de los demás. Esto fue así porque las llamadas 13 colonias no nacieron juntas, sino que se fueron creando y desarrollando, con pueblos y personas muy distintos, a lo largo de 100 años a partir de 1609. Había ingleses, escoceses, holandeses, suecos, alemanes, irlandeses y franceses formando esas colonias; había calvinistas, luteranos, católicos y judíos involucrados. ¿Cómo formar un solo país con tanta diversidad?

La respuesta de Jefferson fue la confederación. Cuando cada colonia, ahora independiente, comenzó a coquetear con mantener esa libertad por separado, amparándose en el hecho de las diferencias de idioma, costumbres, leyes y religión, Jefferson propuso una solución que sólo su mente brillante pudo urdir. Seamos las dos cosas a la vez: que cada colonia constituya un estado libre y soberano, que tengan su gobierno, sus instituciones y sus leyes… pero al mismo tiempo, respetando dichas diferencias y libertades, seamos un solo país, con un gobierno que los aglutine a todos, y seamos una unidad para cuestiones de defensa y economía. Eso es la confederación moderna.

En realidad, lo que Jefferson propuso fue sólo una forma de institucionalizar lo que ya era una realidad. Durante el periodo colonial, cada colonia, que fue surgiendo de manera independiente de las otras, con poblaciones muy diversas, se gobernaba por separado, jamás hubo algo parecido a un gobierno central en Norteamérica, y cada una tenía más contacto con Inglaterra que el que tenían entre sí. Esos territorios estuvieron separados durante dicho periodo, y así querían seguir, pero por conveniencia y pragmatismo valía la pena ser un solo país, así es como fueron las dos cosas.

Nosotros fuimos imperio al nacer, porque era lo único lógico, lo único que tenía sentido y que tenía relación con lo que llevábamos siendo 300 años. En Nueva España había un gobierno central establecido en la ciudad de México, y desde ahí se administraba un inmenso territorio que iba desde Yucatán hasta California; además, había mucho menos diversidad de población: españoles católicos haciendo católicos a los indígenas.

Un gobierno centralista habría destruido a los Estados Unidos, un país que no tiene un nombre sino una descripción de lo que es. Un gobierno federal destruyó a México. México nació como imperio no sólo por la inercia de 300 años de centralismo, sino porque durante todo ese tiempo eso es lo que éramos, la joya de la corona del Imperio español. UN rey en Madrid tomaba decisiones por todos y eso se manifestaba a través de un virrey en la capital de Nueva España.

Cuando el libertador Iturbide obtuvo la independencia, el 27 de septiembre de 1821, convocó a una junta de notables al día siguiente para firmar nuestra acta de nacimiento; el Acta de Independencia del Imperio Mejicano. Imperio, era claro para todos. Ser libres, pero seguir siendo lo que siempre habíamos sido, un gobierno central que lo determinaba todo, y un poder lo suficientemente firme para mantener la unión en un pueblo que desde siempre ha tendido a la fragmentación.

Iturbide planeó la independencia como imperio e invitó a Fernando VII a ser coronado. La negación de España a reconocer la independencia fue lo que provocó que eventualmente el libertador fuera proclamado emperador. Si así lo planeó, como señalan los historiadores de quincena, nunca lo sabremos. Basados en los documentos, ése no era su plan.

Pero de pronto éramos libres, y desde el primer instante iniciaron las intrigas, fragmentaciones y traiciones. Santa Anna, Vicente Guerrero y Nicolás Bravo, que marcharon al día de la Independencia y apoyaron al emperador, empezaron de inmediato a conspirar en su contra; por otro lado, los caciques de las provincias comenzaron rápidamente a ver cómo lograban tener poder absoluto en sus territorios. Independencia, para el pueblo que formaba Nueva España, significó "haga cada quien lo que quiera".

Fuimos imperio porque es lo que había en nuestra realidad y nuestra mente, y porque ése fue el plan original de Independencia. La tendencia política liberal de entonces era, desde luego, la república, pero esa palabra y su significado eran bastante ignorados por acá. Una persona estaba aferrada a la idea republicana, don Guadalupe Victoria, ilustre héroe de la Independencia que se convirtió en el primer presidente de México. Lamentablemente, poco se nos enseña de él más allá de ese dato anecdótico.

Miguel Fernández Félix, como en realidad se llamaba, nació en Durango en 1786, y al quedar huérfano de padre y madre desde muy joven, un tío vio como única opción para él meterlo al seminario, donde estuvo algunos años, pero prefirió escapar a México para estudiar derecho canónico y civil en el Colegio de San Ildefonso. En ese ambiente intelectual, Miguel Fernández tuvo contacto con las ideas ilustradas de Europa, y con esos conceptos abstractos que muy pocas personas comprendían en México.

Había terminado sus estudios en 1811 cuando escuchó hablar de José María Morelos, y sin perder más tiempo se lanzó a la sierra del sur a buscarlo y sumarse a sus filas. Es muy probable que eruditos como Miguel Fernández tuvieran influencia en las posteriores ideas republicanas del Siervo de la Nación. En 1812 fue enviado por Morelos a una misión que parecía perdida de origen: tomar la ciudad de Oaxaca, muy bien guarecida por tropas virreinales. Fernández, con una desventaja de tres a uno, se encomendó a la Virgen de Guadalupe, símbolo de los insurgentes, y le dedicó la futura victoria. Contra todo pronóstico tomó la plaza, y en ese momento cambió su nombre a Guadalupe Victoria.

Siguió fiel a la causa de Morelos hasta que lo fusilaron en 1815; a partir de ahí continuó como guerrillero solitario que se dedicaba a asaltar convoyes españoles. En 1818, con todo el movimiento insurgente aniquilado, Victoria se escondió en la selva veracruzana, donde sobrevivió solo durante 30 meses; aunque hay quien dice que tenía esporádicos encuentros con Antonio López de Santa Anna, el militar virreinal que tenía la encomienda de capturarlo, y de quien se convirtió en buen amigo.

Para 1821, con Iturbide promoviendo su plan de paz y libertad, con el imperio como sistema, y cuando todos lo daban por muerto, Guadalupe Victoria, o algo muy parecido a su fantasma, apareció. Pesaría 50 kilos, las barbas le llegaban al pecho y padecía epilepsia. El héroe muerto se convirtió en leyenda viviente, y comenzó a circular la palabra que el propio Victoria defendía como único sistema político posible para un México independiente: Federación.

Cuando todos los antiguos insurgentes que sobrevivían se habían unido al plan de independencia imperial de Iturbide, Victoria tenía una sola proclama: ¡Federación o muerte! Así se lo hizo saber a Iturbide cuando se entrevistó con él. Si México nacía como imperio, él seguiría luchando, y así fue.

México fue imperio sin emperador a partir de 1821; al año siguiente, ante la negativa de España a reconocer la independencia, Iturbide fue proclamado emperador. Entonces, su antiguo aliado, Santa Anna, se unió a Victoria en un plan para derrocarlo y proclamar la república. Vicente Guerrero y Nicolás Bravo no tardaron en unirse, otros caciques regionales los secundaron, y de pronto teníamos un emperador sin imperio. Don Agustín abdicó en marzo de 1823. Nacimos peleando entre nosotros.

Fuimos república no porque fuera la decisión de un pueblo que se emancipaba, ni siquiera porque el debate político la eligiera como la mejor opción para el país recién nacido. Fuimos república por la ambición de Antonio López de Santa Anna, Vicente Guerrero y Nicolás Bravo. Un imperio implica un gobernante que lo es hasta su muerte, e implica la existencia de un heredero que asumirá el gobierno de inmediato y también hasta su muerte; es decir, la creación de una dinastía.

Por más incluyentes que se hagan las estructuras imperiales, como es el caso del Imperio británico, una dinastía imperial elimina la posibilidad de tomar el poder. Se podrá participar en el juego político, pero el jefe de jefes es inamovible. Eso no les gusta a los que ambicionan el poder, a los que lucharon una década por una independencia que consolidaban, heredaban y disfrutaban otros. Victoria y Santa Anna lucharon juntos, y para evitar una guerra entre hermanos, el emperador abdicó y se marchó del país.

Se formó un congreso, se instituyó un gobierno provisional, se propuso la idea de república como fundamento, se proclamó una constitución, bastante copiada de la estadounidense, quizá por influencias de espías como Joel Poinsett, como ya nos contó Mendívil. Luego tuvimos una pésima idea: establecer que la persona que quedara en segundo lugar de una elección sería el vicepresidente. Así fue como el vicepresidente se convirtió en el principal enemigo político del presidente y el primer conspirador en su contra.

Éramos libres, y copiando el sistema de Estados Unidos, país envidiable y envidiado entonces, fuente de inspiración para muchos libertadores, nos establecimos como Federación, aunque no supiéramos lo que eso significara ni tuviera relación alguna con nuestra realidad. El razonamiento fue parco y simple: si les funciona a ellos, nos funcionará a nosotros.

Surgió un problema: una federación está compuesta por estados libres y soberanos. Para las colonias británicas fue muy fácil: estados que ya existían por separado, se dieron un centro; pero aquí, con nuestra tradición centralista, básicamente inventamos los estados desde el centro, basados un poco en los montes y ríos, otro tanto en los pueblos originarios, y un mucho en los intereses de los terratenientes de la zona.

Se establecieron periodos de cuatro años, y Victoria fue el único en terminar el suyo. Tras él, vinieron los gobiernos de meses, semanas o días; únicamente superados en la revolución por el gobierno de 45 minutos. Éramos una república, pero el país definitivamente no les pertenecía a todos sino a unos cuantos, más o menos como hoy, sin importar que gobierne el dinosaurio o su hijo; nos convertimos en Federación, lo que en buen mexicano significó cacicazgo, además de que fue una bonita teoría siempre violada por un gobierno central que buscaba imponer, lo cual normalmente lograba porque también le tocaba mantener. En México llevamos 200 años enfrentándonos al fracaso de nuestro proyecto federal, pero aferrados a él porque se nos dice que es lo único correcto y noble.

En México no tuvimos problema alguno para saber cuál era la capital; desde hacía 300 años era la ciudad de México, y así se estableció. Los gringos en cambio tenían 13 capitales, y lo que hicieron fue inventarse una ciudad nueva para capital de todos; eso es Washington, D. C. Surgió un problema: en cuál de los estados estaría la capital, Jefferson propuso una solución: en ninguno. Vamos a crear un distrito de la federación para establecer ahí la capital del país. En México ya degradamos la Muy Noble y Muy Leal, Real e Insigne Ciudad de México a CDMX, creemos que ahora es un estado y por eso a sus delegaciones las elevamos a alcaldías, y como no sabemos lo que es un Distrito Federal, no nos preocupa dejar a la federación, que de cualquier manera no funciona, sin un territorio propio.

Fuimos república por necesidad o idealismo de Victoria, por ambición de Santa Anna, Bravo y Guerrero, y más adelante porque en algún momento, para ir acorde con los tiempos y la coyuntura, ya era la mejor y única opción. Fuimos federación, sin entender muy bien el concepto, por recomendación, influencia y presión de Estados Unidos, que supo ver muy bien cómo lo que a ellos los mantenía unidos y los hacía fuertes, a nosotros nos iría resquebrajando. Así fue.

SU ALTEZA SERENÍSIMA

PEDRO J. FERNÁNDEZ

Los mexicanos tenemos una predilección deliciosa y terrible por los buenos villanos, por eso nos acordamos tanto de Catalina Creel a pesar de haber pasado tantos años desde la transmisión de *Cuna de lobos* ("¡Catalina Creel para presidente!", rezaba una manta que apareció en 1986 en Ciudad Neza). Y el caso de nuestra historia no es diferente, porque tenemos al Cojo Vendepatrias. Bueno, es tan, pero tan villano, que los políticos actuales lo insultan en sus discursos como si el mismísimo Santa Anna siguiera vivo, o sus 11 caóticas presidencias fueran cosa reciente.

Hablando en serio, ¿por qué nos atrae tanto este hombre que no podemos dejar de odiar y amar al mismo tiempo? ¿Por qué hemos reducido su vida a "el hombre que se proclamó Alteza Serenísima" o "el presidente que les puso impuestos a las puertas y ventanas"?

Porque a nuestro ilustre y siempre inoportuno Antonio de Padua María Severino López de Santa Anna y Pérez de Lebrón, mejor conocido para la historia de México como el Quince Uñas, es un villano. Nos gusta su humanidad, un día se levanta en armas contra el Primer Imperio Mexicano porque

139

se siente muy patriota, y al siguiente se le acusa de ser el responsable de que México haya perdido la mitad de su territorio (con la firma de los Tratados de Guadalupe-Hidalgo cedió lo que hoy es California, Arizona, Nevada, Colorado, Utah y una parte de Wyoming, y Estados Unidos se comprometió a pagar 15 millones de dólares). Pasó gran parte de la década de 1820 en revoluciones, incluida una contra Vicente Guerrero.

Es curioso mencionar una época en la que Santa Anna fue héroe, en 1829. Verán, hubo un intento de reconquista por parte de España. Sí, él siendo presidente fue hasta Tampico para combatir al enemigo. Triunfó... y lo hizo bien. Desde ese día se le llamó el Héroe de Tampico, al menos hasta que el mote se transformó en vendepatrias, porque (que no se nos olvide) casi todos los héroes terminan por convertirse en los malos de la historia. Es mucho más divertido ser villano que héroe, y en eso Santa Anna destacó como pocos. Es más, les voy a contar una historia de cómo solía gobernar con la bragueta abierta para que entiendan un poquito de su personalidad.

¿Saben dónde están escondidos los labios de mujer en el escudo de Aguascalientes? Si se fijan bien, dentro del cuadro superior, abajito y a la derecha, los van a encontrar, justo encima tienen unas cadenas. No hay pierde, porque bien escondidos no están.

¿Qué hacen ahí? ¿Qué tienen que ver con Antonio López de Santa Anna? Ahí les va la leyenda de este vericueto tan singular.

Resulta que hace muchos años Aguascalientes era parte del estado de Zacatecas. Total, como a principios del siglo XIX México tenía guerra un día sí y al otro también, algunos hombres de ahí se sublevaron contra el gobierno, y hasta allá fue Santa

Anna con 3 000 de sus hombres a combatirlos. Alcahuetes para pintarse solos, los habitantes de Aguascalientes decidieron recibir a Santa Anna de la mejor manera, adornaron los balcones con guirnaldas, y se pusieron hasta sus mejores fondos y calzones para recibirlo.

Ya contenida la dichosa sublevación, y habiendo entrado en Aguascalientes, se decidió que Santa Anna tendría el (deleitable) honor de hospedarse en casa de un prominente señor llamado Pedro García Rojas, quien a la hora de la cena lo sentó en la cabecera y le ofreció cuanto manjar pudo, mientras le preguntaba sobre sus victorias militares. Santa Anna, que tenía un ego más grande que su ambición por el poder, le respondía exagerando sus historias para entretener a su anfitrión.

La verdad es que Pedro García no era el personaje interesante de esa velada, sino su bien perfumada esposa María Luisa Fernández, quien se inclinaba sobre la mesa para que su invitado conociera un poco más sus "bondades" femeninas, y Antonio López de Santa Anna, en más de una ocasión, desvió la mirada y sus buenas intenciones.

Pasaron las horas, y vinieron a buscar a Pedro García para que atendiera unos asuntos personales en otra parte de la casa. Santa Anna, percatándose de que los pasos se alejaban por el pasillo, y ya solo con aquella dama, se acarició las manos con la intención de cenar algo más que un chocolate como postre; pero ella siguió hablando de los gravosos impuestos que el gobierno de Zacatecas les imponía a los comerciantes de Aguascalientes, de que en toda la ciudad sólo había una escuela, y de que se había llevado la fábrica más importante de tabaco a Zacatecas.

De acuerdo con el ingeniero Elías L. Torres, quien recopiló esta curiosa historia en 1927, María Luisa Fernández, con un hilo de voz, que más bien era un susurro impropio, se inclinó hacia adelante para murmurar: "Aguascalientes puede ser independiente, basta que usted lo quiera, mi general, que en este pueblo todos lo anhelamos y llegaríamos hasta el sacrificio por obtenerlo."

Animado, Antonio López de Santa Anna se mojó los labios con la lengua y respondió:

—¿En verdad? ¿Llegaría usted hasta el sacrificio?

Ella, haciéndose la ofendida, se levantó de la mesa, pero Santa Anna ya la tomaba de las manos, así que volvió a ocupar su asiento con mucha lentitud para que él le viera bien las caderas, y exclamó:

—Hasta el sacrificio, general.

Y Antonio López de Santa Anna hizo el sacrificio, y besó larga y fogosamente a su anfitriona hasta que escuchó pasos que se acercaban por el pasillo. Como en una mala telenovela, se abrió la puerta de golpe y Pedro García encontró… a su esposa en una silla y a su invitado en otra. Muy quietecitos y calladitos los dos.

María Luisa Fernández, habiendo evitado el peligro se levantó de la mesa y se colgó del cuello de su esposo.

—Por fin Aguascalientes es libre, ¿verdad, mi general?

Antonio López de Santa Anna, pensando en lo mucho que necesitaba un buen baño frío en ese momento, tartamudeó:

—Es verdad lo que dice su mujer.

Y Santa Anna, a pesar de ser rencoroso, cumplió con lo que le había ofrecido a María Luisa Fernández, y expidió un decreto fechado en México el 23 de mayo de 1835 que establecía la independencia de Aguascalientes, y un año después lo convirtió en un estado.

El primer gobernador fue, desde luego, Pedro García Rojas, y María Luisa estuvo a su lado con grandes labios rojos que pasaron a la historia.

Aunque la verdad de esta leyenda no ha sido confirmada, dada las inclinaciones que Antonio López de Santa Anna tenía a las formas femeninas, se considera plausible. Además, tiene su legado en el escudo de Aguascalientes, y al menos en dos murales (uno en el Palacio Municipal de Zacatecas y otro en el Palacio Municipal de Aguascalientes), en los cuales se retratan las bellas formas de María Luisa Fernández, y el sacrificio que hizo por el beneplácito de su ciudad.

¿Qué les puedo decir del tiempo transcurrido entre la caída del Imperio de Agustín de Iturbide y la Guerra de Reforma? Está lleno de estos momentos surreales, casi ridículos; pero así es nuestra querida historia nacional, parece telenovela chafa o comedia burda, y sin embargo está llena de hombres contradictorios, en un país que apenas estaba formando su identidad, que aprendía a ser una república, a ser independiente, y descubrir su idiosincrasia. No por nada en aquella época se da la llamada Guerra de los Pasteles (o mejor dicho Primera Intervención Francesa). ¡Hasta para los nombres de las guerras nos pintamos solos!

Aunque esta historia no comienza en 1838, no planeo hacer una narración más larga que la cuaresma. Escogí precisamente ese año porque fue cuando Francia le declaró la guerra a México. ¿La causa? México había pedido algunos bonos 10 años antes, los cuales, por supuesto, no había pagado. Además, se había dado el lujo de fusilar a un ciudadano francés en

Tampico, bajo la excusa de que había practicado la piratería en el puerto. Por último, un repostero francés, habitante de la ciudad de México, clamaba que en 1832 algunos soldados del ejército mexicano se habían ido de su comercio sin pagar. No sólo eso, ebrios, habían destrozado el local sin ofrecer remuneración por semejante alboroto.

Nada tontos eran los franceses, durante el siglo XIX se les apodó como el mejor ejército del mundo. Por eso, queriendo evitar una batalla con aquellos mexicanitos desordenados que apenas descubrían lo que era gobernarse solos, movieron su armada naval a Veracruz a principios de marzo, y lanzaron un ultimátum al gobierno mexicano: tenía hasta el 15 de abril para pagar. Claro, el entonces presidente Anastasio Bustamante se negó a hacerlo. La verdad es que no había con qué. México no sólo arrastraba una deuda importante desde la Guerra de Independencia, sino que apenas cobraba impuestos.

Así que llegó el mentado 15 de abril, y no hubo más opción para Francia que romper relaciones diplomáticas con México. No se trataba de que aquello le importara al país, mucho menos en 1838.

Francia, aun así, quiso evitar la guerra. Por siete meses bloqueó el puerto de Veracruz, incautó barcos y manejó el comercio a su antojo.

México no cedió.

Francia no tuvo más opción que abrir fuego contra San Juan de Ulúa, e inició la consabida Guerra de los Pasteles, en la cual Antonio López de Santa Anna dijo: "De aquí soy" y, aunque demostró ser un buen militar, sólo logró que un cañonazo le volara la pierna.

México, por obvias razones, perdió la guerra.

Al final se firmó un tratado entre los dos países, Francia recibiría 600 000 pesos por la deuda. Nota al margen: como aquella deuda tampoco se pagó, se usó de excusa años después para imponer el Segundo Imperio Mexicano, pero ésa ya es harina de otro costal, y tema para otro texto.

Parece que, después de todo, nuestro país fue el "debo, no niego; pago, no tengo" del siglo XIX, lo cual fue causa y efecto de muchos de sus males.

Volvamos a nuestro querido vendepatrias. Parece ser que el señor le tenía un amor exagerado a sus miembros, y lo digo (casi) sin albur, pues la pierna que perdió durante la Guerra de los Pasteles mandó que fuera enterrada en el jardín de una de sus haciendas en Veracruz, Manga de Clavo. Tampoco fue cosa de cavar un hoyo en la tierra y depositarla ahí. ¡Le rindió honores militares!

La historia no termina ahí. Años después, en una de sus (muchísimas) presidencias, mandó que desenterraran su pierna y la colocaran en una vitrina. La mandó traer a la ciudad de México en una solemne ceremonia, en la cual la caja avanzó por las calles de la capital para que hombres, mujeres y niños vieran tan morboso espectáculo. El plan era que a dicha pierna (no es broma) se le hiciera una misa, a la cual se invitó a embajadores, militares importantes y hasta al mismísimo obispo. Para culminar tan mórbida celebración, se le realizaron funerales de Estado, y se le enterró en un acto solemne.

¡Qué poco conocía don Antonio a los mexicanos a los que gobernaba! Pues mientras él rendía honores a su miembro cercenado, el pueblo entero se reía a sus espaldas. También guardaban rencor contra el hombre que se empeñaba en ser presidente una y otra vez, y que era responsable de que México perdiera la mitad de su territorio. Por eso, cuando finalmente Antonio López de Santa Anna fue derrocado del poder, los capitalinos se acordaron de aquellos ridículos funerales para una pierna que se perdió a causa de unos pasteles. Fueron al cementerio, la desenterraron y la arrastraron por las calles de la ciudad, que en aquel entonces no estaban pavimentadas y eran todavía más sucias que las de ahora (sí, es posible semejante abominación). Ésa fue la humillación final a un presidente que pasó a la historia por sus múltiples aciertos y errores, pero que definió la historia de México durante la primera mitad del siglo XIX. Con justa razón Enrique Krauze y Enrique Serna nombraron el Seductor de la Patria a semejante villano, una de las personalidades más atractivas de la historia de nuestro país.

LA GUERRA MASÓNICA

Leopoldo Mendívil

Cuando suben las escaleras del famosísimo Sanborns de los Azulejos en la ciudad de México —antes llamado Jockey Club— no imaginan que en ellas ocurrió una tragedia horrible: muerte, terror. Todo por un conflicto masónico que aún no se ha resuelto, pero que llenó de sangre a México en el siglo XIX.

En verdad, antes de disfrutar sus gloriosos chilaquiles verdes, pueden pararse a mitad de esa larga escalera de roca, por debajo del extraño vitral de colores que está en el techo, observar hacia un lado el muy masónico mural pintado por José Clemente Orozco, llamado *Omnisciencia*, y tocar esa pared cargada de energía.

Las perturbaciones pintadas en ese muro tienen el eco del terrible suceso ocurrido ahí. A la izquierda del vitral hay dos manos apuntando hacia abajo, con los dedos quemándose en unas llamaradas. A la derecha hay otras dos dejando resbalar hacia abajo a un pequeño humano sin cabeza. Por debajo del vitral hay una gigantesca escena roja dominada por una mujer arrodillada. A la derecha hay otra mujer, muy pequeña, con el rostro retorciéndose de dolor, atrapada entre las enormes manos pétreas de una figura humana sin cabeza. Al otro lado hay un pequeño hombre con las quijadas trabadas, a quien otro, mucho más grande y de apariencia ciclópea, le está sujetando el cráneo. A este segundo gigante tampoco se le ve la cabeza. ¿Qué significa todo esto?

Bien puede ser una metáfora de lo que sucedió ahí, un episodio de la guerra secreta más importante que ha definido al actual México: la guerra masónica. Durante la mitad del siglo XIX, desde que México se separó de España hasta la llegada de Benito Juárez, el país tuvo una guerra civil que duró 50 años, durante los cuales hubo 50 presidencias, 20 derrocamientos —uno de los gobiernos duró cinco días y otro dos—, y durante los cuales ocurrieron 19 levantamientos militares y miles de muertes. Todo esto debido a que existía un pleito entre dos sociedades secretas: la organización masónica escocesa (conservadores) y la yorkina (liberales proestadounidenses). En realidad eran dos potencias mundiales disputándose el control de nuestro territorio: Inglaterra y los Estados Unidos.

Paréntesis: ¿por qué se llaman escoceses y yorkinos? Cada rama masónica clama ser la verdadera masonería, es decir, la auténtica o genuina (esto es igual que en la religión: protestantes, católicos, ortodoxos, etc., todos aseguran ser la corriente verdadera). Los masones escoceses afirman provenir de la corriente escocesa (el escocés James Anderson escribió las Constituciones Masónicas en 1723), y por lo tanto son escoceses antiguos y aceptados. Los yorkinos, por su parte, dicen provenir de mucho más atrás en el tiempo, del rey Athelstan de York (antigua Inglaterra), y que él era heredero de la sabiduría del rey Salomón. La realidad es que se trata de una guerra de poder. Cuando los Estados Unidos se independizaron de Inglaterra, cerraron las logias que dependían de la Gran

Logia de Inglaterra —las logias "provinciales" o "sucursales", como la de John Johnson— y crearon su propia masonería para que ya no dependiera más que de ellos mismos. Eso es todo. Son los yorkinos. En palabras del distinguido masón Bro. Wm. F. Kuhn (1916): "El nombre 'Rito de York' es una herencia de los padres de la masonería en los Estados Unidos, que tenían más destrezas en los retoques rituales que en la historia de la masonería."

Pero como lo dice la historiadora María Eugenia Vázquez Semadeni: "En México son muy escasas las fuentes masónicas para la primera mitad del siglo XIX". En pocas palabras: sólo algunos lo han investigado.

Ahora retrocedamos para comprenderlo todo...

Era una mañana en la ciudad de México... el 1º de junio de 1825. El primer presidente de México, Guadalupe Victoria, le susurró a su acompañante, el ministro de Relaciones Exteriores, don Lucas Alamán:

—Los partidos encarnizan a los ciudadanos unos contra otros, fomentan el espíritu de discordia y dan entrada al influjo extranjero. Esto divide la opinión nacional, la deja sujeta a las inspiraciones de otros gobiernos porque no puede manifestarse una voz uniforme —y cerró los ojos—. Anatema, compatriotas a los que provocan la división. Desaparezca de entre nosotros todo odio personal.

Sonó la puerta. Al abrirse, ambos vieron a un sujeto relamido, de cabellos negros enchinados, cargando bajo su brazo un cúmulo de cartas y mapas de su autor favorito: Alexander von Humboldt. Les sonrió:

—Vengo enviado por el presidente de los Estados Unidos de América, John Quincy Adams, para ser el primer embajador aquí —y les mostró la carta. Decía en letras grandes: "To Our Great and Good Friends of the United Mexican States".

Ambos tragaron saliva.

Era Joel Roberts Poinsett.

Guadalupe Victoria, de forma discreta, se volvió hacia don Lucas Alamán, quien suavemente empezó a negar con la cabeza.

—Siéntese —le dijo secamente Guadalupe Victoria. Ambos ya sabían con quién se enfrentaban. Empezaron a sudar.

Dos horas después, Lucas Alamán recibió a Poinsett en su oficina.

—Sí, señor embajador, le escucho con atención —y en su escritorio observó los documentos viejos que estaba revisando: "Enviado estadounidense organiza desórdenes en Chile, Argentina y Rusia. Alerta Máxima". Cerró los ojos.

Poinsett se le aproximó por encima del escritorio:

—Queremos abrir un camino que conecte Misuri y Santa Fe, Nuevo México —y le deslizó un mapa—. Este camino representa todas las ventajas para mi país y también para el de usted —le sonrió—. Será un paso enorme para abrir el comercio hacia el oeste.

Lucas Alamán se ajustó sus lentes redondos. Observó los puntos en el mapa.

—Bueno, ¿esto significaría que ustedes penetrarían territorio mexicano?

—Eh, técnicamente, pero… Técnicamente no importa…

—No —y se levantó—. Los mexicanos tenemos otro punto a negociar con ustedes. Sabemos que quieren territorios que son de México, como Texas. Estamos definitivamente en contra de esas pretensiones. Si usted desea su camino a Santa Fe, primero firmen en ratificación el tratado de límites territoriales Adams-Onís que se pactó en 1819, y comprométanse a nunca jamás traspasar esa línea que termina en Luisiana.

El embajador se retiró a sus oscuros aposentos. Comenzó a dictarle a su secretario (22 de junio de 1825):

—¡Escribe una carta para Henry Clay!: "Los mexicanos están muy aprensivos en cuanto a nuestras intenciones sobre sus territorios de Texas y Nuevo México. Esto les hará posponer toda negociación sobre el camino a Santa Fe, hasta que la línea fronteriza quede ratificada según el tratado de 1818."

En los Estados Unidos, el secretario de Exteriores, Henry Clay, apesadumbrado, se dirigió a la alcoba del expresidente Andrew Jackson, entonces retirado. Le leyó la carta de su amigo Poinsett. Jackson la arrugó. La lanzó contra el muro. Le gritó a Henry Clay:

—¡La separación de Texas es inevitable! ¡Esa tierra será parte de los Estados Unidos! —y en el muro observó su amado mapa de Norteamérica—. ¡Los que habitan Texas habrán de rebelarse contra la anarquía del nuevo gobierno que tiene México, siempre proclive a la corrupción!

En México, Poinsett caminó con lentitud. Le dijo a su secretario (5 de agosto de 1825):

—Creo importante extender [nuestro] territorio [de los Estados Unidos de América] hacia el río del Norte [el río Bravo o río Grande], hasta el río Colorado o por lo menos hasta el Sabina, siendo importante tener sobre la frontera un núcleo de colonos de la vigorosa raza blanca —y le sonrió a su moreno sirviente—. ¡Debemos enviar colonos! ¡En carretas! ¡Deben instalarse colonias de americanos de raza blanca en todos esos territorios mexicanos… y luego promover su separación! Con el tiempo llegarán a rebelarse.

Su sirviente asintió con la cabeza.

—Como usted diga, jefe.

—Debemos emplear la masonería —le dijo Poinsett—. No escriba eso.

Tres años después, Poinsett le dijo a su querido Taylor:

—Simplemente no logro quitarme de encima a ese gordo de Lucas Alamán, el secretario del Interior. ¡Alamán es el mayor estorbo en México para los Estados Unidos! ¡Aun separado del cargo, está bloqueando todos mis proyectos! —y miró hacia la ventana—. ¿Cómo se deshace uno de un gordo de lentes?

Y dictó, en esos años, una serie de cartas a su secretario:

—¡Anota esto para Clay! (21 de octubre de 1826): "Guerrero es un hombre inculto, pero posee un excelente talento natural" —y levantó la mano—. Escriba esta otra para el general Guerrero (28 de octubre de 1827): "Usted sabe cuánto deseo verlo colocado en un puesto que tanto ha merecido por sus servicios a favor de la libertad. Éste es el deseo que me ha hecho escribir en esta ocasión". ¡Escribe! ¡Carta a Johnson! (22 de febrero de 1828): "El general Guerrero, que será el próximo presidente, si es que vive, me ha hecho grandes ofrecimientos; pero yo no renunciaría a mi país para convertirme en el emperador de México" —y se volvió hacia su dócil escriba.

Escuchó proclamas en la calle. Una multitud comenzó a arrojar trapos en llamas hacia su ventana, untados en brea. Le gritaron:

—¡Fuera Poinsett! ¡Fuera españoles! ¡Fuera sociedades secretas! ¡Fuera Poinsett! ¡Fuera españoles! ¡Fuera sociedades secretas!

El secretario del embajador le dijo:

—¡Señor! ¡Éste es el levantamiento de Nicolás Bravo, vice-presidente de México! ¡Quieren que usted se vaya de aquí! —y le mostró la proclama—. Se llama Plan de Montaño. Lo consideran a usted organizador del movimiento masónico yorkino, al cual acusan de ser una sociedad secreta que conspira contra los intereses de este país. Por cierto, Nicolás Bravo es el líder del movimiento masónico escocés, los enemigos de usted.

Afuera, los manifestantes también gritaron:

—¡Fuera Gómez Pedraza!

Gómez Pedraza era el secretario de Guerra.

Pasaron meses. El atormentado primer presidente de México, Guadalupe Victoria, terminaba su gobierno con una deuda de 34 millones de pesos —préstamos pedidos a Inglaterra—, pero todo estaba "relativamente tranquilo". De acuerdo con la Constitución de 1824, ahora correspondía llamar a elecciones para que los mexicanos nombraran a un nuevo presidente (sería el segundo de México). Los candidatos fueron el prócer de la Independencia, Vicente Guerrero, amado por las masas pobres; el exsecretario de Guerra, Manuel Gómez Pedraza, y un tercero al que "nadie pelaba": Anastasio Bustamante, un expartidario de los yorkinos, ahora arrimado al grupo escocés o conservador —masones enemigos de Poinsett—.

Fue el primer fraude electoral en la historia de México.

Todo iba bien hasta el 11 de septiembre de 1828, diez días después de efectuarse los comicios. En ese momento iban a darse a conocer los resultados. En el Congreso, el presidente de la Cámara gritó:

—¡Señores! ¡Recuerden que nuestra Constitución aprobada en 1824 determina que, al igual que en los Estados Unidos de América, la victoria electoral se determina no por el número de votos del pueblo, sino por el número de votos aquí, por parte de ustedes, delegados representantes de las legislaturas regionales ante este Congreso, que son en número 36! ¡Tomado esto en consideración, el ganador, por 11 contra 9 votos y contra 6 votos, es el exministro de Guerra, Manuel Gómez Pedraza!

—Esto es una traición... —se dijo, en el distante Veracruz, el caudillo Antonio López de Santa Anna—. ¡Esto lo tenemos que resolver! ¡El presidente va a ser Vicente Guerrero!

—Pero la Constitución establece que...

—¡A mí no me importa la Constitución! —y arrojó el mamotreto contra el muro veracruzano—. ¡Decreto un plan para desconocer estas elecciones amañadas! ¡El ganador sólo puede ser el generalísimo Vicente Guerrero, amado por el pueblo, y amigo del embajador Joel R. Poinsett! —y le mostró a su auxiliar la proclama. Decía: "Plan de Perote"—. ¡No nos queda otro recurso que el derecho sagrado de la insurrección! ¡No admitiremos a Manuel Gómez Pedraza como presidente ni como vicepresidente! ¡Ni madres! ¡Nos levantamos en armas!

Se levantaron en armas.

Santa Anna se dirigió hacia Oaxaca. Mientras tanto, en la ciudad de México, su amigo y compañero de hermandad masónica del rito yorkino controlado por Poinsett, Lorenzo de Zavala (entonces exgobernador del Estado de México), junto con el también yorkino José María Lobato, condujeron a una masa de ciudadanos ante los muros de la prisión de La Acordada, frente a la moderna Alameda, para levantar sus carteles. Los amotinados gritaron:

—¡Viva Guerrero! ¡Viva Lobato! ¡Viva más lo que arrebato!

Reventaron las puertas del edificio:

—¡Adentro hay pólvora, municiones, armamento! —le gritó el coronel Santiago García, del Batallón de las Tres Villas, a Lobato (justo lo que necesitaban para un golpe de Estado).

En su oficina, el aún presidente Guadalupe Victoria se llevó la mano a la cara. Comenzó a negar con la cabeza.

—Estos hombres están desconociendo la Constitución.

Oculto tras un balcón, el exsecretario de Guerra y entonces ganador de las elecciones, don Manuel Gómez Pedraza, observó la turba. Se dijo a sí mismo:

"El palacio se está llenando de toda clase de gentes... el gobierno es débil, sin prestigio... El gobierno de México no es ya ni un simulacro de poder", y cerró los ojos. Se volvió hacia su aterrorizada esposa:

—Han pasado dos horas y no se ha dictado la más leve disposición.

Ella le dijo, temblándole la cabeza:

—¿Qué va a hacer usted ahora, señor presidente electo...?

Gómez Pedraza tragó saliva.

En La Acordada, los amotinados ya estaban en poder del fuerte, adueñándose de las armas del gobierno. Todos ellos dirigidos desde el centro masónico yorkino por Joel R. Poinsett.

Los visitó un joven de 34 años, José María Tornel y Mendívil, secretario particular del presidente Guadalupe Victoria. Les dijo:

—Amigos queridos, saben que yo soy hermano de la logia India Azteca No. 18, también yorkino igual que ustedes. Les suplico, por amor a México, deponer las armas. Guarden la Constitución. ¡El presidente elegido en estos comicios, conforme a la Constitución de 1824, es el general Manuel Gómez Pedraza!

Le lanzaron piedras.

—¡Lárgate, cabrón! ¡Sáquenlo, pinche secretario!

El exgobernador Lorenzo de Zavala, amigo de Poinsett, les dijo a sus hombres:

—¡General Lobato! ¡Usted asegúrese de mantener la Ciudadela! ¡Coronel Santiago García, usted llévese gente hacia el centro, para tomar el Palacio de Gobierno! ¡Yo me haré cargo de esta fortificación y del Hospicio de los Pobres!

En el Palacio Nacional, dentro de la redonda sala del Congreso —cuyo techo tenía un triángulo con un ojo masónico que "todo lo veía"—, el presidente Guadalupe Victoria, con la cara hacia el suelo, les dijo a los diputados:

—Tenemos todo bajo control. Los amotinados no van a tomar este Palacio. Estense tranquilos —y sintió la explosión de una bomba a sus espaldas. Cerró los ojos.

Anocheció. Todos se preguntaban dónde estaba el entonces presidente electo, don Manuel Gómez Pedraza. En la oscuridad, disfrazado, el exsecretario de Guerra trotó, bajo un sarape, entre los matorrales. Se escabulló primero a Guadalajara, y luego a Francia, y acabó en Nueva Orleans, Estados Unidos, protegido por el gobierno yanqui.

En la ciudad de México los amotinados siguieron saqueando el centro de la urbe, pintando los edificios, vomitando en los mismos. Levantaron sus antorchas encendidas. Comenzaron a lanzarlas hacia el gran mercado del actual Zócalo —llamado El Parián, de aspecto filipino.

—¡Muera el señor Pedraza! ¡Muera el hombre que capturó a José María Morelos! ¡El único presidente electo es Vicente Guerrero, el amado por el pueblo! ¡Viva el embajador Poinsett! —y las llamas comenzaron a destruir el mercado desde adentro.

En su oscura casa, el embajador de los Estados Unidos se sonrió a sí mismo. Le dictó a su secretario:

—Escribe. Carta para el notable e insigne don Antonio López de Santa Anna: "Lo felicito, amigo mío. Usted ha hecho desde Veracruz un gran trabajo para levantar al pueblo oprimido".

Pasó un mes. El 12 de enero de 1829 los diputados en el Congreso, en el Palacio Nacional, proclamaron:

—Se decreta nombrado presidente de México al prócer y libertador Vicente Guerrero, amado por el pueblo, y como vicepresidente, a don Anastasio Bustamante.

—¡Pero él no ganó las elecciones!

—¡Eso no importa, maldita sea! ¡Sáquenlo!

El presidente Guadalupe Victoria recordó con dulzura su plan del 30 de diciembre de 1827, hacía exactamente un año, para prohibir las reuniones secretas masónicas: "Artículo 1: El supremo gobierno hará iniciativa de ley al Congreso General de la Unión, para la exterminación general en la República de toda clase de reuniones secretas, sea cual fuere su denominación y origen".

Recordó cómo, apenas unos días después, el 7 de enero de 1828, a las 3:00 de la mañana, el estado de Veracruz emitió el siguiente proyecto de ley: "Cesará en la República toda clase de reunión secreta masónica, sea cual fuere su rito, y denominación de origen".

La ley federal antisociedades secretas se había hecho oficial el 25 de octubre de 1828, pero no sirvió de nada.

157

Los ingleses en México protestaron ante los Estados Unidos, acusándolos del golpe en el país. El Departamento de Estado estadounidense contestó:

> Se acusa que Mr. Poinsett organizó en su propia casa la primera reunión de los yorkinos [...]. Cuando el Sr. Poinsett llegó a México, había muchas logias del rito escocés, y cinco del rito yorkino [...], los oficiales de esas logias le pidieron enviar una solicitud a la Gran Logia de Nueva York para que les diera sus cartas constitutivas [...] para erigir la Gran Logia de México [...]. La solicitud fue cumplida. Las cartas fueron enviadas y recibidas, y la Gran Logia Mexicana fue instalada por Mr. Poinsett en su propia casa [...]. [Pero] Mr. Poinsett no estaba enterado de que un gran alboroto existiera en el país [...]. Lo acusan también de haber participado en el tumulto de Lorenzo de Zavala [...]. Don Lorenzo de Zavala fue el primer amigo que Mr. Poinsett tuvo en México [...]. [Pero] Mr. Poinsett no tuvo ninguna influencia en generar esa revolución.

Se escuchó una carcajada...

Siete años más tarde, en 1836, el patriótico Lorenzo de Zavala instigó la separación de Texas y logró arrancar ese territorio de México, y fue nombrado vicepresidente de ese "nuevo país", por lo cual fue felicitado por Joel R. Poinsett y por los dirigentes de los Estados Unidos de América. Hoy Zavala tiene su nombre asegurado en la historia de los Estados Unidos, en la cual se le considera un héroe. Está inmortalizado en el Lorenzo de Zavala State Archives and Library Building (la Comisión de los Archivos y Biblioteca del Estado de Texas), y tiene su brillosa placa en la Zavala Plaza, Harris County, Texas, donde lo veneran por separar a México. Extrañamente, aquí se le idolatra. Los mexicanos desconocen la historia de este hombre.

Pero retrocedamos a ese día fatídico, el 4 de diciembre de 1828, cuando los amotinados fueron llevados por Lobato hacia el centro para tomar el Palacio Nacional. Los arreó por la avenida San Francisco, a un lado de la Alameda (actual avenida Juárez). Cuando Lobato vio el bello edificio hecho de azulejos amarillos y azules (el actual Sanborns de los Azulejos), les dijo:

—Vamos a fastidiar a estos traidores. ¡Alisten los cañones de calibre 12!

Trotó hacia la puerta. Era la casa del antiguo teniente Andrés Suárez Peredo, destacado en 1814 por su lucha contra los insurgentes. Adentro, en la sala, el entonces respetable don Andrés Suárez, en su sillón, observó el diploma que le dio el virrey Félix María Calleja. Decía: "Y muy señaladamente el referido Peredo, que por su celo y actividad me fue muy útil en la expedición [...]. Dios guarde a V. E. muchos años. México 10 de marzo de 1814 — Exmo. Sr. Virrey D. Félix María Calleja."

Escuchó los horribles gritos en la calle:

—¡Abra usted o tiro la puerta a cañonazos, pinche puto! —era un soldado del teniente Mateo Palacios, hombre de Lobato.

Peredo —exconde del Valle de Orizaba—, tembloroso, se volvió hacia su esposa Dolores Caballero de los Olivos, ajuareada con sus delicadas joyas que en ese momento deseó esconder.

El señor Suárez Peredo caminó hacia el balcón. Observó a los muchos soldados. Parecían hienas. Abajo estaba Mateo Palacios, quien le gritó:

—¡Abran, maldita sea! ¡Tengo aquí un cañón calibre 12! ¡El presidente electo ahora es Vicente Guerrero, no su amigo Gómez Pedraza!

Peredo tragó saliva.

—Voy a abrir —le dijo a su esposa.

—¡No abras! —lo aferró ella.

—Tengo que hacerlo. Si no, ellos van a volar el muro.

Peredo observó en la distancia el humo del mercado del Parián. El mercado que había durado siglos ahora estaba convirtiéndose en cenizas. Vio otras partes de la ciudad en llamas. Miró el fuerte de La Acordada, frente a la Alameda. Negó con la cabeza.

—Esto no va a cambiar —se dijo. Se volvió hacia el palacio donde estaba la embajada de los Estados Unidos—. Ahí está el verdadero poder.

Abajo, su mayordomo abrió la puerta de pesados maderos. Entraron en tropel tres militares seguidos por el ejército: el oficial Morales, el teniente Palacios y el artillero Estevan Vargas.

El exconde comenzó a bajar las enormes escaleras de piedra.

—¡Esperen! —intentó calmarlos—. No dañen a mi familia —y miró arriba el vitral de colores que hoy persiste en el actual Sanborns de los Azulejos. Caminó hacia abajo, seguido a trotes por su bella hija María Josefa. Con su guante blanco detuvo al teniente Palacios—. Si lo que desean son los armamentos que tengo aquí, puedo darles dos cajones de municiones y dos fusiles que tengo en la azotea, si me acompañan —y señaló hacia arriba.

El teniente Palacios lo miró fijamente. Con agresividad, le sonrió a la hija de don Andrés Suárez Peredo. Sujetó a éste por el cabello:

—¡Tú no me engañas, miserable! ¡El presidente electo es Vicente Guerrero! —y le metió su sable por el tórax. La señora Dolores comenzó a gritar desde arriba:

—¡Mátenme a mí! ¡Mátenme a mí!

Las hijas de Peredo se arrodillaron, arrastrándose a los pies de Mateo Palacios, llorando.

—¡Mátennos a nosotras! ¡No maten a mi padre!

La sangre del exconde ya estaba comenzando a chorrear por los escalones de roca, hacia la planta inferior. Estaba muerto.

Vicente Guerrero se volvió presidente, pero él mismo iba a ser también víctima de un complot masónico. Su propio vicepresidente habría de dar la orden, con ayuda de sus hermanos yorkinos, para asesinar al hombre que fue libertador de la nación.

Viva México.

Posdata: "La patria es primero" (frase de Vicente Guerrero cuando su padre estaba arrodillado ante él).

México iba a vivir aún tres décadas más de inestabilidad y golpes de Estado hasta la época de Benito Juárez…

JUÁREZ

LA REPÚBLICA ITINERANTE

Pedro J. Fernández

Benito Juárez y Margarita Maza no tuvieron una vida fácil.

Aun antes de casarse, él tuvo que huir de Oaxaca por problemas políticos que lo perseguían, más tarde tuvo que salir del país porque el villano favorito del momento, Antonio López de Santa Anna, lo mandó al exilio; luego sucedió lo mismo durante la Guerra de Reforma. Fue un matrimonio de encuentros y desencuentros, pero en el que, sobre todo, persistió el amor. Sin importar la opinión que podamos tener de don Benito (y vaya que últimamente ha sido visceral), no podemos negarle el hecho de que haya sido un buen padre y esposo.

Pues bien, don Benito sabía de sobra que el país no había encontrado la paz después de terminar la Guerra de Reforma, pues los conservadores seguían dando lata para recuperar los fueros y privilegios que había perdido la Iglesia católica. Por ello, decidieron instaurar un segundo imperio en México. Estos hijos de su p...atria preferían un gobierno extranjero con tal de que fuera conservador, a tener uno liberal, pero mexicano. El primero de ellos fue el hijo del generalísimo Morelos, Juan Nepomuceno Almonte. Una comitiva de hombres conservadores fue hasta Francia, y los franceses ya medio la tenían con México por no haber pagado el asunto aquel de la Guerra de los Pasteles (entre otras cosas).

Mientras tanto, en México, Benito Juárez se dio cuenta de que al país ya le estaba pasando factura el haber luchado en tantas guerras, pues no sólo tenía deudas enormes, sino que no había dinero de los impuestos, mucho menos para gobernar de una forma decente. ¿Qué otra le quedaba más que detener el pago de la deuda a Francia, Inglaterra y España? Simplemente no había con qué...

Total, que para no hacer el cuento muy largo, los tres países llegaron al puerto de Veracruz a finales de 1861, con la idea de amagar el poco comercio que le quedaba al Estado. Ahí desembarcaron con sus tropas. La situación, francamente, era tensa. México venía saliendo de una guerra, no podía enfrentar la situación de un país, mucho menos de tres.

Juárez mandó a Manuel Doblado, ministro de Relaciones Exteriores, a negociar con los tres países. ¡Había que llegar a un acuerdo por el bien de México! Y eso sucedió con la firma de los Tratados de la Soledad. Juan Prim firmó como representante del gobierno español, lord John Russell como representante del gobierno inglés... ah, pero los franceses no venían, tal cual, a cobrar su deuda, porque ellos ya estaban en tratos con los conservadores. Además, en Napoleón III nacían unas ganas terribles de tener poder en México. ¡Estaban listos para pelear!

Los Tratados de la Soledad se firmaron en febrero de 1862, pero los franceses avanzaron sobre territorio mexicano. ¡El miedo que ha de haber sentido don Benito cuando se enteró de que estaba en riesgo de una invasión! Actuó rápido, nombró a Ignacio Zaragoza como jefe del Ejército de Oriente. El plan era defender la ciudad de Puebla de los invasores. ¡Vaya que se armó un ejército! Apoyado por el general Canales y por el mismísimo Porfirio Díaz, lograron dar pelea. La contienda ha pasado a la historia como la Batalla del 5 de mayo, y sobra decir que fue uno de los momentos más gloriosos de la historia mexicana.

Ese día, Benito Juárez recibió un parte donde se leía: "Las armas nacionales se han cubierto de gloria", pero no sabía que aquel momento de felicidad era sólo temporal, pues los franceses no iban a dejar el país así nada más porque sí. Ellos habían llegado para quedarse, por lo que no se rindieron y menos de un año después volvieron a Puebla. Esta vez no estaba Ignacio Zaragoza para defenderlo, pues el pobre había muerto a meses de su gran triunfo. Los franceses sitiaron la ciudad por semanas, reduciendo el cerco cada vez más, hasta que los generales mexicanos no tuvieron más opción que rendirse. Se les ofreció que firmaran un documento en el cual aceptaban no luchar en contra de los enemigos, pero aquéllos no lo firmaron. Entonces, se les encerró en una casa con la idea de enviarlos a una prisión en Francia.

Porfirio Díaz era uno de esos generales, y cuenta en sus memorias cómo sucedieron los hechos, y también cómo se disfrazó para salir de la casa en Puebla. Huyó a la ciudad de México, donde se encontró con Benito Juárez, pero no pudo hablar mucho tiempo con él, pues el presidente sabía que el enemigo estaba cerca de la capital, que sería sólo cuestión de días para que los franceses tomaran la ciudad de México.

Tenía que salvar a su esposa y a sus hijos, pero también a sí mismo, pues era el representante de la república. A donde fuera él, iría el poder del país. Por lo tanto, cuando se subió a aquel carruaje negro para escapar de las huestes francesas, aquel carro se volvió la república itinerante.

Yo creo que a los mexicanos siempre nos ha gustado esa historia maravillosa de don Benito, heroico, montado en coche de caballos, resistiendo al Segundo Imperio Mexicano. Incluso fue dramatizada en una popular telenovela emitida en 1972 que justo llevaba el nombre de *El Carruaje*, curiosamente el primer melodrama transmitido a color.

Desde luego, la vida de un presidente de México que se encuentra a salto de mata es muy diferente a la de un actor en foros de televisión, pues Benito Juárez comprendía muy bien su posición. Cualquiera de los hombres que viajaban con él, alguno de los miembros de su escolta militar, incluso los gobernadores que lo recibían con los brazos abiertos podían ser traidores en potencia. En cualquier descuido podían ser envenenados, o revelar su posición al enemigo… y es que Napoleón III no tardó en enviar a la pareja que habría de estar a cargo de su loca imposición: Maximiliano de Habsburgo y Carlota de Bélgica. Y los dos habrían estado muy felices si hubieran podido deshacerse de esa piedra en el zapato llamada Benito Juárez.

La república itinerante se movió por el Bajío y por el norte del país principalmente; debía alejarse lo más posible de la capital y de las ciudades que estaban en manos del enemigo. No podían quedarse mucho tiempo en algún lugar, so pena de que los descubrieran.

De todas maneras, mal no la han de haber pasado Benito y Margarita, pues ella se embarazó mientras se encontraban itinerando. Quién sabe, a lo mejor el peligro es un poderoso afrodisiaco para todos aquellos gobernantes que se encuentran en guerra. Y así, panzona, Margarita tuvo que moverse de un lado al otro. Aquél era un riesgo no sólo para ella, sino para el bebé que venía en camino, por lo que Benito Juárez consideró mandarla fuera del país.

Quizás en aquellos momentos su amigo más cercano fue el propio Sebastián Lerdo de Tejada, con quien platicaba largamente sobre política, y tomaba decisiones de gobierno y militares que habrían de mantener viva a la república, pero era difícil hacerlo sin recursos y con un ejército extranjero ocupando sitios clave.

Luego Margarita dio a luz y sucedió lo impensable. Cerca de San Luis Potosí, a unos metros de donde ellos se encontraban, vieron una explosión, supieron que estaba destinada a ellos, y decidieron apurar la salida de Margarita a Estados Unidos. Ella cruzó la frontera, viajó a Nueva Orleans, tomó un barco a Nueva York y permaneció ahí algunos días en casa del esposo de su hija mayor, un poeta cubano de nombre Pedro Santacilia.

A partir de ese momento, los franceses arreciaron sus ataques, pero los republicanos no claudicaron en su intento por recuperar el país. Por más que cayeran ciudades importantes, como Oaxaca, la lucha persistía, los militares mexicanos sacaban carabinas, fusiles y pistolas de donde podían, y volvían a las andadas. Sin esperanza alguna de triunfo, arriesgaban la vida por el bien de su país.

Y si Estados Unidos no había ayudado a México era porque ellos estaban luchando su propia guerra civil, una que terminaría con el triunfo del norte y que provocaría que su presidente, Abraham Lincoln, fuera asesinado en un teatro.

La situación se volvió tensa, el Segundo Imperio parecía triunfar sobre la república y Maximiliano, para asegurarlo, promulgó una ley marcial en la cual si un grupo de hombres era sorprendido en tramas políticas o militares, sería pasado por las armas sin juicio alguno.

Era una ley cruel, pensada más para infundir temor que para bañar al país en sangre, pero aquello no resultó. Me imagino a Benito Juárez leyendo la ley del 3 de octubre de 1865 mientras se ríe, pues una orden así nunca ha doblegado el espíritu de lucha mexicano, y nunca podrá hacerlo.

La libertad de México aguantaría lo mismo que sus generales y el valor de su república itinerante.

Benito Juárez y Margarita Maza compartieron cartas interesantísimas durante ese periodo, recopiladas y estudiadas por la doctora Patricia Galeana. Estas letras revelan el estado mental de ambos personajes, a veces llenos de esperanza por el triunfo de la república, y en otras ocasiones completamente desesperados.

Fue a través de estas cartas que Benito Juárez se enteró de la muerte de dos de sus hijos, uno de ellos el que había nacido poco antes de que Margarita se fuera al exilio. ¡Qué impotencia ha de haber sentido don Benito al no poder velar a su carne y sangre, y no poder consolar a Margarita en aquellos momentos tan difíciles! ¡Qué complicados para Margarita los espacios largos en los que no recibía cartas de su esposo, y le llegaban rumores de que sus enemigos lo habían capturado!

Eventualmente, Margarita cambió de residencia a Washington, donde logró entrevistarse con el nuevo presidente de los Estados Unidos e interceder a favor de su esposo. Con un vestido sobrio y una dignidad insuperable, acudió a la Casa Blanca a explicar la situación de México. Sin tener un cargo oficial, Margarita llevó a cabo mejores labores diplomáticas que muchos embajadores. Además, no aprovechó su tiempo en el exilio para perderlo en fiestas o actividades banales. ¡Todo lo contrario! Se preocupó por recaudar fondos y armas que sirvieran a la causa. Es una lástima que siempre veamos a Margarita a la sombra de don Benito, porque ella es una heroína por derecho propio. Sin duda, es una de las grandes mexicanas que hicieron historia.

Napoleón III no podía mantener un imperio que no quería serlo, la costosa guerra que estaba librando en México no podía durar por siempre, y le mandó decir a Maximiliano que se preparara, porque iba a retirar las tropas francesas de México. Aquel anuncio fue el principio del fin para el gobierno de Maximiliano y para la república itinerante de Benito Juárez. También llevaría a la emperatriz Carlota al borde de la locura, pues emprendería un viaje a Europa para pedirle ayuda al Santo Padre, pero ella nunca habría de volver.

El retiro de tropas francesas debió ser una bocanada de aire fresco para Benito Juárez, para sus amigos cercanos, y para todos los militares que arriesgaban la vida todos los días por mantener vivo el sueño de tener una república liberal.

Poco a poco, los militares republicanos empezaron a ganar plazas, a recuperar ciudades. Sin las tropas francesas, la cosa era fácil, aunque los militares conservadores estaban dispuestos a seguir dando lata con tal de mantener vivo un ideal ya muerto. Es por eso que Benito Juárez les ordenó a sus militares que pasaran por las armas a todos los enemigos, pero uno de sus hombres no cumplió con este mandato, al menos no completamente. Estoy hablando de Porfirio Díaz.

Porfirio no estaba de acuerdo con fusilar a los soldados franceses que quedaban en México, puesto que no los consideraba

171

traidores, sino hombres que seguían los mandatos de sus generales. A ellos no los fusilaba. A los mexicanos conservadores, que habían luchado por la imposición de un monarca extranjero en su propio país, sí. Aquello, desde luego, ayudó a que Porfirio Díaz se consiguiera varias simpatías, pero no la de Benito Juárez, quien comenzó a molestarse con él... y finalmente encontraría la manera de hacerlo pagar por su atrevimiento.

Así pues, conforme Porfirio Díaz iba tomando plazas y Mariano Escobedo perseguía al emperador Maximiliano, quien, derrotado, había emprendido la huida de la capital del país, la república itinerante comenzó a moverse hacia la ciudad de México. El emperador se sabía derrotado sin el apoyo de Napoleón III, de su madre, y de su esposa, pero no estaba dispuesto a abdicar. De alguna forma sufrió un destino similar al de Benito Juárez y se volvió representante de un imperio itinerante.

En cuestión de semanas el destino de México quedó definido. Mariano Escobedo logró sitiar al emperador Maximiliano en Querétaro para que éste se rindiera. Porfirio Díaz vengó el sitio de Puebla al hacer lo mismo y ganar la ciudad en favor de la causa republicana, lo que permitió que tuviera el paso abierto para tomar la capital del país. Pues bien, sitió la ciudad de México, hasta que capituló en su favor. Porfirio había estado ahí cuando la república era un solo hombre que viajaba en un carruaje negro, lo vio partir en compañía de su esposa Margarita. Esta vez lo vería regresar solo, acabado, canoso.

Dicen que al triunfar sobre la ciudad de México, Porfirio Díaz no permitió que se izara la bandera en la Plaza de la Constitución hasta que llegara Benito Juárez, y que preparó cuidadosamente la entrada para que el presidente fuera la estrella de todo el desfile. Benito Juárez también creía que él mismo era la estrella, y no estaba dispuesto a concederle honor alguno a Porfirio Díaz. Así, mientras la gente gritaba vivas a Benito Juárez, y salía a los balcones a saludarlo, se dieron cuenta de que en la comitiva del presidente faltaba una persona muy importante: Díaz. El mismo Díaz que estaba siendo castigado por no fusilar a los franceses. Don Benito llegó a la Plaza de la Constitución y ahí izó la bandera de México, con lo cual habría de empezar una era que los libros de texto han idealizado por muchísimos años; un periodo conocido como República Restaurada.

Así es más o menos como termina esta historia de la república itinerante. Sobra decir, por supuesto, que Maximiliano fue enjuiciado y ejecutado en el Cerro de las Campanas (junto a Miguel Miramón y Tomás Mejía) al grito de ¡viva México! Margarita Maza volvería al lado de su esposo gracias a la ayuda de un barco del gobierno de los Estados Unidos que ofreció sus servicios. Sebastián Lerdo de Tejada y Porfirio Díaz serían presidentes. La emperatriz Carlota viviría hasta después de la Revolución Mexicana y la Primera Guerra Mundial; moriría en Bélgica.

Sin embargo, la historia de cómo la república itinerante logró burlar un imperio y sobrevivir a las adversidades se mantendría viva hasta nuestros días, como un ejemplo del valor y el coraje que enfrentaron Benito Juárez y Margarita Maza a favor del México que tanto querían.

OPERACIÓN JUÁREZ

Leopoldo Mendívil

Durante años hemos crecido creyendo que Benito Juárez venció solo a los franceses y a Maximiliano. Prepárense para un relato que no está en (la mayoría de) los libros de historia. Conozcan la mano de los Estados Unidos.

Si son amantes del cine, entonces sabrán qué es *Ben-Hur*: una película ganadora de 11 Óscares en 1959 (incluyendo Mejor Película), protagonizada por Charlton Heston, basada en una fastuosa novela escrita en 1880 sobre Jesucristo y dos hermanos que se peleaban al estilo Caín y Abel. En 2016 hicieron un *remake* que fue un fracaso de taquilla. Pues les tengo una noticia:

Ben-Hur y Benito Juárez —sí, nuestro prócer, nuestro héroe patrio, nuestro segundo ente religioso más venerado después de la Virgen de Guadalupe— están conectados: los hizo "el mismo".

¿Los hizo "el mismo"? —se preguntarán—. Pues sí: los hizo el mismo. Los produjo el mismo. Los "creó" el mismo: a uno como presidente, y a otro como personaje.

Apuesto que 99.99% de los que están leyendo esto por primera vez no tienen idea de qué estamos hablando. Es hora de saber la verdad.

Era una mañana soleada en los Estados Unidos (agosto de 1864) cuando el general Ulysses Grant, con su traje militar embarrado de lodo con sangre, caminó sobre los muchos cadáveres de sus propios soldados. Eran cientos, miles, acribillados por otros estadounidenses provenientes de los estados del sur. Estaban viviendo la peor de las guerras de la historia de los Estados Unidos: su Guerra Civil. Recibió a uno de sus mensajeros:

—Estos rifles St. Étienne —y le mostró a Grant el largo fusil— los están enviando desde Francia para los rebeldes. Napoleón se los está mandando a los confederados del sur a través de México, por medio del emperador Maximilian.

Ulysses Grant revisó el arma fabricada en las cercanías de Lyon, Francia.

—Maldito Maximilian...

¡Sí! ¡México proporcionó armas a los confederados del sur para que se separaran de los Estados Unidos en su mentada Guerra Civil! ¡Y el traficante fue Maximiliano! Desde 1812, cuando México se estaba independizando, Inglaterra había intentado algo parecido: ayudó a los indios shawnee, lenape, kickapoo y potawatomi para que formaran un país en los actuales estados de Ohio, Wisconsin, Pennsylvania, Nueva York, Michigan, Illinois, Minnesota e Indiana, con el fin de que los Estados Unidos nunca llegaran a formarse como son ahora. Fue la última venganza británica abierta para castigar a los yanquis por independizarse. La nación amerindia protegida por Londres iba a llamarse Confederación de Tecumseh.

En 1863 los ingleses y los franceses habían creado una intriga formidable para sumir a los Estados Unidos en su Guerra Civil —en mucho por medio de la masonería—. Era el momento dorado: los europeos ya no tendrían que temer que los yanquis se expandieran como un monstruo devorando toda América y controlando el océano Atlántico. Mientras los gringos estuvieran metidos en esa guerra civil, los europeos podrían meter soldados a sus anchas y retomar al menos una parte del "nuevo" continente descubierto por Colón, en violación de la Doctrina Monroe: el país México, vecino inmediato de los *americains*.

Así fue como se "clavaron" los franceses en México: con el pretexto de una deuda tonta, el 10 de junio de 1863 ya había un general francés mandando en México como si fuera una colonia de Francia y el presidente mexicano Juárez andaba saltando en fuga.

En París, el orgulloso Napoleón III ya estaba coloreando en su mapamundi su nueva adquisición:

—¡México será una nación poderosa! ¡Controlada por Europa, será el contrapeso que necesitamos para frenar el desbordamiento incontrolable de los Estados Unidos!

En un flamante barco llegó su enviado a México: el joven de 31 años, Maximiliano de Habsburgo, hermano menor del emperador de Austria.

Todo aseguraba el éxito. La Guerra Civil rompería a los norteamericanos en dos, y Maximiliano, desde México, apoyado por Francia, ayudaría a Napoleón III a traficar las armas británico/francesas a los divisionistas del sur estadounidense. Si todo hubiera salido bien, los rebeldes sureños se habrían separado para siempre de la "Unión Americana", y habrían creado una nueva nación probritánica y profrancesa llamada Estados Confederados de América (de Texas hasta Virginia, un total de 11 estados). Los Estados Unidos actuales ya no existirían.

Pero el plan fracasó…

¿Qué sucedió? Los yanquis de Washington se sacaron un truco doble de la manga.

La primera parte del truco fue que les crearon a los ingleses un problema "en casa": promovieron una rebelión en Irlanda. ¿De dónde venía el dinero de esos revoltosos? De los Estados Unidos. Funcionó. Los ingleses sintieron el calambre "profundamente" y se salieron del complot ideado por Napoleón III. En ese momento sólo quedaban los franceses atacando a los Estados Unidos.

Sin el respaldo británico, los confederados se rindieron y ganó el norte de los Estados Unidos. El presidente Lincoln celebró el fin de la Guerra Civil, la "reunificación". Entonces ya nada detendría a los *States*. Iban a poder seguir expandiéndose por el mundo, tal como se temía en Europa, y se convertirían en la potencia mundial que tanto presagió Napoleón (acabó sucediendo).

Napoleón III sintió miedo. Sabía que los estadounidenses tenían conocimiento de que él había sido el conspirador que había apoyado a los sureños para poner una colonia en México, violando con ello la Doctrina Monroe que proclamaba "América para los americanos". Era consciente de que los yanquis, ya libres de su guerra civil, iban a ir con todo contra él para expulsar a las tropas francesas del continente americano y recuperar así "la plaza" llamada México.

Para empeorar las cosas, Lincoln (a través de su secretario de Estado, William Seward) envió un aviso/amenaza a Francia: "Quiten sus armas de América. América para los americanos" (en otras palabras).

Napoleón III recibió la amenaza y comenzó, con humillación, a sacar sus tropas de México. Estaba vencido. Su proyecto colonial americano se había ido al hoyo. Pero no accedió a sacar sus ejércitos de golpe. Esto molestó al Tío Sam, el cual no iba a esperar. La estrategia estadounidense para expulsar de México a Francia y a Maximiliano se llamó Operación Benito Juárez.

Fue en esta Operación Benito Juárez donde el escritor de *Ben-Hur* brilló como creador, y expulsó de México al ejército de Francia, y de paso derrocó a Maximiliano de Habsburgo, dejándole todo el crédito a Benito Juárez. ¿Cómo fue?

Apenas terminada la Guerra Civil de los Estados Unidos, el presidente Abraham Lincoln le dio una orden secreta al general Ulysses Grant: tan secreta que no debía comentar nada de ella a ningún otro miembro del gabinete. Grant se reunió con tres generales: William Sherman, Philip Sheridan y Lew Wallace. La reunión ocurrió en el suntuoso hotel Metropolitan. Les dijo:

—El presidente Lincoln me pidió explícitamente que esta operación sea en absoluto secreta. Ni siquiera el secretario Seward (Relaciones Exteriores) debe conocer sobre esto. Colocaremos a Benito Juárez, pero los ingleses no deben saber que será con armas nuestras, ni con dinero nuestro, o se unirán de nuevo a Napoleón III y nos declararán la guerra. Aún no estamos listos para empezar una nueva contienda.

Lew Wallace le mostró sus papeles.

—General, vamos a obtener el dinero de estas armas para el señor Juárez sin necesidad de recurrir a nuestro Congreso, ni a fondos federales estadounidenses. Se hará con Dewhurst y Emerson, y con Merritt, Walcott & Company, distribuidores de armamento. Lo sacaremos del bono de deuda que va a crear Carvajal con la Casa Corlies. Los mexicanos no van a saber que se ha contratado este bono, pero ellos nos lo pagarán con sus impuestos cuando Juárez se haya instalado como presidente.

Grant alzó una ceja.

—Muy bien, muy bien.

Lew Wallace comenzó a acomodar sus papeles.

—Treinta millones de pesos. Con eso vamos a poder pagar la fabricación con Remington y con Henry DuPont. Puedo adquirir 800 barriles de pólvora y explosivos a cambio de bonos que pueden ser valuados en 32 487 dólares. Aquí tengo la firma del embajador de Juárez, Matías Romero, autorizándonos a hacer esto (23 de junio de 1865) —y le mostró el papel—. La fabricación de las armas va a estar a cargo de Herman Sturm, de Indiana, y lo hará en secreto. Lo va a hacer con fábricas en Boston, Cincinnati, Cleveland, Indianápolis, Louisville, Nueva York, Pittsburgh y St. Louis.

—Muy bien. Muy bien —y lentamente se llevó un puro a la boca—. Dale el armamento a Benito Juárez para sacar a Maximilian. Todo esto debe ser en absoluto secreto. América para los americanos.

A cientos de kilómetros de distancia, el general Herman Sturm, de Indiana, junto con su hermano seis años menor, Frederick Sturm, se detuvo frente al edificio E. Remington & Son, fábrica de armamento.

Vestido como general, con su pipa traslúcida en la boca, comenzó a caminar hacia la puerta del inmueble. Sintió en los pies cómo retumbaban las máquinas.

Adentro, rodeado de empleados, el barbudo y millonario Philo Remington le colocó en las manos un hermoso prototipo de rifle a Herman Sturm. Le dijo:

—Francia nos acaba de pedir 200 000.

—No se los des —le sonrió Sturm—. ¡No debes darle armamento a nuestro enemigo! —y escuchó el rugido de las ensambladoras. Mordió su pipa—. Voy a necesitar 30 000 rifles —le dijo a Remington.

—¡¿Treinta mil?! ¿Vamos a estar en guerra?

—Es para México, para colocar en el poder a Benito Juárez. Es para ayudarle a sacar a Maximilian.

Remington permaneció callado. Caminó junto a Sturm.

—Muy bien —y asintió con la cabeza—. ¿Quién va a pagarme?

—Del dinero no te preocupes. ¡Esto lo van a pagar los mexicanos!

—Un momento… ¿Los mexicanos…? —parpadeó—. Pero están en guerra civil…

—¡Va a haber mucho dinero! ¡Te lo aseguro! —se llevó su pipa a la boca.

—Yo necesito un anticipo. Tengo que pagar los insumos. No puedo trabajar sin el acero.

Herman Sturm le sonrió.

—¡Tú confía en mí! ¡Endéudate! ¡Pide prestado! ¡Vamos a hacer el negocio del siglo! ¡Todo esto lo van a pagar los mexicanos en cuanto Benito Juárez esté en el poder! ¡Lo van a pagar con sus impuestos!

No fue el negocio del siglo.

Pasaron meses, años…

Herman Sturm caminó con paso de anciano, cojeando, hacia su entrevista con el entonces presidente de México, Porfirio Díaz...

—El presidente Díaz no va a poder atenderlo... y no va a pagarle a usted más de 210 854.50 dólares, y esto es sólo para que nos deje de chingar —y le dejó caer en la mano un fajo de "bonos", o "vales" del gobierno mexicano.

Sturm, alarmado, se enderezó. Comenzó a manosear los papeles.

—¿Qué es esto? ¡Esto no es dinero! ¡Con esto no puedo pagar lo que debo! ¡Construimos armamento por un valor de más de dos millones de dólares! ¡Ustedes deben pagármelo! ¡Todo eso ha generado miles de dólares en intereses! ¡Yo debo todo ese dinero! ¡El gobierno de los Estados Unidos no quiere pagarme!

—Confiaste en los mexicanos —le dijo su acompañante, el inversionista William Henderson, a quien Sturm debía gran parte del dinero.

Un mes después, ambos se presentaron en la Bolsa de Valores de Nueva York. William Henderson lo empujó a golpes, hacia las mujeres de las cajas de pago. A través de los gruesos barrotes dorados, Herman Sturm les pasó el fajo de los bonos mexicanos.

—Deseo que me cambie esto por dólares americanos —y le sonrió a la chica.

La mujer de trenzas rojas le sonrió:

—*What is this?* —y le arrojó los papeles a la cara—. *This is no money! Next!* —y señaló a los de atrás de la cola.

Empujaron a Herman Sturm y a William Henderson. Entonces, los dos, completamente quebrados, pensaron en suicidarse.

Henderson, sentado sobre el quicio de la banqueta, le dijo a Sturm, que estaba tirado junto al basurero público, llorando:

—La bolsa no nos va a dar por estos bonos más que un tercio de su valor marcado. Díaz nos estafó. ¡Juárez nos estafó! ¡El gobierno de los Estados Unidos también nos estafó! ¡Estamos envueltos en un mundo de mierda! (*A world of shit*).

A Herman Sturm le habían dado en México una concesión de ferrocarril, a modo de consolación, pero eso no le aligeraba las deudas. Al revés: necesitaba dinero para invertir en dicho ferrocarril.

Mientras tanto, en Chicago, el general Philip Sheridan (amigo de Lew Wallace y de Ulysses Grant), comenzó a redactar sus memorias. Escribió:

Durante el invierno y primavera de 1866 nosotros [los Estados Unidos] continuamos suministrando secretamente armamento y municiones a los Liberales comandados por Benito Juárez en México —enviándoles hasta 30 000 mosquetas sólo del arsenal de Baton Rouge— y para la mitad del verano, Juárez, habiendo organizado un ejército considerable en tamaño, tenía posesión de toda la línea del río Grande, y de hecho casi todo México bajando hasta San Luis Potosí. Mi envío del puente flotante a Brownsville [con soldados gringos invadiendo Matamoros] y estas demostraciones resultaron alarmantes para los imperialistas de Maximiliano, tanto que en Matamoros los soldados franceses y austriacos recularon, y prácticamente abandonaron todo el norte de México bajando hasta Monterrey.

Suavemente se volvió hacia los papeles sobre su escritorio. Las dos viejas cartas de su amigo, el general de Indiana,

Lew Wallace, responsable de la "Operación Secreta México" (ambas de diciembre de 1865) decían: "El presidente Lincoln me amonestó no mencionar el asunto [de la operación secreta de armamentos a México para Benito Juárez] al Sr. [William] Seward [secretario de Exteriores estadounidense]. ¿No es posible efectuar algo a través de un fondo secreto?, o ¿no se puede hacer un tratado de un préstamo secreto con México?"

Pasaron tres años más. El anciano Herman Sturm tuvo que pedir su último préstamo, esta vez a su hija Henrietta, sobre los estudios de su propia nieta Jennie. Con ese dinero pagó su último boleto hacia México, esta vez para —efectivamente— suicidarse.

Preparó todo. Llevó consigo una carta que le hizo el favor de escribir el general Lew Wallace —quien había sido el responsable de la Operación Benito Juárez— para entregársela directamente al presidente Porfirio Díaz y que se condoliera de Sturm y le pagara lo adeudado por el armamento para Juárez. La carta decía: "¿Acaso no valen para usted los servicios que proporcionó Herman Sturm? ¿Acaso no valen la libertad de su pueblo, por no decir la vida del México republicano? Este hombre [Sturm] se empobreció, y a su familia, y a muchos de sus amigos, en el trabajo al cual se dedicó [proveer de armas gringas a Benito Juárez]."

En México, el entonces anciano Porfirio Díaz, de densos bigotes blancos, leyó la carta. Frente al también envejecido Herman Sturm observó la firma del general de Indiana, donde decía: "Yours, General Lew Wallace, August 15, 1889".

El general Porfirio Díaz, presidente de México, cerró la misiva estadounidense, escrita hacía dos años.

Le susurró a su amigo Bernardo Reyes, entonces gobernador del estado de Nuevo León, con 38 años de edad:

—Me entristece tanto esta historia del pobre Herman Sturm… —y le dijo al estadounidense—. ¡Pinche gringo! ¡No vamos a darle ni madres! ¡Llévenselo!

Lo sacaron del Palacio Nacional.

De nuevo estuvo tirado en la plancha del Zócalo. Los mexicanos pasearon alrededor de Herman Sturm cuidando de no pisarlo.

Herman Sturm se arrastró por la plaza, con la luz roja del atardecer.

Una semana más tarde, de vuelta a su triste casucha de láminas en Denver, Colorado, completamente solitario, salió, apoyándose sobre sus bastones, hacia el desértico borde del acantilado para matarse en el cañón (el Cañón del Colorado, que 40 años antes había sido parte de México).

Caminó temblando, vestido con su carcomido traje de la Guerra Civil.

En el completo silencio observó el cañón: sus inmensas paredes de roca, donde pudo contemplar las edades geológicas de la tierra. Cerró los ojos. Comenzó a orar:

—*God in Heaven…*

Arrojó primero su bastón al abismo. Lo vio caer lentamente, en un vacío de 800 metros de altura, hacia los pequeños árboles junto al estruendoso río.

De pronto vio algo brillar en el abismo. Lo vio destellando en las rocas, junto al río. Abrió los ojos, asombrado.

—No puedo creerlo…

Lo que vio le cambió la vida, lo convirtió en uno de los hombres más ricos de los Estados Unidos. Era oro. Conoce la historia completa en *Secreto Maximiliano*.

Por su parte, el general Lew Wallace, estratega de la operación Benito Juárez que enredó en primer lugar a Herman Sturm para que se endeudara ordenando la producción de las armas para quitar a Maximiliano, se sintió devastado por lo que le había hecho vivir a su amigo.

Sabiendo que él mismo había sido el culpable de meterlo en ese agujero negro, se retiró a las montañas de Indiana para reflexionar, para escribir una novela. Su gran novela trataría sobre dos amigos, casi hermanos, uno de los cuales traiciona al otro, pero al final, con la intervención de Jesucristo, el traidor recibe el perdón.

La publicó en 1888 con el nombre de *Ben-Hur* y se volvió un éxito inmediato de ventas, superando a *La cabaña del tío Tom*. Para publicarla se cambió el militarista nombre Lew Wallace por el mucho más comercial Lewis Wallace, y como tal todos lo conocemos. Sturm, por su parte, no recibió para la posteridad más que el nombre de una mediocre calle en el centro de Indianápolis (la Sturm Avenue), por lo demás nadie sabe quién fue.

Así que la próxima vez que se paren frente a una de las millones de estatuas de Benito Juárez que existen en este país, piensen un poquito en Herman Sturm, en Ulysses Grant, en Abraham Lincoln, y en el *Secreto Maximiliano*:

Posdata: "Me siento tan amargado como usted sobre esta intromisión de Napoleón [III, al colocar tropas francesas en el continente americano, con su intervención en México y la entronización de Maximiliano]". General William T. Sherman. (Carta al general Ulysses Grant, jefe de los Ejércitos de los Estados Unidos, 1º de diciembre de 1866.)

"Los americanos están concentrando tropas en Monterrey. [...]. El rocío de balas de los fusiles de 16 tiros que ahora tiene el enemigo [los mexicanos juaristas], proporcionados a ellos por los americanos, es tan terrible que resulta difícil de describir." Carl Khevenhüller (comandante austrohúngaro al servicio de Maximiliano, 10-28 de mayo de 1865).

"Lo que el gobierno del norte [Estados Unidos] ha hecho últimamente es pedir a Napoleón [de Francia] que fije el tiempo en que ha de retirar sus tropas [de México] [...] y como éste [Napoleón] tiene un interés más grande que asegurar, que es la permanencia de su dinastía, poco le importa que se lleve el diablo a Maximiliano." Benito Juárez (presidente mexicano derrocado por Francia y suplido por Maximiliano; luego apoyado por los Estados Unidos sustituyó al emperador). (Carta a Bernardo Revilla, 24 de abril de 1866.)

La intervención de los Estados Unidos a favor de Benito Juárez hoy está prácticamente borrada de la historia oficial mexicana, pero consta en la reclamación internacional folio 676 de la Comisión de Reclamaciones México-Estados Unidos. Juárez fue un gran hombre, pero la verdad es la verdad.

BENITO JUÁREZ Y EL MUNDO DE LOS IMPERIOS

Juan Miguel Zunzunegui

¿Nos habremos construido a nosotros mismos con nuestra libertad, o seremos un producto de las circunstancias? Todo individuo se construye a sí mismo, y cada país también. En ambos casos, esta construcción, y que la misma resulte una fortaleza inexpugnable o una aldea derruida, depende de la combinación de estos dos factores. ¿Hacia dónde nos empujan las eventualidades, los factores externos, y qué cualidades o debilidades tenemos para enfrentarnos a ese mundo?

Como se ha expuesto, México nació más de la coyuntura mundial que de los planes, y el desarrollo subsecuente del país se enfrentó a las mismas circunstancias. Esto no ha cambiado en nada desde el derrocamiento de Iturbide hasta el del PRI. Un individuo que razona, reflexiona y domina sus emociones y pasiones tiene lo necesario para enfrentarse a las circunstancias del mundo; en cambio, el irracional, irreflexivo, pasional e iracundo será una veleta movida por los vientos. Con los países, formados finalmente por individuos, pasa exactamente lo mismo, y en el caso de México, pasional, iracundo e irreflexivo, el mundo y sus demonios siempre nos han lanzado de un lado a otro sin que podamos evitarlo.

Es importante reflexionar lo anterior para poder entender a cabalidad a Benito Juárez, al México en que nació y el que dejó al morir; el contexto que lo rodeaba, y las formas que tuvo el llamado Benemérito (aunque la mayoría de las personas ignoren qué es un benemérito y por qué Juárez supuestamente lo es) para enfrentarse, con el carácter que se construyó, al mundo en que le tocó vivir y gobernar México.

Benito Juárez nació en 1806, en una provincia remota de un reino llamado Nueva España; heredó como lengua el zapoteco, y su entorno era un pueblo pobre de pastores y agricultores indígenas en la sierra de una de las regiones con más discriminación de aquel lugar. En ese mismo año Napoleón Bonaparte derrotó a los prusianos y tomó Berlín, con lo que se convirtió en el hombre más poderoso de Europa, y los británicos, con su revolución industrial, se perfilaban como el imperio que dominaría el mundo.

En 1818 un Benito que no hablaba una sola palabra de español y, por supuesto, no sabía leer, partió de la sierra a la ciudad de Oaxaca, buscando casa, comida y posibilidad de estudiar. Para aquel año los británicos consolidaban su dominio sobre el gran continente del Indostán, y ya habían fabricado la primera locomotora; las guerras napoleónicas habían terminado, y Europa se reconstruía de ellas restableciendo las monarquías y creando imperios; es decir, conquistando colonias alrededor del mundo para tener los recursos necesarios que sustentaran la carrera industrial de cada país.

El mundo al que se enfrentó Benito con sólo nacer le era totalmente desfavorable. En realidad, por las circunstancias estaba condenado a ser un indígena pastor en la sierra, hubiera o no independencia de México. Que hablara y leyera castellano era poco probable, que recitara en latín y leyera en francés era un sueño, que pudiera hacer una pequeña carrera política en ese México independizado por criollos aristócratas se veía imposible; de ser presidente no valía la pena ni hablar. Que tuviera relación con Lincoln, Victor Hugo, Napoleón III y la dinastía de los Habsburgo era algo que iba más allá de toda improbabilidad. Logró todo eso porque los acontecimientos le fueron favorables; sí, pero en definitiva había formado un carácter y una mente racional. Sin eso no hubiera logrado nada.

Su ascenso en el mundo económico, político, intelectual y social continuó sin freno desde 1818 en que llegó a Oaxaca a aprender español. Para 1831 era rector del Instituto de Ciencias y Artes de Oaxaca. Ese mismo año, al otro lado del océano, nacía oficialmente el reino de Bélgica, un territorio que se separó de Holanda y donde fue proclamado rey Leopoldo de Coburgo Sajonia, cuya hija, Carlota, nacida en 1840, llegó a México como emperatriz en 1864. En 1832 Benito Juárez fue nombrado ministro de la Corte de Oaxaca, y al otro lado del océano nacía en sábanas de seda Maximiliano de Habsburgo.

Juárez continuó su carrera política en Oaxaca hasta 1848, año en que Europa se convulsionaba en una era revolucionaria desatada por la publicación del Manifiesto Comunista de Marx; Napoleón III tomaba el poder en Francia; Francisco José de Habsburgo, hermano mayor de Maximiliano, se convertía en emperador austriaco; los ingleses comenzaban la destrucción de China; los franceses dominaban Argelia, y los Estados Unidos consolidaban su potestad en Norteamérica después de derrotar a México en guerra y adquirir dos millones de kilómetros cuadrados. Ese año, con 42 de edad, Juárez llegó por primera vez a la ciudad de México para tomar su escaño como diputado federal por Oaxaca, lo que no pudo hacer, pues con la capital invadida, no se instaló el Congreso.

Juárez fue nombrado gobernador interino de Oaxaca en 1848, e impidió el paso de Santa Anna cuando trató de huir de México por aquel territorio. En 1853, cuando Napoleón III ya había dejado de ser presidente de los franceses y se había proclamado emperador, y Santa Anna volvía en calidad de dictador, Juárez fue desterrado del país y huyó a Cuba y después a Nueva Orleans. Ahí conoció a liberales mexicanos como Melchor Ocampo, que serían clave en su carrera presidencial; al año siguiente Maximiliano de Habsburgo, archiduque de Austria con muy pocas probabilidades de heredar el imperio, fue nombrado comandante de guerra austriaco, a sus 22 años de edad, y viajó por primera vez a América a conocer a su primo el emperador Pedro II de Brasil.

Llegamos a la segunda mitad del siglo XIX, periodo que los historiadores denominan como "era del imperialismo" precisamente porque un puñado de países europeos, en plena revolución y competencia industrial, comenzaron la conquista del mundo a la que se ha hecho referencia, para obtener los recursos que alimentaran su crecimiento industrial. Las grandes potencias de entonces, como Inglaterra, Francia, Holanda, Bélgica, ambicionaban todo territorio que tuviera algún tipo de recurso.

En dicha competencia ya se habían apoderado de toda África y Asia... pero España venía precisamente de perder todo su imperio americano, y esa América Hispana, a la que Napoleón III denominó América Latina, se convirtió en el nuevo objeto de ambición de los poderosos de Europa. Sólo había un problema, el poderoso de América, los Estados Unidos, ya había dejado clara su llamada Doctrina Monroe: América (todo el continente) para los americanos (los gringos). Es decir que los estadounidenses asumían el continente americano como su rebanada del pastel mundial, y le advertían a Europa que no interviniera en este territorio.

El exilio de Juárez en Estados Unidos duró poco, pues la dictadura perpetua y vitalicia de Santa Anna fue breve. Llegó en 1853, como masón iniciado que era, buscó apoyo en las logias masónicas de Nueva Orleans, y así logró sobrevivir y seguir en contacto con los acontecimientos políticos de México. En 1855 estalló cerca de Acapulco una revolución encabezada por Ignacio Comonfort para derrocar a Santa Anna, y Benito viajó de Estados Unidos a Cuba, de ahí a Panamá, donde a falta de canal atravesó por tierra, y de ahí se embarcó rumbo a Acapulco para sumarse a los sublevados, que derrocaron a Santa Anna y tomaron el poder.

A partir de 1855 los liberales dominaron la escena política mexicana, y en 1857 proclamaron una nueva constitución, de esas que les quitan privilegios a los privilegiados, razón por la cual estos últimos, es decir, la Iglesia, los militares, aristócratas y terratenientes, la desconocieron. Ese año Maximiliano de Habsburgo se casó con Carlota de Bélgica, y por presiones del rey Leopoldo a la Casa de Habsburgo, Maximiliano fue nombrado virrey de Venecia, que entonces pertenecía al Imperio austriaco.

Con base en la Constitución de 1857, el 1º de diciembre de ese año Ignacio Comonfort fue electo presidente del país, y Juárez de la Suprema Corte. Pero el día 17, presionado por los conservadores, Comonfort desconoció la Constitución que amparaba y legitimaba su gobierno. Juárez asumió, según la Constitución que él no desconoció, que a él, como presidente de la Corte, le correspondía la presidencia del país. Pero las tropas conservadoras entraron a la ciudad de México y don Benito tuvo que huir de ella el 11 de enero de 1858. Comenzó así la guerra civil que llamamos Guerra de Reforma.

Juárez salió de la capital con intención de llegar al estado aliado de Veracruz, pero las circunstancias de la guerra lo mandaron por territorio conservador: Guanajuato y Guadalajara, donde casi lo fusilan; sin embargo, logró escapar hasta el puerto de Manzanillo, donde navegó a Panamá, atravesó por tierra, y se embarcó a Cuba y Nueva Orleans para negociar el apoyo estadounidense antes de finalmente llegar a Veracruz y establecerse. Él vio la lucha desde ahí.

Los conservadores, comandados por el niño héroe Miguel Miramón, iban ganando la guerra, pero era necesario para ellos tomar Veracruz para capturar a Juárez, y dado que la ciudad estaba muy bien protegida por tierra, Miramón viajó a Cuba, fletó unos barcos y preparó el ataque por mar. En eso estaba, cuando en 1859 fue atacado por un barco estadounidense. Ahí comprendió que la guerra estaba perdida, pues ya no era contra Juárez sino contra los Estados Unidos que, evidentemente, habían decidido apoyarlo.

En 1859 comenzó el proceso de unificación italiana, pues hasta ese momento la península itálica no constituía un país, sino que estaba dividida en varios reinos, ducados y repúblicas. En ese contexto, el 24 de junio se dio la batalla de Solferino, donde tropas del rey de Piamonte, Víctor Manuel II, con apoyo de Napoleón III, derrotaron a las tropas austriacas, y los Habsburgo perdieron Venecia, ese lindo terruño donde

Maximiliano era virrey. Como a don Max nunca le interesó la política, tras ese acontecimiento, a sus 27 años de edad, anunció que se retiraba oficialmente de la vida pública para vivir con tranquilidad en su castillo dedicándose al arte, la botánica y la astronomía; sus verdaderas pasiones.

La nueva vida que tanto gustaba a Maximiliano mucho incomodaba a Carlota, y sobre todo a su padre, el rey Leopoldo de Bélgica, que al casar a su hija con un Habsburgo esperaba verla emperatriz o princesa, y no como la esposa noble de un bohemio empedernido. Cuatro años llevaba el Habsburgo en esa cómoda vida, cuando en octubre de 1863, con cartas de recomendación de Napoleón III, fue a visitarlo un grupo de notables mexicanos, que decían representar al pueblo de México, el cual le suplicaba tomara la corona del Imperio de este país.

Y es que en México, y con apoyo estadounidense, los liberales de Juárez terminaron por ganar, y don Benito volvió triunfante a la capital el 11 de enero de 1861, justo tres años después de que tuviera que salir. Los conservadores, derrotados por el momento, urdieron el plan B: proclamar a México como una monarquía, y pedirle al hombre más poderoso de la Europa católica de entonces, Napoleón III, que designara un emperador noble y católico para México. El elegido fue Maximiliano de Habsburgo, y en octubre de 1863 se presentaron ante él para ofrecerle la corona mexicana y el trono de Moctezuma.

¿En qué estaba pensando Napoleón III? Al emperador francés le preocupaba mucho, desde tiempo atrás, la impresionante expansión de los Estados Unidos, y pensaba que era menester apoyar a un país existente, o crear uno, que llegara a ser lo suficientemente fuerte como para frenar a Estados Unidos. En 1848 quedó claro que México, por lo menos ese México, no era la opción.

De pronto, con los conservadores mexicanos pidiendo ayuda, y Maximiliano tan desocupado, Napoleón III vio la posibilidad de crear en México un imperio poderoso, con apoyo francés, para detener el empuje estadounidense. Su idea era clara, poner en el trono a Maximiliano, que la base de su ejército fuera francesa, que Francia obtuviera concesiones favorables en comercio y explotación de recursos... y en una de esas, hasta invadir a Estados Unidos por el sur. Todo esto se enmarca en el imperialismo francés, ya que en el tiempo en que Napoleón concibió su plan mexicano, Francia ya dominaba Argelia, el Sahara, Madagascar, y comenzaba la conquista de Indochina. México era una pieza más de su Monopoly.

El obstáculo más contundente para apoyar una monarquía mexicana fuerte y poderosa con influencia europea eran los Estados Unidos y su Doctrina Monroe, pero justo en esos momentos el país norteamericano estaba envuelto en una guerra civil, mejor conocida como Guerra de Secesión, en la que los estados sureños trataron de independizarse y crear un país aparte. Era el momento perfecto, los gringos no podían secundar a Juárez y Napoleón tenía la gran oportunidad de meterse en México.

Lo malo, por lo menos para Napoleón, Maximiliano y los conservadores, fue que la Guerra de Secesión terminó rápido, o que el emperador francés no supo mover sus piezas con rapidez. Los conservadores coqueteaban con la idea de la monarquía desde 1859, perdieron ante Juárez desde 1861, pero no consiguieron a Maximiliano hasta 1863, y éste no llegó a México hasta 1864, cuando la guerra norteamericana ya estaba terminando.

Para 1865 la guerra civil de los gringos había llegado a su fin y el gobierno de aquel país pudo apoyar a Juárez, guarecido en la ciudad fronteriza de Paso del Norte (hoy Ciudad Juárez), donde recibió dinero y armas. Era momento de avanzar desde el norte y tratar de ir sacando a las tropas imperiales, compuestas por franceses, voluntarios de Austria y Bélgica, y conservadores mexicanos. Por el sur, y aprovechando las circunstancias, Porfirio Díaz organizó una guerrilla y derrotó a los franceses en Oaxaca y Puebla hasta que tomó la ciudad de México, en 1867, para entregársela a un Juárez que acababa de capturar y fusilar a Maximiliano.

Pero además de que en Estados Unidos terminó la guerra y comenzó el apoyo, en Europa el canciller del reino de Prusia, Otto von Bismarck, tenía el proyecto de unificar a todos los reinos, marquesados y ducados alemanes en un solo gran imperio al mando del rey de Prusia, Wilhelm de Hohenzollern. Unificar todo territorio donde se hablara alemán incluía conquistar Alsacia y Lorena, para entonces propiedad de Francia. Así pues, cuando Napoleón III vio que su asunto en México conllevaría un conflicto con Estados Unidos, y cuando vio el enfrentamiento en su propia frontera con Alemania, tomó la decisión, en 1866, de retirar de México a todos sus hombres.

Así las cosas, Juárez creció en el inicio del mundo de los imperios, y en ese contexto le tocó gobernar México. Sin comprender el mundo es imposible tener un real atisbo de lo que ocurre en nuestro país. Juárez alcanzó la estatura histórica que tiene por las circunstancias que le tocaron y, desde luego, por ser el hombre adecuado para dichas circunstancias.

Pero el juego de imperios de Europa se prolongó más allá de los tiempos de Juárez, y llegó hasta 1914, cuando se convirtió en guerra mundial. De este modo, para entender a don Porfirio Díaz, e incluso la misma Revolución Mexicana, así, con minúsculas, es fundamental seguir observando la inmensa telaraña histórica que nos enreda a todos. Como no la observamos, no la comprendemos ni nos comprendemos, y desde luego, nos toca jugar en segunda división en el juego de imperios.

DÍAZ

LOS TRES ROSTROS DE PORFIRIO DÍAZ

PEDRO J. FERNÁNDEZ

Cuando Porfirio Díaz llegó a la presidencia de México no era un viejo general de división, con el bigote a la usanza francesa, ni usaba polvos de arroz para cambiarse el color del rostro. Era muy diferente al hombre que habría de renunciar al cargo 34 años después. Ha llegado el momento de conocer los tres rostros de su gobierno.

El primer rostro

El que rara vez se conoce es el rostro que llegó a la presidencia en 1877, después de haberse levantado en armas en contra de Benito Juárez (durante la revolución de La Noria) y contra Sebastián Lerdo de Tejada (durante la revolución de Tuxtepec). En ambos casos se pronunció a favor del sufragio efectivo y en contra de la reelección. Irónico es el destino, pues las banderas que le concederían el poder serían las mismas que utilizaría don Francisco I. Madero para sacarlo de él.

Durante aquella primera presidencia, Porfirio Díaz era aún uno de los héroes militares más conocidos de la lucha contra el Segundo Imperio Mexicano, y había destacado también durante la Guerra de los Tres Años (Guerra de Reforma), estaba casado con su primera esposa, Delfina Ortega (su sobrina carnal), y gozaba de cierta popularidad. La verdad es que sin Juárez, que ya estaba en la tumba, y Lerdo, quien encontró en un exilio en Nueva York sus últimos años, no había muchos hombres que pudieran ocupar la presidencia de México.

Así pues, Porfirio Díaz llegó al poder tan sólo para encontrarse un problema tras otro. Para empezar, las finanzas del país estaban en una situación paupérrima, gracias a todas las guerras que había vivido México durante el siglo XIX, desde la de insurrección por la Independencia hasta la propia revolución de Tuxtepec. Aunado a esto, otros países se negaban a reconocer el gobierno de Porfirio Díaz, lo que hacía casi imposible buscar apoyo en la inversión extranjera.

Por si fuera poco, Porfirio Díaz se enteró de que un grupo de lerdistas, en Veracruz, planeaba levantarse en armas para derrocarlo, y regresar a Sebastián Lerdo de Tejada a la presidencia. El gobernador de Veracruz, Luis Mier y Terán, los arrestó. La leyenda cuenta que le pidió consejo a Porfirio Díaz sobre lo que debía de hacerse, y éste respondió con un telegrama cifrado que decía: "Mátalos en caliente". Aunque las fuentes de la época refieren que más bien podría haber dicho: "Cógelos in fraganti, mátalos in continenti y diezma la guarnición". Mientras investigaba para escribir mi novela *Yo, Díaz* justamente estuve buscando dicho telegrama en varios archivos, incluido el Archivo Histórico del Ejército Nacional Mexicano, pero nunca pude dar con él. Su existencia permanece en el misterio. De todas maneras, Mier y Terán fusiló a aquellos lerdistas. Los caricaturistas se dieron vuelo, y comenzó, de alguna manera, la mala reputación de Porfirio Díaz.

Su primera presidencia no fue buena, hizo lo que pudo, pero fue un poco torpe. Apenas estaba iniciando, las potencias extranjeras no lo reconocieron sino hasta el final y, para acabarla de amolar, Delfina tuvo un parto complicado que la llevó a la muerte. Su última petición fue que Porfirio se casara con ella por la Iglesia. El obispo le dijo que sólo lo haría si se derogaban las Leyes de Reforma. Porfirio no lo hizo, pero sí renunció públicamente a la masonería. A los pocos meses se casaría con una doncella de 17 años con el nombre de Carmen Romero Rubio. Él tenía 53.

Don Porfirio sabía que un periodo presidencial no era suficiente para llevar a cabo su proyecto de nación, pero tampoco era tan cínico como para reelegirse de inmediato considerando que llegó al poder con la bandera de la no reelección. De modo que le entregó el gobierno a su mejor amigo, el general Manuel González, con la idea de que éste se lo regresara después de cuatro años. Desde entonces, como ahora, se cumplía aquella frase que se le atribuye al mismísimo don Porfirio: "Las elecciones son demasiado importantes como para dejarlas al azar, por eso en México siempre ganan los que cuentan los votos".

Digamos que, más o menos, se cumplieron los planes de don Porfirio, pues sí le devolvieron la presidencia, pero en un estado lamentable. Después de todo, Manuel González no había sido tan buen presidente.

El segundo rostro

Aquí inicia lo que llamo el segundo rostro de Porfirio Díaz, el que comienza a regir con ideas de industrializar México, de imponer la paz a pesar de todo. Entre 1884 y 1900 el país cambió por completo. Para empezar, se aplicó una política positivista, a la cual lo introdujo su propio suegro, Manuel Romero Rubio, quien alguna vez había sido uno de los hombres más importantes de Sebastián Lerdo de Tejada. Esta ideología planteaba que el verdadero conocimiento sólo puede conseguirse a través del método científico. Para Porfirio Díaz (a diferencia de otros presidentes de México) gobernar era una cuestión meramente científica. Sus ministros de gobernación pensaban igual que él, por eso a todos ellos los llamaron los Científicos. ¡Vaya motecito ridículo!

Durante el gobierno de Porfirio Díaz se construyeron vías férreas que conectaron a todo el país, más de 200 000 kilómetros. Esto permitió que se pudieran transportar mercancías de un rincón a otro, sin mencionar que las personas pudieran viajar a donde quisieran. Claro, si tenían dinero para pagar el boleto. El tren que conectaba Veracruz con Oaxaca fue uno de los proyectos más ambiciosos del régimen, y uno de los que tuvo mayor impacto, pues unió a las dos costas con un fin comercial.

En cuestión de economía, el trabajo que comenzó Matías Romero, y que continuó José Yves Limantour, permitió renegociar la deuda que tenía México, deshacerse de las alcabalas, impulsar la inversión extranjera para que hubiera dinero en el país, y lograr el primer superávit. En pocas palabras, arreglaron todo el borlote que había quedado desde la Guerra de Independencia, pero esa prosperidad sólo llegó a unos pocos.

Las principales ciudades del país comenzaron a urbanizarse, se pavimentaron las calles, se colocó alumbrado público, drenaje, se construyeron escuelas y teatros. Durante el porfiriato llegaron inventos importantísimos como el cine y el automóvil. Si bien ese progreso estaba llegando a todo el mundo, Porfirio Díaz ayudó a que se estableciera más rápido en el país. México, por ejemplo, fue la primera nación en América en disfrutar el cinematógrafo, pues los hermanos Lumière prefirieron ofrecérselo a Porfirio Díaz que a Estados Unidos, donde Edison ya trabajaba en su versión.

Durante el porfiriato se dio un auge a las artes. Siendo la *Belle Époque* la corriente artística del momento, la influencia francesa permeó en México, pero nunca se perdieron los temas nacionales. Se montaron óperas sobre la Conquista de México, se escribieron libros sobre el país y se crearon pinturas que reflejaron los volcanes y paisajes.

La Ley sobre Ocupación y Enajenación de Terrenos Baldíos permitió a los hacendados hacerse de tierras con las cuales el campo mexicano pudo desarrollarse. Llegaron nuevas industrias, empresas, muchos hombres se hicieron ricos (o más ricos) con el apoyo de don Porfirio, como sucedió con la familia Madero en Coahuila.

Para lograr la paz, Porfirio Díaz usó métodos drásticos. Reclutaba criminales y los convertía en gendarmes de su zona. En caso de ser necesario, se fusilaba a aquellos que perturbaban el orden, ya que, en palabras de Porfirio: "Había que derramar la sangre mala para que se salvara la sangre buena". Sí, hubo levantamientos, pero fueron contenidos.

Este segundo rostro de Porfirio es el que se suele idealizar y recordar como buen presidente, ya que, a pesar de sus errores, se trataba de un patriota y un estadista. Lo malo es que mantener este tipo de vida costaba sangre, permanecer en el poder a través de la reelección, traicionando sus principios, sometiendo a los pueblos indígenas (especialmente a los yaquis).

Este segundo rostro comenzó a desaparecer, pasaron los años y cambió el siglo. El pueblo que aplaudió la llegada de Porfirio Díaz en 1877 no era el mismo que controlaba la vida nacional en 1900.

Don Porfirio tampoco lo era.

El tercer rostro

El tercer rostro de Porfirio Díaz es el más duro y arrugado, es el de un hombre que ya no pertenece al pueblo, está completamente sordo por los aplausos de sus aduladores, y cegado ante la miseria y marginación que crecía en todo el país.

Don Porfirio es un hombre del siglo XIX que no supo gobernar en el siglo XX.

Fueron esos años en los que aparecieron periodistas importantes de oposición, como los hermanos Flores Magón, quienes criticaron duramente a Porfirio Díaz a través de la publicación de caricaturas y editoriales. La respuesta del gobierno no se hizo esperar, cerró el periódico *El Hijo del Ahuizote* y encarceló a los hermanos Flores Magón.

La lucha por mejorar las condiciones laborales no fue exclusiva de México, ni tampoco la falta de ellas. Eran otros tiempos, un contexto histórico diferente.

Quizá por ello, a finales de 1906, obreros textiles de Tlaxcala y Puebla se declararon en huelga. Desde luego, los industriales no se iban a quedar con los brazos cruzados así como así, y realizaron un paro patronal el 24 de diciembre. La situación era tensa, se hablaba de eso en todo el país, y estaban en vilo para saber cuál sería su reacción. ¿A quién favorecería don Porfirio? Les dio la razón a los empresarios, y ordenó que reanudaran labores a inicios de 1907.

En opinión de Porfirio, el país no estaba para huelgas.

El 7 de enero 2 000 miembros del Círculo de Obreros Libres protestaron frente a la fábrica de Río Blanco. No fue una protesta pacífica pues, además de lanzar piedras, intentaron quemarla. Saquearon también la tienda de raya y liberaron a los presos de la zona.

Si los huelguistas cortaron cables de energía eléctrica, paralizaron el servicio de tranvías, y algunos hasta saquearon las casas de los ricos, era lógico que interviniera el ejército, así arreglaba don Porfirio los problemas. Soldados del 13° Batallón dispararon indiscriminadamente contra la multitud. Ríos de sangre mancharon Veracruz, el silencio sólo fue interrumpido por los sollozos, la muerte total de la rebelión. Durante las noches, los ferrocarriles transportaban los cuerpos lejos de ahí. Se estima que perecieron entre 400 y 800 personas, y se arrestó a más de 200 obreros.

En abril Porfirio informó al Congreso de la Unión que el caso se había resuelto con prontitud para mantener el orden público, no entró en detalles. Luego ofreció un banquete a los empresarios de la zona. No comprendió entonces que la rebelión de Río Blanco no sería la única, y que se convertiría en un síntoma de la muerte del régimen. Un evento similar sucedió en Cananea, donde *rangers* estadounidenses dispararon contra huelguistas mexicanos.

Cananea y Río Blanco, su reelección indefinida, la negativa a los jóvenes a participar en la política, el robo de tierras a través de la Ley sobre Ocupación y Enajenación de Terrenos Baldíos, la crisis económica mundial… comenzaron a pesar en su persona.

Era claro para todos los mexicanos que el Porfirio Díaz que gobernaba México ya era muy diferente al que había llegado al poder después de levantarse en armas contra la presidencia de Sebastián Lerdo de Tejada.

Para colmo de males, aceptó ser entrevistado por un periodista estadounidense llamado James Creelman. El encuentro sucedió en el Castillo de Chapultepec, y en él Porfirio Díaz aceptó, cínico: Fuimos muy duros, algunas veces hasta llegar a la crueldad; pero todo esto fue entonces necesario para la vida y el progreso". Mientras él lo decía con orgullo, sus opositores lo tomaban como la razón para derrocarlo. El régimen se derrumbaba… el descontento crecía, pero ese tercer rostro de Porfirio Díaz no quiso verlo. Para él, la situación de la democracia no era grave, por eso, en la mentada entrevista con Creelman, se atrevió a hacer la siguiente afirmación:

He esperado pacientemente por que llegue el día en que el pueblo de la República Mexicana esté preparado para escoger y cambiar a sus gobernantes con cada elección, sin peligro de una revolución armada, creo que finalmente ese día ha llegado. Me retiraré cuando termine el presente periodo y no volveré a gobernar otra vez.

Mentía, por supuesto. Repitió como candidato en 1910. Así, Porfirio Díaz cometió el mismo error que Benito Juárez, que Antonio López de Santa Anna, que Iturbide, y que casi todos los presidentes de los siglos XX y XXI: se sintió indispensable en un país en el cual los gobernantes son, más bien, desechables. Quizá demasiado.

Quise hacer énfasis en la edad del presidente porque este tercer rostro de Porfirio Díaz se caracteriza, precisamente, por su edad. Estamos hablando de un hombre que envejeció en el poder, perdió fuerza, vitalidad, rapidez mental. Y no sólo él, ¡todo su gabinete! En las fotografías se puede ver cómo todos esos hombres van engordando, envejeciendo, quedándose calvos... perdiendo todo contacto con un México que estaba conformado, en su mayoría, por jóvenes. Estos "científicos", por más hábiles que fueron en la política, no eran parte del pueblo pobre y al final eso también pesó en el derrumbe del régimen.

Para 1910 la situación era ya insostenible. Porfirio Díaz había encarcelado a su candidato opositor, Francisco I. Madero, y se había reelegido a través del fraude electoral. Las voces rivales eran cada vez más fuertes, Estados Unidos presionaba a México por el petróleo y Porfirio Díaz comenzaba a tener achaques propios de la edad (estaba por cumplir 80 años de una vida muy movida). Justo en medio de aquel polvorín, Porfirio Díaz decidió celebrar las fiestas del centenario de la Independencia a lo grande, para mostrarle al mundo la modernidad de México y los logros del porfiriato. Hubo convites, inauguraciones de monumentos, grandes desfiles, y hasta la fundación de la Universidad Nacional. Después de los festejos, a Madero se le concedió un permiso para salir de la cárcel, pero no de la ciudad. Una especie de arresto domiciliario insólito.

Fue su último momento de gloria; fue también un espejismo. Dos meses después, tras haber huido a San Antonio, Francisco I. Madero comenzaría a difundir su Plan de San Luis, en el cual desconocía la presidencia de Porfirio Díaz y llamaba al pueblo a levantarse en armas el 20 de noviembre de 1910. Un día antes de esta fecha se llevó a cabo la primera batalla de la Revolución Mexicana en casa de los hermanos Serdán.

Porfirio Díaz, orgulloso y viejo, no prestó atención al Plan de San Luis hasta que fue demasiado tarde. Los levantamientos fueron esporádicos al principio, pero pronto se expandieron como pólvora. Villa en el norte, Zapata en el sur... después de la toma de Ciudad Juárez en mayo de 1911, Porfirio Díaz no tuvo más opción que renunciar a la presidencia y exiliarse. Curiosamente lo hizo fingiendo demencia, pues en su carta de renuncia afirmaba:

Ese pueblo que tan generosamente me ha colmado de honores, que me proclamó su caudillo durante la guerra de Intervención, que me secundó patrióticamente en todas las obras emprendidas para impulsar la industria y el comercio de la Repúblia, ese pueblo, señores diputados, se ha insurreccionado en bandas milenarias armadas, manifestando que mi presencia en el ejercicio del Supremo Poder Ejecutivo es causa de esa insurrección. No conozco hecho alguno imputable a mí que motivara ese fenómeno social; pero permitiendo, sin conceder, que pueda ser un culpable inconsciente, esa posibilidad hace de mi persona la menos a propósito para raciocinar y decir sobre mi propia culpabilidad.

Porfirio Díaz dejó el poder a causa de la misma frase que usó para llegar a él: "Sufragio efectivo, no reelección", pero con un rostro muy diferente. Llegó como héroe, se mantuvo como estadista, y se fue como un villano.

Fueron los tres rostros los que cambiaron el de México para siempre, pues, para bien o para mal, con sus aciertos y errores, su legado permanece más vivo que nunca.

DÍAZ Y PETRÓLEO

LEOPOLDO MENDÍVIL

> *Dedicado a los difuntos de la explosión del pozo de Dos Bocas en 1808. Descansen en paz, empapados en petróleo.*

Estamos acostumbrados a la historia oficial en la cual Francisco I. Madero (por sí mismo) derrocó a Díaz al levantar la Revolución Mexicana. El cuento de hadas termina ahora. Prepárense para la otra realidad.

Porfirio Díaz se afianzó en el poder desde 1877, y, como todos sabemos, se "apoltronó" en el cargo a lo largo de 30 interminables años en los que hubo una supuesta paz y progreso con él como "tirano", "dictador" o "benefactor", lo que se quiera decir. Todo marchaba relativamente bien para él hasta que una carambola iniciada al otro lado del océano vino a impactarlo.

—¿Señor presidente? —le anunciaron la llegada de un hombre proveniente de la Gran Bretaña: un *lord* de cabeza calva y bigotes, un magnate; un constructor de puentes, ciudades, puertos; un político del Parlamento Británico: un hombre del calibre del ingeniero Carlos Slim —ingeniero y empresario—.

213

Su nombre era Weetman Pearson, Lord de Cowdray. ¿A qué venía?

Después de hablar con el británico, Díaz ya era socio (accionista) de Pearson en su empresa británica Samuel Pearson's & Sons, y —más grave aún— México ya estaba "amarrado" con Inglaterra de una manera que nos llevaba directamente a una confrontación contra los Estados Unidos.

Este negocio con el inglés Cowdray fue lo que causó la debacle de Porfirio Díaz que los mexicanos llamamos Revolución Mexicana.

¿Cómo comenzó todo esto?

El 8 de marzo de 1908 —una mañana lluviosa, en el Palacio de Buckingham, Londres, dos años y medio antes del llamado a la revolución hecho por Francisco I. Madero—, un hombre canoso e hiperactivo de 67 años, el almirante John Arbuthnot Fisher, Lord of the Sea (Jefe del Mar), caminó frente al viejo rey Eduardo VII:

—¡Los alemanes están preparando la invasión de Inglaterra!

—No exageres.

—¡Tienen su flota en Kiel, Majestad! ¡Están programando invadir nuestra isla! ¡Somos su siguiente objetivo en su expansión! Ya vencieron a Austria y a Francia. ¡Seguimos nosotros! —y se le aproximó violentamente—. ¡No seremos nosotros los que veamos la extinción del Imperio británico! ¡Usted no lo permita! ¡Los alemanes están agrupando sus barcos en Kiel, ataquémoslos ahí, por sorpresa, sin declaración de guerra, como lo hicimos en Copenhague hace 100 años!

El rey se quedó mudo. Le tembló la cabeza. Empezó a negar.

—Eso sería… ¡una inmoralidad! ¡Yo no hago inmoralidades!

—¡La inmoralidad sería no proteger a nuestra isla! —y manoteó con sus guantes blancos—: ¡Necesitamos aquí un Pitt, un Bismarck, alguien con agallas que dé una orden como ésta!

El rey se levantó:

—¡Almirante Fisher! ¡Le suplico que deje de sacudir su puño frente a mi cara! ¡Soy el rey de Inglaterra!

En esa reunión estaba también el hoy muy conocido Winston Churchill, de entonces 34 años, quien en ese momento era el subsecretario de Estado de las Colonias Británicas. Le dijo a Fisher:

—Almirante, es indudable que podríamos darles un porrazo a los alemanes en Kiel. Por el momento, tenemos más submarinos que ellos. Ellos sólo tienen terminados tres. Tenemos siete buques Dreadnought. Ha llegado la oportunidad.

El almirante Mahan les dijo a ambos:

—El 88% de las armas de Inglaterra están apuntadas hacia Alemania. Estamos listos.

Fisher le dijo al rey Eduardo:

—Si queremos sobrevivir como nación, si queremos que esta isla continúe existiendo y se evite esta invasión, todos los cañones de nuestros barcos, que son de calibre 13.5, tienen que subir a calibre 15, como los tiene Alemania. Y toda nuestra Marina debe dejar de operar con carbón; debemos cambiar a combustión de petróleo en nuestras naves, como ya la tienen los alemanes. ¡Cada navío alemán que utiliza petróleo en vez de carbón es cuatro nudos más veloz que los nuestros, por lo que pueden vencernos en un día! —y los miró fijamente—.

215

Caballeros —cerró los ojos—, lo único que detiene al Káiser alemán de invadirnos ahora mismo ¡es que está esperando a terminar su maldito canal en Kiel! ¡Con ese canal va a poder movilizar todos sus navíos desde el mar Báltico hasta el Mar del Norte, y entonces veremos el infierno! ¡Auguro desde este día que una vez terminado su canal de Kiel, iniciará la guerra contra nosotros, y eso será en octubre de 1914!

Todos permanecieron callados. El distinguido Churchill, de cabeza redonda como un huevo, se aproximó hacia Su Majestad:

—Es verdad —chirrió con su voz de resorte oxidado—. Para sacar de combate a la flota alemana necesitamos barcos que sean al menos cuatro nudos más rápidos que los de ellos. Eso es 25 nudos. No podemos obtener la propulsión requerida a menos que utilicemos combustible de petróleo, y desafortunadamente nuestro imperio no tiene ese valiosísimo recurso en ninguna de sus colonias.

El rey lo miró con desprecio.

—Joven Churchill, el petróleo es una sustancia vulgar: ¡es una sustancia pegajosa y de muy mal olor! ¡Nuestros barcos se alimentarán con carbón, como lo han hecho hasta ahora, y nosotros somos la potencia mundial en producción de carbón! ¡Punto!

El aguerrido y canoso almirante John Fisher sujetó al rey por el brazo:

—¡Majestad! ¡Despierte! —y lo sacudió con gran fuerza—. ¡La edad del carbón se acabó! —y miró su reloj—. El mundo acaba de pasar a la edad del petróleo. Si no modificamos el sistema de combustión de nuestra flota, Inglaterra va a ser invadida por Alemania, y nuestra población va a ser esclavizada.

Churchill tomó a Fisher por el hombro:

—Señor Fisher, si no tenemos petróleo, tan vital que parece ser ahora, en ninguna de nuestras numerosas y, para estos fines, inservibles colonias, parece razonable que lo busquemos donde pueda encontrarse en cantidades suficientes y a un precio razonable, que pueda estar a nuestra disposición una vez iniciada la guerra contra Alemania. Eso es lo más estratégico para la Gran Bretaña: asegurar nuestra sobrevivencia futura y retardar lo más posible el estallido de la guerra. Toda aceleración en la acumulación de esa reserva del llamado petróleo aumentará directamente la seguridad de nuestra nación contra los riesgos de esta lucha contra Alemania.

El almirante Fisher salió del salón y se dirigió a su oficina.

—¡Al fin tenemos un Bismarck aquí!

Transformó su Comité de Combustible de Petróleo —creado en 1903— por un magno y poderoso proyecto llamado Royal Commission on Fuel and Engines (Comisión Real sobre Combustible y Máquinas). Su función sería enviar agentes encubiertos a diversas partes del mundo para buscar yacimientos de petróleo. Donde encontraran uno, Inglaterra tendría que poner una colonia e instalar su ejército; en otras palabras, apoderarse de ese territorio, invadirlo, conquistarlo.

Mientras tanto, en Alemania, el almirante Georg von Müller le susurró al temible Káiser Guillermo II, un hombre con un casco que tenía un pico de flecha apuntando hacia arriba:

—Alteza, debemos romper la dominación mundial de Inglaterra para liberar las posesiones coloniales extracontinentales necesarias para que los estados de Europa central también podamos expandirnos (en otras palabras, que Alemania también tuviera colonias en el mundo, igual que Inglaterra).

¡Nosotros también tenemos derecho a hacerlo! ¡Es la flota británica la que nos lo impide! —Müller era el jefe del Gabinete Naval del Káiser—. Esta guerra entre Alemania e Inglaterra es inevitable, ¡y ahora se verá cuál de los dos va a dominar!

Guillermo II, que era de por sí un psicópata, lo miró sin parpadear. Respiró como un búfalo y gritó:

—¡Sólo cuando podamos sostener nuestro puño contra su cara (de Inglaterra), el león británico se retirará de los malditos mares y nos permitirá la expansión! ¡Alemania tendrá una flota superior a la británica y será mucho más poderosa! ¡La flota alemana barrerá del mundo a la británica! ¡Lo lograremos gracias al petróleo que estamos sacando de Persia (Irán)!

Ambos sonrieron orgullosos. Continuaron comiendo.

De vuelta en Inglaterra, mientras sus agentes ya estaban explorando y "mapeando" el mundo en busca de petróleo, Churchill tenía que presentarse ante los parlamentarios para darles explicaciones:

—Señor Churchill —le preguntó un congresista—, ¿el obsoleto crucero *Latona* será usado para pruebas con una máquina basada en petróleo de largas dimensiones y gran poder? —era míster Francis Bennett-Goldney. Churchill lo miró fijamente:

—No, señor. No existe esa intención. ¡Siguiente pregunta!

—Señor Churchill —le preguntó el honorable Charles Lyell—, ¿puede usted explicarnos de qué se trata el recién creado Comité de Combustible de Petróleo? ¿Será lo suficientemente amplio para cubrir la cuestión de la combustión interna para efectos de propulsión de nuestros barcos?

—La respuesta a su segunda pregunta es afirmativa. ¡Siguiente pregunta! —y señaló a otro congresista.

—Señor Churchill —le preguntó míster Charles Beresford—, ¿se están diseñando nuevos acorazados británicos para quemar exclusivamente combustible de petróleo?, y si es así, ¿nos va a indicar el número?

—Verá —le contestó Churchill—, tales preguntas sobre el diseño de acorazados nuevos o proyectados no están en armonía con el interés público, y debo pedirle a la Cámara que me apoye para negarme a responderlas.

—Mmm... ¿Se trata de un programa secreto, Lord Churchill? —le susurró Beresford a Goldney.

—Es tan secreto —le sonrió Churchill— que también me negaré a responderle esta pregunta. ¡Siguiente pregunta!

Le entregaron un papelito a Churchill: "Nuestra búsqueda en Persia no está dando resultados. D'Arcy dice que no está encontrando petróleo y está pidiendo un nuevo préstamo de 177 000 libras que debe aportarle el Almirantazgo. ¡Este Parlamento de idiotas nunca nos va a aprobar un nuevo préstamo para sacar petróleo de Irán! Además, Rusia amenaza con iniciarnos una guerra si seguimos interviniendo ahí; dicen que no van a permitirnos quitarles Persia."

Churchill cerró los ojos. Negó con la cabeza. Se le aproximó el canoso almirante Fisher, apodado "Jacky". Le susurró:

—He apoyado a D'Arcy desde 1904, cuando me reuní con él en el spa. D'Arcy ya compró la mitad sur de Persia buscándonos petróleo. No ha encontrado nada que nos sea útil. Debemos buscar una nueva reserva.

La nueva reserva iba a ser... México...

Mientras este problema mundial crecía en Europa, al otro lado del planeta, en México, el gringo Henry Clay Pierce estaba a cargo de la "plaza"; es decir, del petróleo de México, como lacayo reticente del poderoso John D. Rockefeller.

Con suavidad se aceitó su grisáceo bigote. Entró a verlo sorpresivamente su abogado, su gánster, jefe de prensa y agente encubierto, Sherburne Gillette Hopkins —un agente del gobierno de los Estados Unidos y empleado de John D. Rockefeller. Le puso un papel sobre la mesa.

—¡Estamos en problemas! —le dijo al petrolero—. Tú creías que eras el jefe aquí en México, controlando la venta del 85% del queroseno que usan los mexicanos, con el petróleo crudo que traes de los tanques del señor Rockefeller, desde los Estados Unidos, y que refinas en tus plantas de Veracruz, Tampico y la ciudad de México. ¡Pues ahora hay un maldito británico que te va a quitar la plaza! ¡Nos van a quitar México! ¡Viene respaldado por la Corona!

Henry Clay Pierce parpadeó. Comenzó a levantarse.

—*What...?*

Era verdad. Weetman Pearson, también conocido como Lord Cowdray, ese británico que llegó a México desde 1889 y que construyó el Canal de Desagüe para el presidente Porfirio Díaz, se hizo su amigo y le construyó el Tren del Istmo de Tehuantepec. Desde 1901 los hombres de la comisión británica que creó el almirante John Arbuthnot Fisher en Londres —agentes del Almirantazgo Británico como Boverton Redwood— vinieron con él a México para buscar petróleo. Redwood trajo consigo a W. H. Dalton, un geólogo de la Corona británica y Redwood mismo trabajaba directamente para Weetman Pearson.

En noviembre de 1905 el presidente Díaz le prometió a Pearson, por medio de su escudero Body, que si su empresa británica lograba sacar petróleo del suelo mexicano, el gobierno impondría un impuesto contra el importado, es decir, el de los estadounidenses. Así comenzaría la dominación británica en el petróleo de México.

En 1906 Díaz le otorgó a Pearson y a Inglaterra una concesión secreta para que ellos tuvieran la exclusiva para perforar y explotar todo el territorio de Veracruz y del Istmo de Tehuantepec. El señor Rockefeller entonces se alarmó y ahora era Sherburne quien le reclamaba al mismo Pierce:

—¡¿Por qué no hiciste nada para impedirlo?!

Henry Clay abrió los ojos, los cuales se sacudieron dentro de sus órbitas.

—Vaya, vaya… Weetman Pearson… —y miró por la ventana hacia la oficina del magnate británico, ingeniero de puertos, ubicada en la calle San Francisco (hoy Avenida Juárez). Le susurró a Hopkins—: No puede ser cierto esto. El presidente Porfirio Díaz no me haría algo así. ¡Sabe que sería el más grande insulto contra los Estados Unidos, y especialmente contra el señor Rockefeller! Sería un suicidio para Porfirio Díaz.

Hopkins suavemente le puso los papeles sobre el escritorio:

—Weetman le ofreció a Díaz ser su socio en la firma británica. ¡Porfirio Díaz es accionista en Samuel Pearson's & Sons! ¡Su hija tiene acciones en la misma empresa, igual que la mitad de su maldito gabinete! ¡Todos están comprados por los británicos!

Henry Clay vio las copias de los documentos. Vio el nombre del accionista y directivo Guillermo de Landa y Escandón. Decía: "Recibió de Díaz el 5% de todo lo ganado por Weetman Pearson en el proyecto del Canal de Desagüe".

—Esto es la guerra.

En Veracruz, en el pozo San Diego de la Mar 3 o Dos Bocas, al oeste de Tuxpan, Weetman Pearson, acompañado por su incondicional geólogo Boverton Redwood (agente de Fisher y de Churchill), por Body, por el ingeniero Carlos S. Ganahl, y por el técnico Godofredo Jeffrey, miró hacia la enorme torre de perforación. Les dijo:

—Amigos, hoy 4 de julio de 1908 estamos perforando a una profundidad de 1 800 pies, 610 metros —y pateó el piso—. Aquí abajo debe haber mucho petróleo —cerró los ojos. Recordó la carta que le había escrito a su esposa Annie apenas dos años antes de "meterle" 2.5 millones de libras al proyecto: "Si encontramos un yacimiento como el de Tulsa en nuestros terrenos en México, y estoy seguro de que lo encontraremos, será totalmente nuestro, en lugar de pertenecer a 8 000 o 10 000 personas como los campos de Oklahoma". Recordó la bella sonrisa de Annie.

El torno comenzó a girar.

Todos esperaron, expectantes. Body le dijo a Lord Weetman:

—Los americanos te odian. Te consideran el invasor británico que viene a quitarles el petróleo de México. Edward Doheny y Henry Clay Pierce son peones de Rockefeller. Si este pozo da resultados, tú vas a ser la peor amenaza contra los Estados Unidos en este continente, y te van a sabotear en este pozo.

La tierra comenzó a rugir. Sintieron bajo sus pies un terremoto. Escucharon un ruido tan terrorífico como un relámpago venido desde abajo. A 20 metros de distancia estaba el cónsul de los Estados Unidos en Tampico, el cual observó las piezas de las grúas volando por los cielos, con chorros de petróleo. Todos comenzaron a mojarse.

—¡Corran! —les gritó Pearson. Se cubrieron la cabeza del oloroso líquido negro mientras escapaban del estallido. Escucharon la explosión—. ¡Se está incendiando!

Las llamas comenzaron a avanzar detrás de ellos, quemándoles las espaldas.

—¡Dios mío! —se dijo Pearson, el fundador, junto con su esposa Annie, del actual hospital A. B. C. o American-British Cowdray Hospital, y del actual Pemex.

El cónsul estadounidense no pudo evitar voltear hacia atrás para ver el portento. Vio la enorme columna de petróleo subiendo hasta 284 metros, hacia las nubes, encendida como una antorcha titánica, que por el viento sacaba ráfagas hacia los lados. Plastas incendiadas comenzaron a caerles por los lados.

—¡Dios mío! ¡Corran! —les imploró el británico.

A 10 kilómetros de distancia, el estadounidense Edward Doheny, fundador de la Huasteca Petroleum Company —tentáculo de la organización Rockefeller para la perforación de crudo en Tamaulipas—, se sonrió a sí mismo viendo la imagen de la flama que subía hasta 465 metros. Le dijo a su mujer:

—Es gracioso. Este pozo de Dos Bocas deberíamos llamarlo "un pozo loco" —y cerró su periódico.

La explosión dejó un cráter de 100 metros. Murieron 280 personas. El gobierno de Porfirio Díaz tuvo que enviar 500 soldados para reconstruir la zona derruida y el pozo continuó ardiendo por dos meses, sin posibilidad de apagarlo, hasta que todo el yacimiento se quemó en el aire, 100 000 barriles por día (un total aproximado de 5 700 millones de barriles).

Lord Cowdray se sitió devastado. Se retorció dentro de sus sábanas. Le dijo a su esposa:

—Annie, no puedo evitar pensar en lo aventurero que soy en comparación con los hombres de antaño. Entré a la ligera en esta empresa.

—No te juzgues así, *darling* —y le acarició su cabeza pelona—. Todos cometen errores.

Weetman se sumió en su almohada:

—Sé que si mi empresa petrolera tuviera que desaparecer por completo, me quedaría lo suficiente para vivir tranquilamente. Sin embargo, hasta que sea un éxito comprobado, sigo nervioso.

La bella Annie le dijo:

—Lo que debes hacer es correr a ese inútil de Sir Thomas Boverton Redwood. Debes contratar a estadounidenses.

En los Estados Unidos, el secretario de Estado Philander Knox le dijo a su presidente, el gordo y bigotón William Howard Taft:

—Los inversionistas ya no quieren a Porfirio Díaz en México, quien además de todo nos está negando nuestro puerto en Bahía de Magdalena, y nos está estorbando para las negociaciones con Nicaragua.

El obeso mandatario yanqui se recargó en su sufrida silla. Gruñó:

—Iré a verlo en octubre. Lo haré entrar en razón —detrás de él estaban parados los hombres de John D. Rockefeller.

Pero no. No lo hizo entrar en razón. Porfirio Díaz salió sudando de su reunión con Taft del 17 de octubre de 1909, ocurrida en El Paso, Texas. Apenas un año y medio más tarde ya tenía una "revolución" en México. El 2 de mayo de 1911, también en El Paso, Texas, un hombre extraño se presentó ante el cachetón Gustavo Madero (hermano del "apóstol de la libertad" Francisco I. Madero, hijo del millonario latifundista mexicano Francisco Madero señor). El encuentro sucedió en un parque:

—Soy Troxel —dijo el individuo a Gustavo Madero—. Vengo en nombre de Standard Oil, del señor Rockefeller. Tengo para ustedes un millón de dólares para derrocar al gobierno de Porfirio Díaz.

—Aquí no —y miró a su alrededor.

Días atrás, el 24 de octubre de 1910, en un hotel de lujo en Washington, D. C., este mismo Gustavo Madero, con su cara rechoncha, vio ocurrir un suceso extraño: un acontecimiento de la historia de México que simplemente no ocurrió en México. Lo protagonizó él. Entraron a la habitación suntuosa las siguientes personas: el propio Gustavo Madero, su padre Francisco (Francisco Madero señor, competidor comercial de John D. Rockefeller), y un tercer invitado: el agente secreto del gobierno de los Estados Unidos en México, Cuba y Chile llamado "el agente estadounidense de las revoluciones latinoamericanas", abogado de la petrolera Waters Pierce y de las empresas de John D. Rockefeller, Sherburne Gillette Hopkins.

El abogado Hopkins se sentó. Comenzó a escribir:

—Estoy listo para organizar el derrocamiento de Porfirio Díaz —y les sonrió a todos. El recibo de esta crucial transacción de intervención exterior llamada "Revolución Mexicana" lo conservó el político Vázquez Gómez y por eso llegó a nosotros y aparece en el libro *Secreto 1910*.

En enero, Sherburne le había presentado a Gustavo a quien se haría cargo de la artillería de la revolución contra Díaz: el canadiense A. H. Lewis:

—Él es experto —le dijo Sherburne—. Luchó en la guerra en Sudáfrica. También te ayudarán estos amigos míos: Ben Viljoen, general de los bóeres; Paul Mason, también de la guerra Boer, el joven Magee de Tennessee; Jim Harper, Johnny Greer. No tendrás problemas. Yo haré la publicidad de los rebeldes mexicanos ante el mundo.

Cinco meses después, el 6 de marzo de 1911, el nuevo embajador estadounidense para México, Henry Lane Wilson, amigo del millonario Guggenheim, le dijo al gordo presidente Taft en Washington:

—La situación es horrible. Debemos invadir México. ¡Ahora!

En ese momento, el inflado presidente William Howard Taft le sonrió a su secretario Charles:

—Mira… enviemos 20 000 soldados a la frontera con México para lo que se necesite… El presidente Díaz debe entender que ¡debe irse! Que se concentren en San Antonio, Texas. Enviemos también cuatro destructores a los puertos de México para que vea que vamos en serio.

En Sacramento, California, el general adjunto A. E. Forbes de la California National Guard recibió un telegrama: "Ponga en estado de alerta a todos los hombres que se tengan en la milicia estatal". Lo cuestionó el reportero de *Los Angeles Herald*:

—General, ¿para qué le están pidiendo tantos soldados? ¿Vamos a invadir México…?

Perplejo, Forbes le respondió:

—¡No tengo absolutamente ninguna información! ¡Sólo me enviaron este maldito telegrama! ¡No sé qué está pasando!

Cinco días después, con los puertos de México rodeados de barcos de guerra estadounidenses, el 11 de marzo, en el mismo hotel Astor de Nueva York, el nuevo embajador estadounidense para México, Henry Lane Wilson, junto con el agente Sherburne Gillette Hopkins, recibieron en la habitación suntuosa a las siguientes personas: Francisco León de la Barra, embajador de México ante los Estados Unidos; Francisco Vázquez Gómez, representante en Washington de Francisco I. Madero; Gustavo Madero, José Yves Limantour, secretario de Hacienda de México y "leal" del presidente Díaz; el papá de Francisco I. Madero, y directivos estadounidenses del National City Bank (banco del clan Rockefeller/Stillman). Acordaron que Porfirio Díaz renunciaría al poder y habría un presidente provisional, León de la Barra, que llamaría a unas elecciones para que ganara el joven Francisco I. Madero.

En la ciudad de México, el presidente Porfirio Díaz, viendo que no era un juego la amenaza de los estadounidenses, renunció. Emprendió la graciosa huida. De camino hacia Veracruz para irse de México lo detuvo el segundo hombre de Weetman Pearson, el inglés John Benjamin Body. Le dijo:

—Señor Díaz, mi jefe, Lord Cowdray, le ofrece a usted que viva plácidamente en Inglaterra, en uno de sus castillos que compró con dinero de México.

Porfirio Díaz lo miró fijamente:

—Gracias. Prefiero París.

Apenas cuatro años después, el 2 de julio de 1915, Porfirio Díaz murió en París comiendo pastelitos franceses.

En el frío pasillo del Palacio de Buckingham, Londres, el jorobado Winston Churchill caminó hacia el despacho del rey de Inglaterra. Con gran satisfacción, y con su voz chirriante, le dijo:

—Su Majestad, la empresa Mexican Eagle Company, organizada por Sir Weetman Pearson, es hoy la mayor compañía petrolera británica en el mundo, y la seguridad del Imperio británico, y de su flota de defensa, está garantizada. Los estadounidenses han tomado a mal nuestra presencia en México. Reemplazarán al presidente Díaz con un joven al que controlan, llamado Madero, quien ya les prometió favorecer a Standard Oil del señor Rockefeller y bloquear las perforaciones de Mexican Eagle. Pero ya tengo un plan para deshacernos de ese joven sujeto.

—¿Ya lo tienes…? —le preguntó el rey, asombrado.

—Sí, Majestad. Por otra parte, necesitamos que se aumente el presupuesto para la flota británica a 50 millones de libras.

—¿Tanto…? —y también reaccionó con sorpresa el mayor enemigo de Churchill: el risueño canciller de Hacienda, Lloyd George. Le gritó a Churchill:

—¡¿Cincuenta millones de libras?! —y lo señaló con violencia—. ¡Usted, joven Churchill, piensa que todos vivimos en el mar! ¡Todo lo que usted piensa es sobre la vida en el maldito mar, en los peces y en todas las otras creaturas acuáticas! ¡Algunos vivimos en tierra! —y se volvió hacia el rey—: ¡Majestad, el primer ministro Asquith deberá ahora elegir entre Winston Churchill y yo! ¡Winston sólo está obsesionado con la "inminente guerra a Alemania"! ¡Eso nunca va a ocurrir!

Y sí ocurrió. La llamamos Primera Guerra Mundial. La lucha contra Alemania estalló en agosto de 1914, tal como lo previó Lord Fisher, cuando los alemanes concluyeron su canal de Kiel. Inglaterra logró vencer a Alemania gracias al petróleo de México. De otra forma, hoy todos hablaríamos alemán. La historia completa está en *Secreto 1910*.

EL LADO OSCURO DE LA BELLA ÉPOCA

Juan Miguel Zunzunegui

Qué malo es don Porfirio, y qué bueno es Benito Juárez, por eso este último fue ascendido de los billetes de 20 a los de 500, y Porfirio Díaz no tuvo siquiera alguna vez una moneda de 20 centavos. Qué radicales somos en México, de qué manera tan radical nos contamos la historia de lo que somos, de qué forma tan radical la vivimos, sea en el ámbito académico, el religioso, el político o incluso el familiar. Blanco o negro, en nuestro país no existe la escala de grises. Por eso somos enemigos entre nosotros cuando no compartimos ideas o creencias, porque así de intolerantes nos hemos construido.

Juárez tomó el poder en 1857 10 años después, todos ellos envueltos en guerra, fue cuando, secundado por Porfirio Diaz, derrotó a Maximiliano, acabó con su hipotético imperio y restauró la república, en la que mantuvo el mando hasta su muerte en 1872. Quince años gobernó Benito Juárez, como dato cultural, sin ganar una sola elección popular. El año en que murió, Napoleón III ya había sido derrocado en Francia, después de perder la guerra franco-prusiana, ésa para la cual llevó a los 30 000 hombres que dejaron de apoyar a Maximiliano, y permitió con ello que Juárez recuperara la presidencia.

La guerra franco-prusiana terminó en 1871, con ella culminó la unificación alemana y nació el Imperio alemán, ya que, igual que Italia, Alemania tampoco había existido como país unificado hasta llegar al siglo XIX. Con el paso del tiempo, a ese periodo que va de 1871 al inicio de la Primera Guerra Mundial en 1914, los historiadores le llamaron la Bella Época. Fue un periodo de esplendor artístico, bonanza económica, desarrollo científico, generación de conocimiento, corrientes intelectuales y, ante todo, fe en el futuro de la humanidad.

El imperialismo fue lo que hizo bella a la Bella Época, por lo menos para los que podían permitirse ver su lado bello en lugar de padecer su lado oscuro. Los recursos derivados de las colonias eran el alimento de la industrialización de Europa, y con ello, del crecimiento y desarrollo de su capitalismo, todo esto bajo las teorías liberales de dejar que los empresarios muevan las ruedas y los vericuetos de la economía, mientras los gobiernos se limitan a brindar seguridad... principalmente a esos empresarios que mueven las ruedas y los vericuetos de la economía, y mantener con ello la estabilidad de los gobiernos, que asegurarán la estabilidad de los empresarios para que puedan seguir moviendo la economía y sosteniendo a los gobiernos...

Juárez, por la educación que recibió, se formó como un ilustrado europeo. Es decir que se nutrió precisamente de las ideas de liberalismo, capitalismo, positivismo, cientificismo, industrialización y progreso. Ése era el proyecto liberal y moderno que defendía; construir un país de industria, burguesía y obreros, capitalista y liberal, conforme las tendencias de entonces en Europa y Estados Unidos.

El proyecto contrario, el conservador, era seguir como un país agricultor y minero, vivir de la extracción del recurso natural y no de su transformación, con peones en vez de obreros y terratenientes en vez de empresarios; con estructuras más inamovibles en lo político y absolutamente inmóviles en lo social. Si los conservadores no ganaron la guerra e impusieron su proyecto, tanto en México como en Estados Unidos y en los países modernos de Europa, fue porque esa forma de vida pertenecía a una era anterior, el proyecto conservador iba en contra del espíritu del tiempo, y ése es invencible.

Juárez iba acorde con el espíritu del tiempo; por eso era amigo y aliado de aquellos Estados Unidos, por eso admiraba sus modelos y los prefería antes que a los europeos, que se transformaban con lentitud, pues cargaban con el peso de siglos de tradición. Por eso don Benito trajo a México las ideas liberales y el capitalismo. Sus circunstancias, básicamente los 10 años en guerra de los 15 que gobernó, le impidieron consolidar la industrialización, aunque justo hacia allá apuntaba su proyecto de México: vías férreas, empresas, industrias, y capital extranjero, estadounidense de manera muy específica, para poder generar dicha industrialización.

Es decir que Porfirio Díaz hizo en México justo lo que Benito Juárez tenía pensado hacer. La parte de la historia que muchos omiten es ésa en la que Juárez y Díaz son compañeros de batallas y de ideas. Los dos oaxaqueños, los dos indígenas, los dos liberales, los dos masones, los dos con estudios en el Instituto de Oaxaca; los dos peleando contra Santa Anna, contra los franceses, contra el Imperio de Maximiliano; los dos en el mismo partido liberal en el que comparten la idea de progreso de un país. Los dos aliados hasta que la eternización de Juárez en el poder termina por hastiar a Díaz, quien también quería el poder; no sabemos si con la idea de eternizarse, aunque ésa parece una constante mexicana.

Juárez murió en 1872, y el presidente de la Suprema Corte, Sebastián Lerdo de Tejada, se convirtió en mandatario y lo fue hasta 1876, año en que se quiso reelegir, con lo cual no estuvo de acuerdo Porfirio Díaz, quien se levantó en armas y posteriormente se quedó con el poder ese mismo año. Con un intermedio entre 1880 y 1884, en el que le prestó la presidencia a su compadre, se mantuvo en el poder hasta 1911. Es decir que Porfirio Díaz gobernó en México prácticamente todo el periodo de la Bella Época; es fundamental comprender ese momento histórico para tener un verdadero entendimiento del porfiriato.

Porfirio Díaz fue la Revolución Industrial de México, con todo lo bueno y lo malo que eso pueda significar. Dentro de lo bueno tenemos la ciencia y la tecnología, los descubrimientos y las invenciones; es la era del teléfono y las señales de radio, del cine, del petróleo y la electricidad, de ferrocarriles, autos y aviones. Dentro de lo malo está que todo ese avance es para que lo disfrute el 15% de la población, con el trabajo del otro 85 por cierto. Nace el mito del progreso; todo es válido si es para pagar el precio del progreso; el mito es juso ése: que el progreso lo disfrutan unos y el precio lo pagan otros. Fue y es así en México, en Estados Unidos, en Europa, y básicamente en todo el mundo. Es el lado oscuro de la gloriosa Revolución Industrial.

El siglo XIX, tan caótico para México, fue relativamente pacífico en Europa. El siglo les nació en guerra, pues tras la Revolución Francesa de 1789 Napoleón estaba en eso de conquistar todo el continente, lo cual indirectamente terminó por generar los movimientos de independencia de la América Hispana; pero después de 1815 en que Bonaparte fue derrotado por completo, se vivió un periodo de paz que se prolongó hasta el estallido de la guerra franco-prusiana de 1871; esa que para bien o para mal nos quitó a Maximiliano.

La paz que se extendió de 1815 a 1871 fue poco perturbada por la ola revolucionaria de 1848, y una vez firmada la paz entre Francia y Prusia, el continente vivió otro extraño periodo de paz hasta el aparentemente sorpresivo inicio de la Gran Guerra de Europa, ésa a la que hoy le llamamos Primera Guerra Mundial, en 1914.

México, por el contrario, vivió un siglo de tormentas. Diversos movimientos de independencia, que nunca fueron la misma guerra, entre 1810 y 1821; después, las contiendas contra Iturbide hasta su abdicación en 1823, de ahí el conflicto entre monárquicos y republicanos, liberales y conservadores, federalistas y centralistas, un estado de guerra civil perpetua que permitió una invasión de Francia en 1838, una de Estados Unidos 10 años después, de Francia nuevamente en 1862, y la imposición del Imperio de Maximiliano en 1864. Después desacuerdos por la división de los liberales, y así hasta 1876 en que Porfirio comenzó el proceso de pacificación del país, lo cual hizo, desde luego, usando la violencia.

Cuando Porfirio Díaz toma el poder, tiene muy claro su lema de paz, orden y progreso. Para él la libertad no era el bien social a perseguir de manera inmediata. Fiel al espíritu de su tiempo, pensaba que lo más importante era la paz, sin importar su precio; esa paz pondría al país en orden y ese orden generaría progreso económico, que derivaría inevitablemente en progreso social, en enriquecimiento y educación. Ya entonces se podría hablar de libertades.

Así pues, Díaz se enfoca en pacificar sin importar el precio, para de inmediato, y siguiendo el plan liberal que ya estaba trazado por Juárez, conseguir inversionistas que trajeran sus capitales a industrializar y modernizar México. En el siglo XIX las cosas cambiaron vertiginosamente, y a Porfirio le tocó vivir mucha más innovación que a Benito. Se concentró en traer trenes, teléfonos, telégrafos, electricidad... y justo en su gobierno se descubrió que México era abundante en el recurso que estaba moviendo al mundo moderno, y del que dependería el rumbo de las guerras y el destino de México: el petróleo.

Al tomar el poder, Porfirio continuó una relación económica firme y sólida con los Estados Unidos, más por necesidad que por convicción; pero conforme Europa avanzaba por la senda de la industria, Díaz comprendió la necesidad de diversificar la economía mexicana y a sus inversionistas, así que comenzó a dar concesiones a los europeos. De esa estrategia se derivó el éxito económico de su mandato... pero también su caída; los estadounidenses no estaban dispuestos a tolerar a un mandamás que diera preferencia a los europeos.

Después de su guerra civil, los Estados Unidos corrían por el camino de la industrialización a pasos agigantados, y México era para ellos una fuente de recursos y un potencial mercado. En Europa, Alemania va emergiendo como gran potencia, desbancando de sus tradicionales posiciones al un, dos, tres de entonces: Inglaterra, Francia y Rusia. El nacimiento de Alemania altera todo el juego de potencias; un gigante más queriendo su parte del botín del mundo.

Por otro lado, imperios ancestrales se desmoronan y dejan territorios libres para ser conquistados por los nuevos poderosos. El Imperio otomano está perdiendo sus territorios en Europa, lo que echará a los europeos al conflicto por los despojos; de ahí nació la Primera Guerra Mundial. Al mismo tiempo, el Imperio chino vivía la más terrible decadencia, provocada por una invasión europea tras otra. El reparto chino también era causa de disputas entre Occidente, y además, de ese lado del mundo existía otro factor: Japón, un país imperialista que se había industrializado al estilo europeo, y también creía tener derecho sobre el pedazo del mundo donde su país se encuentra.

El reparto de África fue algo que hizo que los poderosos de Europa siempre encontraran motivos para firmar la paz; claro, mientras hubiera algo más de África que pudieran adjudicarse; pero de pronto la totalidad del continente estaba conquistada, y esa Alemania recién nacida, pero poderosa, quería su pedazo. El último reparto civilizado del mundo que hicieron los europeos fue en el congreso de Berlín en 1875. Civilizado para ellos, desde luego, porque no incluyeron en las negociaciones a los pueblos de los territorios que iban a distribuirse como si fueran suyos.

Hay dos caras de la moneda. Durante el periodo de la Bella Época hubo un auge económico nunca antes visto en la historia de la humanidad, derivado de una forma de generar riqueza sin precedentes. La ciencia y la tecnología se convertían en automóviles, focos eléctricos, proyecciones de cine, rascacielos y ascensores, escaleras eléctricas. En las ciudades la gente veía paz, orden, progreso, empleos, descubrimientos, colores y modas, música y bailes, vanguardias artísticas. Nadie veía colonias conquistadas, ejércitos invasores, esclavitud disfrazada tras nombres diversos, mineros 12 horas bajo tierra, proletarios en la miseria. Tanto en Europa como en América la gente iluminada por el progreso no veía el lado oscuro de esa revolución.

Porfirio Díaz necesitaba enriquecer a México y lo hizo, aunque la mayoría de los mexicanos no notara ese enriquecimiento. Don Porfirio siguió las tendencias de la época, y empresarios de Estados Unidos y Europa modernizaron al país. De pronto había vías férreas, presas hidroeléctricas, empresas siderúrgicas y altos hornos, teléfono, telégrafo, ciudades empedradas e iluminadas, escuelas, bancos, créditos, exportaciones. Todo eso nos dejó el dictador. Y sí, por su mexicana manía de eternizarse en el poder, también nos dejó una revolución que destruyó todo el progreso adquirido.

En la ciudad de México se veían escenas que podrían ser parisinas o vienesas; desde los ostentosos edificios, los comercios exitosos, pastelerías y cafés, salones de baile, carruajes, iluminación, cines y teatros, y gente muy bien vestida disfrutando de todo eso. Pero al igual que en Europa, no veían al jornalero, al campesino despojado de sus tierras que manaban petróleo, al minero muriendo con los pulmones negros, al peón humillado, a los semiesclavos. El lado oscuro de la Bella Época fue terrible en ambos lados del océano, y la gente bonita se las ingenió para no verlo.

Pero en Europa ese capitalismo evolucionó hacia el Estado de bienestar, y con todo y dos guerras mundiales en medio, el viejo mundo se reconstruyó, lo hizo sobre cimientos de justicia social, y con el trabajo conjunto de todos los sectores. En Estados Unidos salieron lastimados y fragmentados de su guerra civil; su capitalismo no condujo a la idea de Estado de bienestar, quizá porque gracias a las dos guerras mundiales su economía crecía de tal forma que alcanzaba a abarcar a todos.

En México tomamos el mismo camino que Europa y Estados Unidos; el de la Revolución Industrial, el capitalismo liberal, la democracia, el laicismo, la soberanía popular. Aquí también tuvimos un prolongado periodo de estabilidad y progreso, y también vimos cómo ese sueño se desvanecía en una lucha, revolución en vez de guerra mundial.

Al parecer también nos reconstruimos tras nuestro conflicto… pero 100 años después de la muerte de don Porfirio, de nuestra revolución, de la guerra mundial, el mundo con el que coqueteábamos en el siglo XIX avanzó y se edificó por senderos de progreso, justicia, respeto e inclusión que nosotros aún no podemos ni soñar. México sigue su eterno proceso de destruir y reconstruir siempre sobre escombros. Hay lecciones que México no aprende, ni en guerra ni en paz.

El lado oscuro de la Bella Época es terrible, y ése es el lado oscuro del porfiriato. El mundo lo superó y nosotros no; quizá se deba a la oscuridad profunda del lado oscuro del mexicano, que a su vez se deriva de la terrible incomprensión que tenemos de nosotros mismos; incomprensión derivada de que el objetivo del sistema educativo nacido en los gobiernos emanados de la Revolución nunca fue ilustrarnos ni liberarnos.

La educación en México, y de manera muy especial la de la historia, se hizo para oscurecer la mente del pueblo, y lograr con ello un eterno sometimiento. Ése fue el proyecto del dinosaurio, y ninguno de sus hijos multicolores tiene la menor intención de cambiar eso. Tanto el individuo como el pueblo que ignoran lo que son constituyen el mayor tesoro del cura y el político, y de todo aquel que quiera ejercer control sobre ti. "Conócete a ti mismo", decía Sócrates, en ese conocimiento está la luz. México no se conoce, por eso no puede amarse, aceptarse y sanar sus heridas. En eso reside toda su oscuridad.

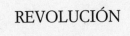

REVOLUCIÓN

LA REVOLUCIÓN DE LOS FIFÍS

PEDRO J. FERNÁNDEZ

Fue durante el periodo en el que Porfirio Díaz se mostró como un estadista capaz, que la familia Madero realmente consiguió su riqueza. Evaristo Madero, abuelo de Francisco, aprovechó los beneficios del nuevo gobierno para lograr la estabilidad y convertirse en uno de los empresarios más importantes de todo el país. Vaya, hasta podríamos decir que los Madero eran amigos de José Yves Limantour, secretario de Hacienda de don Porfirio.

La cosa no era tan sencilla, pues Evaristo no sólo tenía ambiciones comerciales, sino políticas; fue gobernador de Coahuila desde el 15 de diciembre de 1880 hasta el 1° de mayo de 1884, mientras era presidente el compadre de don Porfirio: Manuel González. Si somos francos, sabemos que quien realmente estaba detrás del poder era don Porfirio, y que él mismo los ponía y quitaba a su antojo. Pues bien, a don Porfirio no le gustaba que Evaristo fuera dirigente, por lo que no aprobó sus últimos proyectos y, además, le advirtió que no podría reelegirse en la gubernatura de Coahuila. Evaristo, enojado, renunció antes de que terminara su periodo y volvió a Parras, Coahuila.

Curiosa mezcla de sentimientos debió haber sentido Evaristo, el mismo hombre que le permitía la bonanza económica era el que no lo dejaba participar en la política. ¿Qué tanto
influyó eso en su nieto? Quizá más de lo que creemos.

Durante los próximos años se dedicó a administrar sus diferentes negocios y a amasar una riqueza considerable. Llegó
el tiempo en el que su hijo mayor habría de participar en los
negocios… se llamaba Francisco. Y éste también tuvo un hijo
con el mismo nombre… Francisco.

"Fifí" Francisco.

A diferencia de Emiliano Zapata, quien fue testigo de la miseria y abuso de los pueblos de Morelos a manos de los hacendados, Francisco tuvo una infancia relativamente tranquila, después de todo había nacido en cuna de oro. Tenía tiempo para
jugar con sus hermanos, para ir a la escuela… no tenía necesidad
alguna de trabajar o de pasar hambre. Francisco era, en cierta
medida, un hombre que disfrutaba lo mejor del porfiriato.

Francisco en el norte y Zapata en el sur no podían ser más
diferentes, por su forma de pensar y su estilo de vida. Tampoco podrían imaginar que el destino habría de unirlos de una
manera sumamente extraña.

Llegado el momento, Francisco viajó a París para estudiar
peritaje mercantil en la École des Hautes Études Commercia-
les, y en el departamento de agricultura de la Universidad de
California en Berkeley. Viajar fuera de México lo cambió por
completo, pues le dio una idea de cómo era la política y la
sociedad en otros países, las ideas de modernidad que aún no
llegaban a México, y le permitió contrastarlas con la forma de
gobernar de Porfirio Díaz. También se llenó del humanismo,
de ideas de lucha y… ¡espiritismo!

Así, Francisco aprendía en Francia sobre la trascendencia de los espíritus de aquellos que han desencarnado en este mundo, y Emiliano Zapata, en Morelos, cumplía la promesa que le había hecho a su padre de que lucharía por las tierras que les había arrebatado la Hacienda de Hospital.

Llegó el nuevo siglo y el régimen comenzó a desmoronarse.

Al volver al país, Francisco I. Madero había cambiado, tenía manías extrañísimas que su familia no alcanzaba a comprender, pues de repente dejó de comer carne y de beber alcohol. Además, se preocupó de los peones de la hacienda de su familia, los curaba a través de la homeopatía, y hablaba con ellos para asegurar su bienestar de cualquier forma. Nacía el hombre humanista e idealista, el que esperaba un México mejor… y aquél sólo podía existir si el dictador de México dejaba el poder.

Madero, entonces, se opuso a la reelección de gobernador de Coahuila. Muchos en el estado lo hicieron, pero al final del día se impuso la santa voluntad de Porfirio Díaz: Miguel Cárdenas volvió a tomar el poder.

A partir de ahí, comenzó a interesarse por la política, a dar dinero a aquellos que se oponían a la reelección. Como que de primer momento no quiso participar directamente como candidato. Ésa fue la época en la que entabló relación con otros personajes que estaban en contra del gobierno de Porfirio Díaz, los hermanos Flores Magón, periodistas y anarquistas.

Por un tiempo, Madero los apoyó, hasta que se dio cuenta de que eran demasiado extremistas para su gusto.

Para Madero estaba claro; lo sabía él y lo sabían los espíritus con los que conversaba, sólo México cambiaría si él mismo se aventaba a participar en la política, aunque Porfirio no quisiera.

Y Porfirio no quiso.

La exigencia de Francisco I. Madero no era única, muchos jóvenes deseaban participar en la política de su país, y Porfirio no los dejaba. Para el dictador, sus hombres, los viejos funcionarios que habían envejecido con él, eran los que sabían estar a cargo de México.

Madero reaccionó rápido, decidió lo impensable: ser candidato a la presidencia en 1910. Tenía los medios para hacerlo, y también la educación. En Morelos, Emiliano Zapata había comenzado a luchar por las tierras de Anenecuilco. La lucha de los dos los llevaría a la cárcel.

Francisco I. Madero escribió un libro llamado *La sucesión presidencial en 1910*, en el que denunciaba los excesos de la dictadura, pero reconocía a Porfirio Díaz como un gran hombre para México. Madero lo invitaba a renunciar al poder para que su legado pudiera vivir. Porfirio no lo hizo, se sentía indispensable.

Por lo tanto, Madero siguió con su campaña a la presidencia. Incluso se entrevistó con el mismísimo Porfirio en Palacio Nacional, donde Madero le recriminó algunas cosas, y éste no lo bajó de idealista tonto. Estaba claro que ninguno de los dos habría de entenderse. Eran producto de dos siglos diferentes y, por lo tanto, sus ideas sobre lo que debía ser México no eran las mismas.

Para quitarse de encima a Madero antes de las elecciones y de las fiestas del centenario, Porfirio lo mandó arrestar. Ese mismo año el gobernador de Morelos mandó arrestar a Emiliano Zapata para quitárselo de encima.

Ambos hombres, por su lado, salieron de la cárcel con ánimos renovados de lucha. En el caso de Madero, se le permitió estar en San Luis Potosí, pero no podría salir de la ciudad. Desafiando esta orden, se disfrazó y huyó a San Antonio, Texas, donde escribió el Plan de San Luis, con el que habría de convocar a la revolución armada.

El documento empieza claro y fuerte:

Nuestra querida patria ha llegado a uno de esos momentos: una tiranía que los mexicanos no estábamos acostumbrados a sufrir, desde que conquistamos nuestra independencia, nos oprime de tal manera, que ha llegado a hacerse intolerable. En cambio, de esa tiranía se nos ofrece la paz, pero es una paz vergonzosa para el pueblo mexicano, porque no tiene por base el derecho, sino la fuerza; porque no tiene por objeto el engrandecimiento y prosperidad de la patria, sino enriquecer a un pequeño grupo que abusando de su influencia, ha convertido los puestos públicos en fuente de beneficios exclusivamente personales, explotando sin escrúpulos todas las concesiones y contratos lucrativos.

Y terminaba fuerte y claro:

No vaciléis, pues, un momento: tomad las armas, arrojad del poder a los usurpadores, recobrad vuestros derechos de hombres libres y recordad que nuestros antepasados nos legaron una herencia de gloria que no podemos mancillar. Sed como ellos fueron: invencibles en la guerra, magnánimos en la victoria.

El documento llegó a Morelos, donde Emiliano Zapata lo leyó con gran interés, pero le llamó la atención que ni en él ni en su libro se planteara la lucha agraria como un problema importante para México. De todas maneras quiso participar en ella, así que envió a su mentor, el maestro Torres Burgos, a entrevistarse con la gente de Madero. Quería explicarle que los hacendados habían pasado muchos años robando tierras. Pareciera lógico que al hijo y nieto de un hacendado no le preocuparan este tipo de asuntos.

El 19 de noviembre los hermanos Serdán (maderistas de corazón) tuvieron un altercado con el ejército, lo que provocó una balacera en la que no salieron bien librados. El 20 de noviembre, de acuerdo con lo establecido en el Plan de San Luis, iniciaron los primeros levantamientos armados en todo el país. Esporádicos al principio, pero fueron tomando fuerza durante los meses siguientes. Madero no era un militar hábil, eso estaba claro, pero se rodeó de personas que sí lo eran: Pancho Villa, por ejemplo. Villa fue clave en la toma de Ciudad Juárez, lo que provocó que Porfirio Díaz no tuviera más opción que negociar con los rebeldes. Era mayo de 1911, Madero quería que Porfirio Díaz renunciara y se fuera, pero los simpatizantes de Madero lo urgían a tomar el poder.

A partir de ese momento algunos seguidores empezaron a considerarlo como un hombre tibio… y lo comprobaron cuando Porfirio Díaz renunció a la presidencia, y el poder lo tomó Francisco León de la Barra, en lugar de hacerlo Francisco I. Madero. Los revolucionarios esperaban que su líder fuera presidente, ¿por qué no? Durante todas las revoluciones que había tenido el México independiente los ganadores se convertían en gobernantes, desde Guadalupe Victoria hasta Porfirio Díaz… Madero era diferente, quería hacerlo todo conforme a la ley. Para él, la ley era todo.

Para Emiliano Zapata el problema era claro… ¿cómo podía llevarse a cabo una transición de acuerdo con la ley existente si era la misma que los había pasado a fregar? Además, León de la Barra era porfirista y tenía ganas de fregar a los maderistas. Por lo mismo, emprendió una batalla intensa contra el Ejército Libertador del Sur. Zapata buscó a Madero para pedirle ayuda, éste sólo le ofreció una petición de paciencia.

Empezaron las divisiones. La revolución de Francisco I. Madero era demasiado fifí como para apurarse a cumplir con las exigencias agrarias. ¿Qué podía hacer don Emiliano? Esperó a que se llevaran a cabo las elecciones extraordinarias, descritas por varios historiadores como las limpias de México (lo cual es mucho decir en un país que mama el fraude electoral como si fuera leche materna). El ganador fue, por supuesto, Madero...

"Ahora sí nos va a cumplir", ha de haber dicho Emiliano Zapata. Después de todo, Madero les había prometido a los pueblos de Morelos regresarles sus tierras. Es más, hay una anécdota curiosa que sucedió poco antes de aquellas elecciones extraordinarias. Resulta que Emiliano Zapata acude a casa de Francisco I. Madero a pedirle que se apure con el asunto agrario, y éste le seguía pidiendo paciencia y el licenciamiento de sus tropas. En un momento, Zapata se hizo de su pistola. Estaba cargada; con ella le apuntó a Madero directamente al corazón para pedirle su reloj. Madero lo entregó.

Madero temblaba, se secaba la frente con un pañuelo blanco de algodón.

—Si usted me vuelve a ver, ¿no me pediría de vuelta su reloj, sino también una retribución por el agravio que se le ha cometido?

Madero asintió. Zapata le devolvió su reloj.

—Pues eso mismo ha pasado con los pueblos de Morelos.

¡Eso mismo había pasado con los pueblos de todo México!

Cuando Francisco I. Madero tomó el poder, el ejército mexicano continuó asediando a Zapata para que licenciara a sus tropas, sólo así se encargaría del asunto agrario. Los zapatistas no entregarían las armas hasta que les regresaran sus tierras. Estaba claro, una vez más, que no iban a entenderse, que sus dos revoluciones no podían coexistir.

Finalmente, a finales de 1911, Zapata escribe en su Plan de Ayala:

Teniendo en cuenta que el llamado Jefe de la Revolución Libertadora de México, don Francisco I. Madero, por falta de entereza y debilidad suma, no llevó a feliz término la Revolución que gloriosamente inició con el apoyo de Dios y del pueblo, puesto que dejó en pie la mayoría de los poderes gubernativos y elementos corrompidos de opresión del Gobierno dictatorial de Porfirio Díaz, que no son, ni pueden ser en manera alguna la representación de la Soberanía Nacional, y que, por ser acérrimos adversarios nuestros y de los principios que hasta hoy defendemos, están provocando el malestar del país y abriendo nuevas heridas al seno de la Patria para darle a beber su propia sangre; teniendo también en cuenta que el supradicho señor don Francisco I. Madero, actual Presidente de la República, trata de eludirse del cumplimiento de las promesas que hizo a la Nación en el Plan de San Luis Potosí, siendo las precitadas promesas postergadas a los convenios de Ciudad Juárez; ya nulificando, persiguiendo, encarcelando o matando a los elementos revolucionarios que le ayudaron a que ocupara el alto puesto de Presidente de la República, por medio de las falsas promesas y numerosas intrigas a la Nación.

Y por lo tanto: "Se desconoce como Jefe de la revolución al señor Francisco I. Madero y como Presidente de la República por las razones que antes se expresan, procurándose el derrocamiento de este funcionario".

Madero aprendió, en el gobierno, que no es lo mismo estar en contra de un régimen que encabezar uno. También que las promesas que uno hace durante una revolución deben cumplirse rápidamente.

Durante 1912 Francisco I. Madero y Emiliano Zapata mantuvieron su distancia entre sí. Madero, apegado a la ley, no cumplió con las expectativas de la revolución, los porfiristas importantes se mantuvieron en el poder político y económico, la situación agraria permanecía igual, no había disminuido la pobreza, el analfabetismo ni la marginación. Es cierto, sólo había pasado un año desde la renuncia de Porfirio Díaz, pero las estructuras de poder eran prácticamente las mismas. Todos los sabían, y Victoriano Huerta se aprovechó.

A principios de 1913 el idealismo de Madero le había traído enemigos y enemistades. Su figura había comenzado a desgastarse como político, como revolucionario aún era aplaudido. Poco sabía él que el gobierno de los Estados Unidos, que tanto lo había ayudado a quitar del poder a Porfirio Díaz, confabuló con Victoriano Huerta en lo que ahora conocemos como Decena Trágica. Diez días en los cuales la ciudad de México estaría hecha un polvorín, y que culminaría con la renuncia, traición y muerte de Madero.

Emiliano Zapata se enteró, por supuesto, de aquello, pero no fue en ayuda del que alguna vez fuera su amigo (Madero fue su padrino de bodas); en cambio, permaneció en Morelos hasta que pasó la tragedia. Él también sería traicionado en

Chinameca en 1919, sin idealizar nunca al revolucionario que había desconocido en su Plan de Ayala.

Ésta fue la historia de dos hombres, dos luchas y dos revoluciones que nunca pudieron entenderse: una de fifís, y otra de robavacas; las dos por el bien de México.

ROCKEFELLER, REVOLUCIÓN Y PETRÓLEO… EL LADO OSCURO DE UN MILLONARIO

LEOPOLDO MENDÍVIL

El 22 de febrero de 1913 personas vinculadas con la embajada de los Estados Unidos mataron a Francisco I. Madero y pusieron en su lugar a un dictador borracho y asesino: Victoriano Huerta, "el peor presidente que hemos tenido". Eso fue horrible para los mexicanos, pero también —tal vez peor— para el país vecino. No lo vieron venir.

Se presentó el enviado nuevo de los Estados Unidos, John Lind —nuevo porque hubo un cambio de presidencia en gringolandia en marzo de ese año, y el gordo presidente William Taft le dejó el puesto a uno más joven, Woodrow Wilson, opositor de Taft—. El problema fue que al nuevo representante diplomático no lo recibió el borracho presidente mexicano.

—El presidente no va a recibirlo.

—¡¿No?! ¡Yo soy el enviado especial de los Estados Unidos! ¡Esto es una ignominia, una humillación!

—Hágale como quiera —le dijeron—. Al presidente Victoriano Huerta le valen madres los Estados Unidos. Ahora nos respalda Inglaterra.

John Lind salió devastado, entristecido. Qué forma tan patética de comenzar su nueva asignación como diplomático en un país atrasado. Una vergüenza. "¿Ahora qué le diré al presidente Woodrow Wilson?" El ministro de Relaciones Exteriores mexicano, hombre de Huerta, Federico Gamboa, le dijo: "Nosotros no lo reconocemos como un 'enviado de paz'. ¿Por qué paz, si nuestros países no están en guerra, o… lo están? ¡Si ustedes quieren hacer algo por México, dejen de enviar armamento a los rebeldes de este país!"

Lind decidió pasear con su esposa por la costera de Veracruz, respirando la brisa salada. Miró el mar. Pensó en el nuevo secretario de Estado norteamericano, su "amigo" Bryan. Cerró los ojos. Le dijo a ella:

—Confieso que he perdido casi totalmente la esperanza. Al ministro Bryan le sugeriré que emita un comunicado a todos los estadounidenses que viven en México para que abandonen el país, en protesta contra este bruto que ahora lo gobierna.

A su lado, el periodista estadounidense William Bayard Hale, también enviado como agente secreto por el nuevo presidente Wilson, le dijo:

—¡Imposible! ¡Este señor Huerta está apoyado por los británicos! ¡Su gobierno va a entregar todo el petróleo de este país azteca al control de Sir Pearson! Es evidente para todos que él asesinó a Francisco I. Madero, ¡y para ello fue ayudado por nuestro propio embajador, Henry Lane Wilson! —y miró las olas—. Ya empezó el caos aquí. Las tierras ya no las están cultivando. No hay seguridad. ¡Este hombre Huerta es un militar, un ebrio! ¡Un anciano con cara de simio! ¡Las minas están cerradas! ¡Las tropas del gobierno están atacando a la población, como si fueran ratas! El presidente arresta a políticos y a hombres de la prensa, ¡los hace asesinar! Apresó al jefe del partido católico —y sujetó a John por el brazo—: el presidente Huerta juró ser sólo provisional. Ése fue el "pacto de la embajada" que estableció con nuestro embajador Henry Lane: Huerta tomaría el poder como interino, sólo para convocar a elecciones. ¡Ahora se quiere perpetuar como mandatario!

En Washington la cosa estaba peor: el fiscal general divulgó papeles que comprobaban la conexión de la estadounidense Standard Oil de John Rockefeller en el complot para poner en el poder a Francisco I. Madero.

—¿Es verdad que usted, señor John Archbold, presidente global de la corporación Standard Oil, tuvo conocimiento de que C. R. Troxel...?

—No tengo conocimiento de nada de eso —le sonrió—. Todo lo que se diga al respecto, sea lo que sea, es mentira.

—¡Pero aquí tengo los papeles, mírelos! —y los agitó—. ¡El señor Troxel visitó a Gustavo Madero en un parque en El Paso, Texas, el 2 de mayo de 1911, y le ofreció un millón de dólares para derrocar a Porfirio Díaz, dinero que se utilizaría para el armamento y para la campaña periodística! ¡A cambio, le solicitó a ese señor Gustavo que, al llegar al poder, Francisco I. Madero le quitaría los privilegios a la empresa británica de Pearson y daría todas las concesiones de petróleo al conglomerado del señor Rockefeller!

—Insisto: todo esto es falso. Me están quitando el tiempo.

—Vamos a llegar hasta el fondo con todo esto. ¡La corporación Standard Oil del señor John Rockefeller no sólo está causando estragos en varios países del mundo, sino aquí mismo, en los Estados Unidos! ¡¿Cómo es posible que nuestro propio embajador en México, el señor Henry Lane Wilson, haya sido quien puso en ese país a un tirano alcohólico que ahora sirve a Inglaterra?! ¡Ese señor Henry Lane Wilson es un traidor! ¡Deberá procesársele como tal!

Mientras tanto, en México, el embajador Lane Wilson, perteneciente a la anterior administración estadounidense —la de William Taft—, observó plácidamente sus jardines floreados de la mansión de la embajada, ubicada en la actual glorieta del Metro Insurgentes —hoy la casona está destartalada, su interior huele a caca y sólo queda un muro—.

—Cómo detesto a nuestro nuevo presidente. Un idealista —y encendió un puro—. Estábamos mejor con mi gordo amigo Taft.

Su asistente Marcy le dijo:

—Tenemos un problema, señor —y le mostró un periódico—. Robert H. Murray, del *Harper's Weekly*, está diciendo que usted participó en el derrocamiento y asesinato del señor Madero, e incluso... dice que usted fue la mente detrás del complot para poner al señor Victoriano Huerta, lo cual, dice él, lesiona los intereses de los propios Estados Unidos.

Henry Lane Wilson le puso la mano en el hombro. Le sonrió:

—Querido amigo, voy a demandar a ese imbécil y al editor del *Harper's*, Norman Hapgood, ante la Suprema Corte del Distrito de Columbia. Tendrán que pagarme 350000 dólares por calumniarme. Todo lo que digan, hoy y siempre, es sólo una infame mentira —aspiró el humo.

A unas cuadras de distancia, el embajador de Alemania, Paul von Hintze, miró por la ventana:

—Es increíble —miró en dirección a la embajada estadounidense—. El verdadero gobierno de México está en ese edificio, no en la oficina del general Huerta. El presidente de este país es ya, en los hechos, Henry Lane Wilson. Él controla al general.

En su automóvil de negras y brillosas curvas, el general Victoriano Huerta, con una botella de licor bajo la axila, le dijo a su amigo Querido Moheno, quien estaba sentado a su lado:

—Yo gobierno en este automóvil. Desde hoy ésta es mi oficina —y acarició la portezuela.

—Pero señor presidente... ¿en su carro...?

—Si quieren verme, que me vean aquí los cabrones. Aquí va a estar difícil que me maten —y se llevó la botella a la boca—. Y a ese idiotita que anda diciendo cosas contra mí en el Senado, ese senador Domínguez, haz que lo agarren. Que lo secuestren y lo maten. Que me lo traigan primero.

Era Belisario Domínguez. Huerta le dijo a su amigo:

—Llama a Body, el auxiliar de Lord Cowdray. Vamos a darle las concesiones a Inglaterra para Minatitlán y Tuxpan, y el ferrocarril de Veracruz, y la zona del río Pánuco y Tampico.

—Pero... ¿todo eso...? ¿Esto no va a enojar a los Estados Unidos, más de lo que ya están...?

—¡Que se pudran los pinches gringos! —y golpeó su pierna contra la portezuela.

En los Estados Unidos, Woodrow Wilson, delgado y demacrado, estaba desconsolado.

—¿Qué autoridad tengo yo —le dijo a su esposa— si no puedo quitar del sur de nuestra frontera a ese asesino alcohólico que nos falta al respeto, respaldado por los británicos? —y le besó la mano—. ¿Acaso soy el presidente más débil en la historia de los Estados Unidos?

—No, amor —le sonrió ella—. Tú vas a lograr todo lo que te propongas, pero lo harás inteligentemente.

—Es verdad. ¿Inteligentemente…?

Entraron a su oficina delegados británicos, sonriéndole.

—Venimos a celebrar el primer centenario de la paz entre nuestras naciones —y le acercaron un presente—. Le sugerimos no intervenir en México.

Wilson les dijo:

—Señores, me gustaría que dejaran de proteger al nuevo presidente de México, que está claramente contra mi gobierno.

Uno de los ingleses le sonrió:

—Proponemos, para celebrar este centenario de nuestra amistad, lo siguiente: que aquí, en Washington, ustedes coloquen una estatua de nuestro rey Jorge V, y en Londres nosotros colocaremos una estatua de usted, ¿qué le parece, señor Woodrow Wilson?

—¡Hay cosas más importantes! ¡Quítenle primero el respaldo militar a ese sinvergüenza que insulta públicamente a mi gobierno! ¿O ustedes desean guerra…?

—Señor presidente, el profesor Hugo Münsterberg acaba de hacer una buena proposición en el hotel Plaza, que podría resolver todas las cosas —y lentamente se volvió hacia atrás—. ¿Qué tal sería que los Estados Unidos e Inglaterra formáramos un bloque militar unido… contra… digamos… Alemania…? —y lo miró, entrecerrando los ojos.

Wilson lentamente negó con la cabeza. "¿Esto es lo que quieren, hijos de perra…? ¡¿Esto es lo que quieren?!"

En las afueras de la ciudad de México, bajo las estrellas, en un enorme campo sombrío de magueyes, el soldado mexicano Simón Barrón, con la ropa rota, con sangre en el cuerpo después de la golpiza por parte de quien le dijo ser Sherburne Gillette Hopkins, se arrastró hacia la distante luz de una cabaña en las tinieblas. Por detrás de su espalda, su nuevo amigo, Vidal Cacaño, le dijo:

—¡Hay cosas que tú no sabes, Simón Barrón! ¡El hombre que financió a Madero no fue únicamente John D. Rockefeller! ¡Hubo más hombres, más corporaciones internacionales!

—Yo tengo el cable que demuestra los 650 000 dólares que dio Rockefeller para derrocar a Porfirio Díaz. Él fue el que lo derrocó: Rockefeller. Es un problema entre los Estados Unidos y los británicos por nuestro petróleo. Quieren acabar con Lord Cowdray. Cowdray es el agente de Inglaterra. Churchill depende del petróleo de México.

—Hay otros —y se le aproximó Vidal, trotando—: ¿Sabías que el hombre que te golpeó, el abogado Gillette, trabaja para Henry Clay Pierce, el dueño de la empresa que distribuye todo el petróleo refinado en México, Waters Pierce, y que él mismo hizo todo esto con dinero de Charles Flint, el empresario que trabajó en Nicaragua y en Chile, y que orquestó el golpe de Estado en Nicaragua?

—Claro que sé todo esto —siguió avanzando—. ¿Crees que soy un idiota? ¡Detrás de todo esto está el señor Rockefeller! Voy a contactar al señor Rockefeller. ¡Es la única forma de detener todo esto!

Vidal Cacaño comenzó a reír.

—¡Estás loco! ¡Jamás podrás hablar con el señor Rockefeller! ¡Y el que está detrás de Clay Pierce no es Rockefeller! ¡No es Rockefeller!

En los Estados Unidos, el empresario Henry Clay Pierce, canoso y de bigote blanco, gritó en la tribuna:

—¡Desde febrero de este mismo año la corporación Standard Oil no es accionista en Waters Pierce Oil, pues yo le recompré todos sus bloques accionarios al señor Rockefeller! —y levantó sus papeles—. ¡Aquí nadie de ustedes me va a acusar ahora ni a la Waters Pierce de ser parte de una conspiración del señor John D. Rockefeller!

El fiscal Hadley se levantó de su asiento:

—Desde 1870, cuando se inició la filial Waters Pierce, se gestó esta conspiración maligna con el conglomerado Standard Oil del señor Rockefeller para monopolizar juntos la producción, el transporte y la comercialización del petróleo, con todas esas vías férreas que ahora usted controla no sólo aquí en Texas y Missouri, sino también hacia el sur, en México. ¡Desde el 29 de mayo de 1900 usted es sólo una prolongación del señor John Rockefeller!

Henry Clay Pierce le sonrió:

—Le repito: desde febrero el señor Rockefeller no tiene acciones en mi empresa. ¡Está fuera! ¡Yo le compré sus acciones! —y se golpeó el pecho—. ¡Ahora yo soy mi propio jefe!

—¡¿Entonces quién le aportó el dinero para comprar esas acciones del señor Rockefeller?! —le gritó—. ¡Usted no tenía los tres millones de dólares que se requirieron para la recompra de esas acciones!

Todos se preguntaron quién era ese otro accionista.

En México, en un lugar oscuro de Sonora, un rebelde enemigo del general Victoriano Huerta, el exgobernador de Coahuila, Venustiano Carranza —un hombre de casi dos metros, con una barba de medio metro—, vio entre la maleza una figura que se acercaba en la noche. Le dijeron:

—Es Hopkins. Sherburne Gillette Hopkins, el agente de los Estados Unidos que ayudó a Madero.

Carranza sonrió:

—Que entre. Ahora sí vamos a derrocar a Victoriano Huerta.

Hopkins entró a la casucha. Se colocó en la mesa, sin su sombrero. Miró fijamente a Carranza:

—Éste será el plan —y le presentó a otro agente, éste enviado desde Alemania: el espía imperial germánico Félix Sommerfeld, parecido al actor Tom Hardy—: Yo voy a ser el enlace entre ustedes y el presidente Woodrow Wilson, quien desea derrocar a Huerta. Mi amigo Félix —y palmeó a Sommerfeld— se va a encargar de traerles las armas desde los Estados Unidos: de Remington y del grupo alemán Krupp. Huerta no va a durar contra este armamento. El dinero lo van a aportar por entero los señores Henry Clay Pierce y su protector Charles Flint, y será comprado por medio de la empresa Flint and Company, de Nueva York. Usted tendrá su trasero en la silla presidencial de México.

Carranza le sonrió.

—Gracias, amigo —y le brillaron sus redondos anteojos.

Sí: los Estados Unidos pusieron también a Venustiano Carranza.

Sherburne Gillette Hopkins —llamado también "Sherby"— recibió los 50 000 dólares —cifra idéntica a la que tres años atrás se había negociado con Gustavo Madero para tirar a Porfirio Díaz.

Afuera, el soldado Simón Barrón, temblando por el frío, se aproximó, con su arma en la mano, seguido por su nuevo amigo, Vidal Cacaño.

En los Estados Unidos, el multimillonario Charles Ranlett Flint suavemente abrazó a su amigo Henry Clay Pierce.

—Sherby y su padre han sido mis abogados por mucho tiempo. Me ayudaron a dominar Guatemala y Nicaragua. Juntos controlamos a Manuel Estrada y derrocamos a Zelaya. Debemos hacer realidad el corolario Roosevelt a la Doctrina Monroe. ¿No lo dijo Teddy Roosevelt en 1904? Donde quiera que los intereses estadounidenses estén en peligro, debemos intervenir, incluso con la fuerza de las armas —y miró hacia el horizonte—. América para los americanos. Hoy en día nuestros intereses en peligro están en México. Están amenazados por Inglaterra. *Fuck England.*

—*Fuck England* —le respondió Henry Clay Pierce.

En Inglaterra, el primer ministro Asquith recibió a Sir Lionel Carden, el cual le dijo:

—Los Estados Unidos han interferido en sus vecinos más débiles, como Panamá, Nicaragua, Honduras y México. Ahora los estadounidenses planean derrocar al señor Victoriano Huerta. Yo le digo a usted —y le puso el dedo en el pecho—: Me parecería una locura en estos momentos sustituir al general Huerta por otro hombre. ¡Huerta es un hombre capaz! ¡Los intereses de los inversionistas británicos también cuentan! Debemos ofrecerle al general Huerta todo el apoyo financiero que sea necesario. Dependemos del petróleo de México.

A su lado estaba el ministro de Exteriores, Sir Gray.

—Señores —y miró a Asquith. Se ajustó su monóculo—, no sé qué tanto nos conviene colocar a Su Majestad Jorge V en la situación de entrar en una confrontación tan directa contra los Estados Unidos. ¡No en este momento! ¡Esto podría llevarnos a una guerra! ¡Estamos amenazados por Alemania!

A mi entender, ya hay un agente alemán ayudando a los Estados Unidos en México para derrocar a Huerta, ese tal Félix Sommerfeld. No podemos permitir, por ninguna razón, que se geste una alianza alemana con los Estados Unidos. Eso sería ¡simplemente... impensable! ¡Nos destruirían!

En México, el soldado Barrón jaló por la manga a Cacaño. Lo empujó hacia la ventana. Ambos miraron hacia el interior de la cabaña. Adentro, bajo la luz de los faroles, los agentes secretos Félix Sommerfeld y Sherburne Gillette Hopkins estaban tramando el futuro de México con Venustiano Carranza, quien pronto, gracias a estos dos espías, iba a ser presidente de México.

Posdata: A Henry Clay Pierce, financiador de la Revolución Mexicana, hoy no hay mexicano que lo conozca. Clay pasó al anonimato y su tumba es ahora un silencioso mausoleo de mármol abandonado en el cementerio Bellefontaine, St. Louis, Missouri, bloque 52, lote 1074. Ni siquiera tiene página en la Wikipedia. El señor Charles Flint fue el creador de la computadora IBM —fundó la International Business Machines [IBM], que surgió de la Computing-Tabulating-Recording Company de 1911, con dinero que salió en parte del hule que Flint sacó de México, por lo cual somos parte de la industria informática mundial y auspiciamos —sin saberlo— el nuevo mundo de internet.

REVOLUCIÓN Y GUERRA MUNDIAL

Juan Miguel Zunzunegui

Todo régimen emanado de una revolución cuenta una historia que gira en torno a glorificar dicha revolución. La revolución es el mito del régimen, su cimiento, su ideología, su legitimidad, por eso las mejores historias, las más heroicas y gloriosas, las más abnegadas, con los próceres más impolutos, se reservan para la revolución. La revolución es la mentira que el régimen se cuenta de sí mismo, y es por lo tanto la mitología que hay que inocular en toda la población.

El cuento que se cuentan de sí mismos todos los revolucionarios es que la revolución es una guerra justa, una contienda entre el bien y el mal, en un régimen intrínsecamente bueno que consigue derrotar a un régimen intrínsecamente malo. Es un cuento de hadas o un relato metafísico, como se prefiera ver. La mentira fundacional de toda revolución es que el pueblo luchó unido contra la tiranía, y triunfó. Ese triunfo y sus beneficios quedan representados en un grupo de personas (el partido) que pretenden simbolizar y resguardar la revolución y sus valores, para lo cual, evidentemente, necesitan mantenerse en el poder. Todas las revoluciones en la historia de la humanidad han tenido estos ingredientes.

El conjunto de relatos que conforman la cosmovisión de nuestra gloriosa revolución incluyen al tirano aborrecible, fuerza del mal que debe ser derrocada; el pueblo sometido y atemorizado por su victimario, la esperanza utópica de días venideros de libertad, el paladín, apóstol o profeta, precursor justiciero que hace suya la causa de las masas; la traición y el asesinato por parte de lo más malvado de lo que sobrevive al régimen anterior; la unión fraterna para acabar con el tirano, los héroes diversos que toman la estafeta del precursor; los enemigos externos e internos; la necesidad de establecer un grupo de protectores de la gloriosa revolución, las traiciones internas, y finalmente el triunfo del elegido, el prócer máximo, el poderoso protector que es también padre cariñoso. Ahí está todo, desde la caída de Díaz hasta el endiosamiento de Lázaro Cárdenas.

Tras tres décadas de estabilidad porfiriana (1876-1911), llegaron unos 20 años de destrucción, en los que lentamente fue surgiendo el grupo de personas que no iniciaron ni pensaron la revolución, ni compartían sus causas, pero la heredaron. Tras esos 10 años (1911-1920) en que el todos contra todos fue Huerta, Carranza, Villa, Zapata; llegan otros 10 donde los sonorenses heredaron la revolución, y la matanza se organizaba entre Álvaro Obregón y Plutarco Elías Calles.

Obregón y Calles añoraban más la paz porfiriana que lo que pudieran valorar los ideales revolucionarios de Villa o Zapata; pero comprendieron que debían ir con el espíritu del tiempo hasta llegar a ser los líderes de una revolución que supuestamente nació como un grito social, aunque la pensara y encabezara un terrateniente aristócrata del norte, con apoyo y armas de los Estados Unidos.

REVOLUCIÓN Y GUERRA MUNDIAL

Pero al reconstruir con base en la industria y el capital extranjero, Obregón y Calles estaban haciendo en realidad lo mismo que Díaz, quien a su vez era la continuidad del proyecto liberal juarista. Integrarse a una economía industrial genera una clase capitalista y un proletariado, y ese proletariado estará siempre latente como fuerza revolucionaria. Calles fue el que convirtió la revolución en partido, y una de las cosas que intentó fue encauzar al naciente proletariado dentro de las estructuras de dicho partido.

Conforme México se industrializaba, el proletariado y sus problemas crecían. Junto a un sistema educativo oficial, que al ser vasconcelista era conservador, fue surgiendo en los ambientes universitarios la intelectualidad de carácter socialista, pues Marx y sus continuadores eran una de las modas académicas del momento, más después del triunfo de los bolcheviques en la Revolución Rusa de 1917.

Surgieron sindicatos y agrupaciones obreras, y en medio de ese caldo de cultivo nació el Partido Comunista, en el que militaron los más destacados muralistas de México; esos que, en tiempos de Cárdenas, y con su apoyo, contaron la historia de México en pinturas, y le imprimieron a la Revolución, y a toda la narrativa histórica, ese carácter de lucha entre el bien y el mal, ya que finalmente era una narrativa de conflicto; el español contra el indio, el capitalista contra el obrero, el nacional contra el extranjero.

Entre 1920 y 1940, del inicio del gobierno de Obregón al final del de Cárdenas, se construyó la revolución, sus valores, su mitología y su versión de la historia nacional. Todo eso ocurría mientras en Europa la realidad política era el desencanto de las democracias, la expansión del comunismo y el surgimiento de dictaduras fascistas. La moda intelectual europea era el marxismo y sus derivados, y eso era la tendencia aquí. Como remate, la Guerra Civil Española y la postura cardenista de apoyar a los refugiados, que eran precisamente los republicanos de izquierdas, llenaron el naciente mundo intelectual mexicano de pensadores exiliados republicanos. Todo ese contexto colaboró a que la narrativa histórica tomara el cariz que tomó.

El porfiriato coincidió con la Bella Época, después el periodo de guerras mundiales coexistió con el proceso revolucionario mexicano, y lo determinó por completo, y la construcción del régimen posrevolucionario se dio durante la llamada Guerra Fría. En ese contexto se reconstruyó México, y con esas ideas en el ambiente, elaboró la historia de sí mismo.

Nuestra narrativa histórica tiende a apartarnos de las dos guerras mundiales, con lo que volvemos a quedarnos sin contexto y sin posibilidad de comprendernos. Se nos aleja de las guerras arguyendo que, durante la primera, México estaba en plena revolución y era ajeno a los conflictos de entonces; de la segunda se nos dice que no entramos por nuestra postura neutral y pacifista, y que al final, por presión de Estados Unidos, enviamos, casi por trámite, un solo escuadrón aéreo.

La realidad es que el proceso revolucionario de México está más relacionado con las guerras mundiales de lo que podemos siquiera imaginar. Realidad muy triste que demuestra que nuestra revolución fue planeada en Estados Unidos, peleada entre gringos, ingleses y alemanes, y determinada por los empresarios del petróleo. Valiente revolución una en la que el pueblo no sabe por qué pelea, y ni de lejos imagina los intereses extranjeros por los que se está dejando matar.

En 1909 el presidente Díaz se entrevistó en la frontera con el presidente estadounidense William Howard Taft. Esa entrevista, de la que casi nada se dice, lo determinó todo. Taft pidió una base militar norteamericana en Baja California, devaluar el peso mexicano, cancelar el proyecto de canal ferroviario en Tehuantepec, negar asilo político al presidente exiliado de Guatemala, retirar concesiones militares a los alemanes para dárselas a los gringos, y desde luego, quitarle el monopolio del petróleo mexicano al inglés Weetman Pearson para favorecer a Rockefeller. Díaz se negó a todo y quedó con los días contados. Entonces Estados Unidos comenzó a usar a Madero para derrocar al viejo dictador.

Para 1910 el petróleo comenzaba a mover al mundo, y sobre todo a la guerra. Las grandes potencias navales como Inglaterra y Alemania tenían inmensas flotas que solían usar aún motores de vapor. Alemania comenzó a cambiar a motores de petróleo, lo cual hacía su flota infinitamente más poderosa; el lord del Almirantazgo británico en 1912, Winston Churchill, pidió presupuesto para modernizar toda la flota a petróleo.

Dos potencias europeas se preparan para una eventual guerra que será ganada por quien tenga el dominio del petróleo, con el detalle de que ninguno de esos países poseía este recurso. Para entonces eran conocidas pocas fuentes del hidrocarburo: Persia, la Mesopotamia del Imperio otomano, y México. El petróleo persa lo disputaban ingleses y rusos, el otomano lo peleaban ingleses y alemanes, y el mexicano era principalmente inglés, con algunas concesiones a estadounidenses.

Se acercaban los tiempos de guerra y era necesario asegurar el oro negro. Díaz se fue de México en 1911, no porque no pudiera con Madero, sino porque vio barcos estadounidenses en el país y lo comprendió todo. Madero creyó que era libre y no tenía dueño, por lo que se negó a retirar las concesiones petroleras de Weetman Pearson; luego tuvo la idea de querer cobrarles impuestos por extracción a los petroleros estadounidenses… y ahí comenzó su caída.

Los gringos que pusieron a Madero lo quitaron para volver a algún hombre del porfiriato; entre muertos y traidores les quedó una sola pieza: Victoriano Huerta, en quien también tenían puesta la mirada los alemanes. Huerta tomó el poder en 1913 y los alemanes estaban muy contentos con la influencia que tenían sobre él, por lo que los estadounidenses tuvieron que buscar otro gallo, y éste resultó ser Venustiano Carranza.

Todo tenía que ver con controlar al gobierno, y por lo tanto, al petróleo mexicano. Aún no llegamos a 1914, aún no asesinan al archiduque de Austria, supuesto origen de la Primera Guerra Mundial, pero las potencias europeas ya están en guerra encubierta en territorio nacional.

Era abril de 1914. Europa disfrutaba los últimos meses de su Bella Época, y en Veracruz y Tampico comenzó la guerra mundial. Cien barcos invadieron aguas mexicanas; según nos contamos, quesque para apoyar a Carranza y atrapar a Huerta, pero este último huyó en un barco alemán, atravesando el supuesto bloqueo estadounidense. Esos barcos estaban aquí únicamente para vigilar el petróleo.

Asesinaron al archiduque de Austria, comenzó la guerra mundial y en México gobernaba Carranza. Con él se acercaron los alemanes para proponerle invadir Estados Unidos y desviar a ese país de la contienda en Europa, y por si acaso, también se acercaron a Villa, a quien le recomendaron atacar Nuevo México para así generar un conflicto. También se acercaron a Huerta, cuando ya había huido de México y llegaba a Europa, para mandarlo de regreso con dinero y promesas de apoyo militar para recuperar el poder. Eso fue nuestra revolución, una batalla más en el juego de imperio de los poderosos.

Terminó la guerra europea, gobernaba Carranza hasta que lo asesinó un convoy militar comandado por Lázaro Cárdenas y bajo las órdenes de Álvaro Obregón. La década de los veinte se veía tranquila en el viejo mundo, mientras don Álvaro pacificaba México con su lema aquel de que, entre más matas, más gobiernas. Pero el mundo había cambiado, estábamos de lleno en una gran era industrial, capitales y capitalistas llegaron a México, y con ellos su contraparte: el proletariado, un fenómeno social al que Obregón, como le pasó en su tiempo a Díaz, no tenía idea de cómo comprender, integrar o manipular.

Antes de asumir la presidencia en 1924, Plutarco Elías Calles viajó por Europa para conocer los movimientos sociales y las tendencias de los gobiernos socialdemócratas. En esa Europa ya había tomado el poder Mussolini en Italia, como representante del fascismo, y Stalin en la recién nacida Unión Soviética, como representante del comunismo. La socialdemocracia se veía como una vía en medio que podía evitar que los pueblos se lanzaran desesperados a los brazos de los dictadores radicales.

La bonanza económica de la década de los veinte favoreció a Plutarco y a México. Fue un periodo de inversión, reconstrucción e industrialización. Para 1928 Obregón había logrado reelegirse, pero 19 balas en el cuerpo, salidas, según la historia oficial, de la misma pistola de seis tiros, le impidieron asumir el mandato, y comenzó esa extensión de Calles conocida como el Maximato, de 1928 a 1934.

Todo cambió en Estados Unidos en octubre de 1929 con el desplome de la Bolsa de Valores. Comenzó una crisis económica sin precedentes que de inmediato se sintió en Europa y en México. En Europa, Alemania venía levantándose económicamente de la Primera Guerra Mundial, con inversión gringa, cuando el crack de la bolsa sumió a los alemanes en la peor depresión económica imaginable. Fue en ese contexto en el cual un radical, extremista, racista y ultranacionalista como Hitler, pasó de tener 4% de preferencia electoral, a tomar el poder, en 1933.

La guerra amenazaba con volver al escenario europeo; la crisis también golpeó a México y el partido emanado de la revolución, liderado por Calles, tuvo que ser muy represivo y controlador con los movimientos obreros. Plutarco ya había gobernado sus cuatro años y los seis del Maximato cuando tuvo que elegir sucesor. Él, de ideas socialdemócratas, no dudó en darle su voto de confianza a un hombre de izquierda como el general Lázaro Cárdenas, al que, desde luego, pretendía manipular en la sombra.

El tema de cada mandatario mexicano, desde la caída de Díaz, había sido el petróleo. Cada presidente quiso poner en orden a los empresarios del oro negro, cobrarles impuestos o concesiones, y cada que eso pasaba, los magnates acudían a su gobierno para que amenazara con guerra o desconocimiento. Le pasó a Madero, a Huerta, a Carranza, a Obregón, y desde luego a Calles.

Cárdenas fue muy favorecido por las circunstancias. Él también quería poner en orden a los petroleros estadounidenses, y jamás lo habría logrado si no hubiera llegado al gobierno de aquel país uno de los pocos hombres decentes que han ocupado el despacho oval: Franklin Delano Roosevelt, y su política del buen vecino.

Roosevelt pretendía establecer una política de concordia con toda la América Latina, lo cual comenzaba por México, por lo que Cárdenas se encontró con un ambiente más propicio para negociar temas relacionados con el petróleo. Lo más importante es que la Segunda Guerra Mundial, al igual que la Primera, no inició por sorpresa, sino que fue lentamente avisando su llegada, y la buena relación con México, a causa de su petróleo, era fundamental para los Estados Unidos.

En 1938, el mismo mes en que Hitler invadió y anexó Austria al Imperio alemán, Lázaro Cárdenas, creador del sindicato de petroleros, construyó una serie de problemas que le sirvieron como pretexto para declarar la expropiación. Ahora el petróleo dejaba de ser de empresarios privados, que en tiempos de guerra lo podían vender a cualquier bando, y pasaba a ser de un gobierno que, mientras fuera neutral en la guerra, no podría proporcionar el hidrocarburo.

Desde entonces vivimos con la mentira de que el petróleo es de todos los mexicanos, como debe ocurrir con todos los recursos en una república, y también con la fábula de que nuestros abuelos donaron hasta sus gallinas para pagar la deuda de la expropiación. La verdad es que el gobierno estadounidense le prestó al mexicano el dinero para pagar esa deuda, y con ello se construyó la empresa petrolera más ineficiente del mundo, Pemex, lo que hace que, muy soberanos gracias a nuestro chapopote, tengamos que comprarles gasolina a los gringos.

El gobierno mexicano se hizo dueño del petróleo de todos, comenzó la Segunda Guerra Mundial, y desde entonces también el huachicoleo, para, de cualquier forma, vender petróleo a los alemanes o a quien quisiera. México estaba lleno de nazis, Vasconcelos es sólo el más famoso, y los estadounidenses temían algún tipo de alianza entre México y Alemania, por lo que presionaron a nuestro país para que entrara en la contienda su lado.

El pretexto fue de lo más burdo; un día, según cuenta la leyenda, un buque petrolero mexicano, el *Potrero del Llano*, fue hundido por un submarino alemán. En respuesta, México le declaró la guerra a Alemania y envió al escuadrón 201 a pelear… ¡en Filipinas y contra Japón!

Cárdenas dejó el poder en 1940, cuando la guerra mundial apenas comenzaba, pero todo el proceso revolucionario mexicano estuvo absolutamente determinado por el ambiente de dos guerras mundiales en las que todas las potencias necesitaban nuestro petróleo. México, el país de la eterna revolución, nacionalista y mirándose al ombligo, no supo, ni entonces ni ahora, usar todos sus recursos y posiciones estratégicas para ser parte de los países que hacen que las cosas pasen. Nos conformamos con verlo pasar todo con duda, y muchas veces nos limitamos a preguntar qué pasó.

SIGLO XX

LAS GUERRAS DE LA FE

Pedro J. Fernández

Un conflicto como la Guerra de Reforma deja secuelas en un país tan católico como México. Las personas devotas suelen tener un problema gravísimo, no pueden separar la fe en un dios de la religión como parte de una institución establecida, por lo que cualquier ley que intente regular a la "institución" será vista como un ataque al dios en el que creen. Por lo mismo, en 1857 los conservadores veían a los liberales (especialmente a don Benito) como si fueran verdaderos anticristos.

Después de la Guerra de Reforma y de la segunda intervención francesa el tema de la separación entre la Iglesia y el Estado se mantenía vigente. Era un dolor de cabeza para el gobierno. Tanto así que intentaron hacer que don Porfirio, siendo presidente, derogara las Leyes de Reforma, pero no lo hizo. Porfirio era más cabrón que bonito, y por eso emprendió una política de conciliación con la Iglesia. Algo así como un "tú dedícate a lo tuyo, yo a lo mío, no nos estorbamos y nos hacemos de la vista gorda con la ley". Ambas partes estuvieron de acuerdo durante más de 30 años, pero aquel régimen habría de llegar a su fin.

Poco a poco el conflicto de la Guerra de Reforma empezó a despertar como si se tratara de un gran monstruo. Comenzaron las discusiones entre los dos, a tal punto que en 1921 se dio el famoso atentado en el cual colocaron una bomba dentro de un florero y lo dejaron frente al ayate de la Virgen de Guadalupe... y ¡buuum! En un acto milagroso que no se ha podido explicar, el ayate salió ileso.

De tal suerte que aquello provocó que creciera la tensión política a causa de la religión. Y en el peor momento, en 1924, subió al poder uno de esos grandes villanos de la historia de México: Francisco Plutarco Elías Campuzano.

Don Plutarco decidió promover la libertad de cultos. Por eso, a través de las leyes comenzó a restringir las funciones de los sacerdotes católicos, a controlar el número de clérigos que podían vivir en cada ciudad, prohibió la existencia de comunidades religiosas y les dijo que no podían usar sotana en público.

Así las cosas... la gente comenzó a molestarse por eso que llamaban la ley Calles. No querían que se limitara el poder de la Iglesia católica de ninguna forma.

Así, como cereza en el pastel, en 1925 Plutarco estuvo detrás de la creación de la Iglesia católica apostólica mexicana como una institución alterna, y para asegurarse de que le fuera bien en su proceder, le dio dinero y edificios.

La sociedad reaccionó. Al grito de ¡viva Cristo Rey! se levantaron hombres, mujeres y niños en Guanajuato, Jalisco, Querétaro, Aguascalientes, Michoacán, San Luis Potosí, Zacatecas y la ciudad de México. Estaban dispuestos a defender su fe, y a la institución que la representaba.

Plutarco era un hombre férreo, sabía que era necesario seguir adelante con su plan, a cualquier costo... a sus órdenes, el ejército reprimió a los sublevados, sin importarles si eran niños o viejos, hombres o mujeres.

Hasta hoy se cuentan historias de los mártires que se negaron a criticar su fe o a proferir blasfemias. Supuestos crímenes por los cuales habrían de sufrir penas espantosas como el fusilamiento, el ahorcamiento o la tortura. Sobrevive una cantidad interesante de fotografías de hombres, mujeres y niños que entregaron la vida. Es posible encontrar testimonios de aquellos hombres, defensores de la fe, que se autodenominaban cristeros, de jóvenes y señoras que escondían parque en sus corsés para transportarlo a través del país. El pueblo mexicano, católico, desafió al presidente de una y mil formas, y se enfrentó al ejército, transportaron hostias consagradas en escondites ocurrentes, lo mismo en una polvera que escondidas en las hojas de un libro. Se improvisaron capillas en los sótanos de las casonas… y los habitantes de varios pueblos formaron ingeniosas redes de comunicación para anunciar la llegada de los soldados federales, de modo que los niños y los artefactos sagrados se pudieran esconder a tiempo.

Plutarco Elías Calles creía que con la pólvora iba a mitigar la fe de un pueblo. Se convirtió, sin esperarlo, en un nuevo Nerón. Así se le mencionó en privado, y entre la población se repartieron pequeñas estampas en las cuales se representaba a ese nuevo Nerón flagelando a Cristo.

Se especula que murieron entre 30 000 y 50 000 cristeros.

Como siempre se ha hecho en México, el presidente levantó la cabeza, respiró profundo y declaró: "Fue por el bien del país", y no hubo colaborador que le discutiera la sangre derramada.

La presidencia de Calles, como (casi) todas, tenía fecha de caducidad. La guerra se prolongaba más de lo debido, así que se acercaban las elecciones. Calles no estaba dispuesto a dejar el poder, aunque tampoco podía permanecer en él. El peso de las reelecciones de Porfirio Díaz era aún muy grande, no podía cambiar la ley. Lo hubieran crucificado en plena Guerra Cristera. Decidió poner a alguien que le fuera fiel, de forma que pudiera seguir tomando las decisiones importantes.

Se llevaron a cabo elecciones en 1928 y el ganador fue Álvaro Obregón.

El país estaba en vilo, no estaba seguro de si Obregón seguiría su guerra contra la Iglesia católica, pero la posibilidad persistía. México estaba ya cansado de tanta sangre.

Pues bien, sucedió que Obregón, para celebrar su triunfo, fue a festejar a un restaurante de San Ángel llamado La Bombilla. Estaba disfrutando mucho el momento en compañía de sus colaboradores; había música y mucha comida. Como era normal, después de las cuatro de la tarde llegaron algunos caricaturistas al local para dibujar a los comensales. Uno de ellos se acercó a Álvaro Obregón, le dibujó un retrato de perfil en carboncillo, y luego se lo mostró para que le diera su visto bueno. Obregón, al verlo, comenzó a reír a carcajadas.

El caricaturista sacó una pistola y disparó seis veces al cuerpo de Obregón.

Éste murió en el lugar.

El asesino material, llamado José de León Toral, fue arrestado en el momento, pasó tiempo en prisión y fue interrogado exhaustivamente, pero dijo poco.

Finalmente se le declaró culpable.

El día de su fusilamiento intentó gritar: "¡Viva Cristo Rey!". Las balas lo alcanzaron antes de tiempo. Sólo consiguió decir: "¡Viva...!".

Hoy, para muchos, Toral es un héroe y un mártir.

Muchos mexicanos continuaron practicando su fe en secreto, arriesgando la vida por sus creencias más sagradas.

Insostenible la situación del país, la Iglesia católica en el mundo comenzó a presionar al gobierno mexicano para que detuviera su ataque a los cristeros. Incluso Estados Unidos, que ha sido el ajonjolí de todos los moles, estuvo muele y muele con que la guerra debía terminar.

Finalmente al gobierno mexicano no le quedó de otra más que sentarse a negociar con los rebeldes, después de todo no podría mantener su guerra por siempre.

La solución fue relativamente fácil en cuanto el gobierno aceptó que no aplicaría sus leyes de culto a los sacerdotes que oficiaban en México, y poco a poco fueron desapareciendo los edictos que tanto habían afectado al país. Los revolucionarios también correspondieron a este gesto, dejando atrás la lucha. Aunque hubo uno que otro levantamiento militar que murió pronto.

El gobierno mexicano hizo algo más: para que la educación religiosa no permeara en la sociedad otra vez y se volviera a dar una guerra, implementó una educación socialista en las escuelas. La Iglesia católica no estuvo de acuerdo, pero sus miembros no volvieron a levantarse en armas.

La Guerra Cristera había terminado, pero había dejado una herida que duraría años. Las historias de aquellos que ofrendaron su vida por la fe se contarían, historias terribles de los horrores que ocasionó el "nuevo Nerón", y algunas de las víctimas llegarían a los altares.

Plutarco Elías Calles, apodado Jefe Máximo de la revolución por algún adulador de esos que siempre sobran en la política nacional, fue testigo de muchas muertes (y culpable de otras tantas). Desde el estallido de la guerra civil en 1910, los campos del país se llenaron de hombres ahorcados, fusilados, traicionados y mutilados. Los mexicanos comenzaron a acercarse al espiritismo, quizá con la única idea de despedirse de sus seres queridos y hasta de encontrar un tesoro que cierto soldado escondió antes de dar su último aliento. Surgieron grupos que se reunían, lo mismo en casas de Tlalpan que de la Condesa, para sentarse alrededor de una mesa redonda y realizar los ritos necesarios para llamar a los muertos, aunque muchos políticos, por vergüenza, lo hacían en privado para no dañar su (eso pensaban) imagen pulcra.

Por decirlo vulgarmente, la Revolución Mexicana fue un evento de muertos de la puerta para adentro y de la puerta para afuera.

Plutarco tenía muy presentes todas esas muertes cuando gobernó, cuando estalló la Guerra Cristera al grito de ¡viva Cristo Rey!, y cuando asesinaron a Álvaro Obregón. Enamorado del poder, pero incapaz de deshacerse de la sombra de Porfirio Díaz, no pudo reelegirse. En lugar de ello, Plutarco dirigió detrás del mando en un periodo conocido como el Maximato. Tres presidentes fueron la fachada de Elías Calles: Emilio Portes Gil, Pascual Ortiz Rubio y Abelardo Rodríguez.

Todo el pueblo sabía lo que ocurría en la presidencia. Había un chiste popular en la época, en el cual los mexicanos señalaban la residencia presidencial (entonces el Castillo de Chapultepec) y decían: "Aquí vive el presidente, pero el que gobierna vive enfrente".

Plutarco quiso repetir la proeza y se las arregló para que Lázaro Cárdenas ganara las elecciones y subiera al poder. Plutarco creyó que podría gobernar otra vez detrás del poder, pero Cárdenas era más inteligente y le jugó un revés exiliándolo en 1936.

Dicen que en ese periodo de su vida a Plutarco se le veía paseando por las playas de San Diego, en un estado de profunda melancolía. Cada vez jugaba menos al golf y recordaba a todos aquellos que habían muerto a su alrededor.

Tal vez lo que sentía era culpa... dejó atrás su ateísmo, y se dio cuenta de todas las almas que había mandado a la otra dimensión gracias a sus acciones y sus leyes.

Por eso, cuando le permitieron regresar a México en 1941, comenzó a acudir al Instituto Mexicano de Investigaciones Síquicas, donde Rafael Álvarez realizaba sus sesiones.

¿Qué pasaba en esas sesiones espiritistas que tanto obsesionaban a Plutarco Elías Calles? De acuerdo con las actas y registros, la primera vez, después de apagar la luz y quedar sumidos en el silencio, apareció un orbe luminoso que jugó en el aire dando vueltas y vueltas, y que sirvió como preámbulo para la materialización de un espíritu que se hacía llamar Maestro Amajur. Éste caminó por el lugar, se sirvió un vaso de agua y tomó una flor para luego dejarla en el saco de Plutarco. Luego, como el humo de un cirio pascual, se desvaneció en el aire en un profundo y enigmático silencio.

Aquella demostración de supuesto poder sobrenatural fue suficiente para que las sesiones continuaran cada mes. No fuera a ser que en el más allá tuvieran algún mensaje profundo para la gente del más acá. Quizás esperaba que le dijeran que su guerra contra la Iglesia católica había sido por el bien del país, pero aquellas palabras nunca llegaron a sus oídos.

En una ocasión, Plutarco, sintiéndose muy enfermo, le pidió al espíritu que le bendijera su garrafón de agua para que al beber pudiera curarse de una fuerte gripa que tenía. En otra sesión aparecieron supuestos niños fantasma que tocaron instrumentos y llenaron toda la sala de una música dulce. Y en otra más, de las sombras se materializó un niño que jaló delicadamente el pantalón de Plutarco, quien escribiría más tarde que había reconocido a un hijo suyo que había desencarnado a los cinco o seis años.

En su última sesión grupal, Plutarco Elías Calles recibió un mensaje muy críptico del Maestro Amajur: "Dios me ha permitido venir a protegerte. Yo estaré siempre contigo…"

A partir de ese día Plutarco se fue apagando, se volvió más taciturno. Plutarco murió dos meses más tarde…

De acuerdo con las actas del Instituto Mexicano de Investigaciones Síquicas, el espíritu de Plutarco se apareció entre ellos varias veces más. Que su fisonomía, su forma de hablar y tono de voz eran inconfundibles. El espectro, si le podemos llamar así, le mandó un mensaje a su yerno, y otro más al general José María Tapia. En una de sus últimas materializaciones tosió un poco y con la voz entrecortada declaró: "Yo los quiero con el corazón, pero no con el que quedó en una fosa en la tierra, sino con el corazón del espíritu que nunca muere y con el que seguiré protegiendo a ustedes".

Y pareciera que el espíritu de Plutarco quedó flotando en México, porque no hemos dejado de invocarlo, como si hubiera fundado su partido político con un plan de 70 años para destruir a México, quizá fue uno de los últimos grandes villanos que ha cambiado la historia del país, y que dejó una de las heridas más profundas de su devenir: la Guerra Cristera.

DE CÁRDENAS AL 68

Leopoldo Mendívil

Después del caos de la Revolución, y después de la persecución religiosa contra el catolicismo —impulsada desde los Estados Unidos para combatir el poder del Vaticano en América— que causó como respuesta la Cristiada o Guerra Cristera —un levantamiento de 25 000 jóvenes—, México estaba realmente dividido.

Nunca antes ni después hubo un abismo tan grande entre los "fifís" y los "chairos" —en aquel entonces el fifí era un devoto católico proclive al capitalismo y a la defensa de los empresarios; un antififí, en cambio, era un liberal revolucionario opuesto al clero y a los burgueses capitalistas (sólo que entonces los antififís no se andaban por las ramas: iban y quemaban las casas, saqueaban las haciendas).

Ése fue el mundo en el que Lázaro Cárdenas se hizo presidente, en 1934, cuando existía un "megapresidente" o "mandamás" que ponía y quitaba mandatarios llamado Plutarco Elías Calles —el creador del actual PRI y de la política de persecución contra los católicos—. (Baste recordar tres frases que ilustran todo ese periodo: una es de Plutarco Elías Calles, cuando festejó que los católicos acababan de cerrar sus templos en protesta por su ley Calles de 1926: "Cada semana con los templos cerrados perderán 2% de feligreses". La otra fue de su vasallo o títere, el presidente anticatólico Emilio Portes Gil: "Esta guerra [la guerra religiosa] se inició hace 2 000 años" (esto lo dijo el 27 de julio de 1929 en un banquete masónico). La tercera la dijo Elber Cole Byam, un eminente masón de los Estados Unidos, reprobando a Calles y a Portes Gil por perseguir a la Iglesia: "Estoy preparado para hablar hacia mis hermanos masones de todo el mundo y a hacer que los cimientos del mundo mismo se sacudan por lo que está pasando en México. Alguien está deformando lo que somos. Algo sin forma, algo horrible se está gestando en las sombras. La masonería en América Latina es algo diferente a lo que siempre quisimos".

El odio religioso del callismo, que culminó con la masacre de 5 000 cristeros a partir del 27 de junio de 1929 —cuando ellos se rindieron y no podían defenderse—, se sumó al fuerte sentimiento anticapitalista o socialista de los "hijos de la revolución", para quienes el industrial o empresario era visto como un enemigo de la sociedad. Ahora el nuevo presidente, Lázaro Cárdenas, tenía que lidiar con esas poderosas corrientes, o se quedaría corto frente al "Papi Plutarco", jefe máximo de la Revolución Mexicana o megapresidente.

Para satisfacer a las masas, Cárdenas tenía que mostrarse duro, pues en su tiempo el lenguaje antififí cobraba su forma más peligrosa. José Fuentes Mares lo describe así:

Cárdenas […] desde la Secretaría de Educación Pública fomentó la más inicua agresión contra los niños de México. No se ha escrito aún el libro dedicado a historiar y analizar los efectos, a largo alcance, de aquella "educación" pervertidora, cotidiana invitación a la violencia, al odio de clases [...]. En los libros de lectura se glorificaba el homicidio [...] [con pasajes como éste]: "Si quieres encontrar la libertad, búscala con la mira del fusil y a la luz del disparo la verás".

Fue en esa época cuando comenzaron a llegar personajes extraños desde los Estados Unidos para incidir en la educación pública mexicana —es decir, en lo que deberían contener los libros de texto escolares en México para adoctrinar a los niños sobre la historia del país—. Uno de esos emisarios de Washington fue el misionero protestante William Cameron Townsend, quien, siendo religioso, se "metió hasta adentro" de la administración de Lázaro Cárdenas y comenzó a decirle cómo hacerle para educar a los niños mexicanos. Le ayudó a Cárdenas a organizar brigadas de profesores que penetraron el país, hasta las zonas más remotas y abandonadas. Esto fue bueno; el problema era que él venía para enseñarles la religión cristiana al estilo estadounidense, y venía financiado por la Fundación Rockefeller.

El 21 de enero de 1936 Lázaro Cárdenas lo visitó —Cameron Townsend ya era su ahijado de bodas, y ahora eran grandes amigos—. En 1945 un amigo de Townsend (Kenneth Lee Pike) hizo lo mismo en Perú: el 28 de junio logró un convenio con el Ministerio de Educación de Perú. Décadas después las organizaciones indígenas de diferentes países de Latinoamérica comenzaron a darse cuenta de las verdaderas intenciones de la organización creada por Townsend (el Instituto Lingüístico de Verano, SIL). En 1979 antropólogos mexicanos recomendaron suspender su intervención en México y los maestros de Townsend fueron expulsados en 1980 de Ecuador tras acusaciones de que venían para "transformar a las comunidades hacia el protestantismo estadounidense", y a minar el poder de la Iglesia católica en América Latina, y para fungir como agentes de la CIA financiados por petroleras para "manipular a las comunidades nativas" en las zonas donde existían proyectos de energía de la organización Rockefeller. También se les expulsó de Brasil y Panamá, y según los investigadores Gerard Colby y Charlotte Dennett, Townsend fue, por increíble que parezca, el negociador entre Cárdenas y las petroleras gringas, cuando se hizo la expropiación del hidrocarburo en 1938.

Nadie en el universo podrá negar el valor social y nacionalista del presidente Lázaro Cárdenas cuando se enfrentó a las compañías petroleras internacionales (incluyendo a la Standard Oil de la familia Rockefeller) y mexicanizó o nacionalizó toda la industria petrolera del país para convertirla en el patriótico Pemex (véase *Secreto Pemex*). Es verdad que esta iniciativa unificó al país, nos emocionó como nación —el embajador británico amenazó a Cárdenas y la respuesta de él como mandatario fue cortar relaciones con Inglaterra—, y es verdad también que las doñas vinieron de los pueblos más distantes para aportar hasta sus gallinas en el Zócalo con el fin de apoyar a Cárdenas para pagar la expropiación.

Pemex acabó convirtiéndose en una de las empresas más grandes del mundo, aportando al erario mexicano hasta 60% de su ingreso total, y nos convirtió en el quinto productor mundial de petróleo y primero en producción de amoniaco. Pudo hacernos mucho más ricos, pero los gobiernos mexicanos lo abortaron (todo esto se explica en *Secreto Pemex*, así como el hecho de que los Estados Unidos apoyaron la expropiación con tal de "fastidiar" a Inglaterra).

El hecho es que después de Cárdenas vino un proceso en el que México se serenó y creció —creció como nunca antes, y como nunca después—. Una de las mejores decisiones de Cárdenas fue colocar como su sucesor a alguien como Manuel Ávila Camacho: un general "grandote y robusto" que, al ver a todos confrontados, decidió bajarle al nivel de tensión y sentarlos a todos en la mesa. Terminó oficialmente con la persecución a los católicos y permitió que comenzaran a fundarse escuelas religiosas católicas. Él mismo dijo, estando entre los ateos: "Yo soy creyente". Organizó cambios al artículo 3° de la Constitución para quitarle lo exagerado en cuanto al socialismo y para erradicar en definitiva el odio a la religión. Lo llamaron "el presidente caballero" y lo fue tanto que cuando un día un individuo llegó para asesinarlo —el teniente José Antonio de la Lama y Rojas (un hombre de extrema derecha)—, Ávila Camacho actuó como tal. Se vieron en el elevador de Palacio Nacional. El mandatario le dijo:

—¿Cómo te va, qué andas haciendo?

El teniente simplemente le disparó. La bala le pegó en el pecho al presidente, y la manga del saco se le empezó a incendiar, pero Ávila Camacho tenía chaleco antibalas. Como de película, le golpeó el brazo a Rojas y le quitó el arma:

—¿Qué te traes? —le preguntó. Le apuntó con el arma.

Rojas empezó con su perorata, arrodillándose:

—¡En este país no hay libertad ni justicia! ¡No nos dejan a los militares entrar uniformados a las iglesias ni a las logias!

Ávila Camacho negó con la cabeza. Sin desviar el ascenso del elevador, lo condujo a la biblioteca del Palacio para platicar con él como "caballeros". Pasaron décadas y el sobrino de Rojas (José Luis Lama Amador) aseguró que a su tío lo contrató, para matar al presidente, el propio hermano del mismo: el general Maximino Ávila Camacho, quien también quería adquirir el cargo. Nunca se investigó, o nunca se reveló al público lo investigado. El hecho es que el "hermano malo" —Maximino, secretario de Comunicaciones— estaba expulsando de México a un hombre que venía de los Estados Unidos como un virtual espía para mapear los yacimientos de petróleo de México: el geólogo George de Mohrenschildt —más tarde involucrado en el asesinato de John F. Kennedy, como "protector" del asesino Lee Harvey Oswald—.

El caso es que Manuel Ávila Camacho inició la industrialización en México. Pactó con los Estados Unidos. Ellos estaban entrando a la Segunda Guerra Mundial y necesitaban aplicar toda su industria a la fabricación de armas, por lo cual requerían que nosotros les produjéramos las demás cosas. Pidieron a Ávila Camacho que México se las vendiera a buen precio. Se pactó una devaluación intencional del peso para que quedara en 4.85 pesos por dólar (esto ayudaba a que los gringos nos compraran más producto). Ávila Camacho negoció y redujo la deuda de 509.5 a ¡49.5 millones de dólares! Ningún presidente después de él ha logrado nada parecido, ¡todos los que han seguido han multiplicado la deuda!

Según el exsecretario de Educación Fausto Alzati, en su tesis doctoral de Harvard de 1997, "esto [el pacto de Ávila con los Estados Unidos] creó para México la oportunidad de exportar productos manufacturados de baja calidad para aprovisionar a los Estados Unidos [...] y marcó el principio de la industrialización mexicana post-revolucionaria. El valor de las exportaciones se multiplicó por 4, de $287.7 millones en 1933 a $843.1 millones en 1944, medidos en dólares de 1965".

Esto significa que la guerra (la Segunda Guerra Mundial) comenzó a volvernos ricos. Pero cuando terminó, los gringos volvieron a sus anteriores industrias. Ya no nos necesitaban para comprarnos cosas que ahora ellos hacían con mejor calidad. Esto pudo habernos hundido como país, pero Manuel Ávila Camacho se puso las pilas. Alzati lo narra así: "Cuando las oportunidades de crecimiento debidas a las exportaciones creadas por la guerra desaparecieron después de 1945, la industria mexicana se dio vuelta hacia el interior, hacia la sustitución de importaciones".

Lo anterior quiere decir lo siguiente: para que nuestros industriales pudieran seguir produciendo cosas y vendiéndolas, y dándonos empleos, el gobierno estimuló que los mexicanos compráramos cosas nacionales en vez de comprarlas a otros países. El dinero, así, se quedaría en México, y nos haría ricos. Esto es lo que se llama "proteccionismo": el gobierno de un país, para apoyar a sus industriales nacionales, bloquea o recorta la entrada de productos extranjeros por medio de aplicarle impuestos o gravámenes a todo lo que venga de fuera. El gobierno de México, pensó Ávila Camacho, ahora iba a ponerle impuestos a todo lo que llegara del exterior, para que la gente prefiriera comprar lo hecho en México en lugar de gastar en un producto gringo.

En aquel tiempo funcionó bien pero hoy las nuevas generaciones de políticos, educados por Harvard o en el MIT —"gringolandia"—, piensan que eso es un pecado contra la libertad de comercio. Olvidan que esta técnica —el proteccionismo— fue utilizada y propuesta por el creador mismo del sistema financiero de los Estados Unidos, Alexander Hamilton, y que a esa iniciativa se debe que hoy sean la potencia del mundo. Olvidan también que Adam Smith, autor de la Biblia del capitalismo *La riqueza de las naciones*, escribió: "Las dos grandes máquinas o resortes principales para enriquecer un país no serán otros que las restricciones sobre la introducción [de mercancías extranjeras] y los estímulos o fomentos para la exportación [vender hacia afuera]".

Un ejemplo actual de proteccionismo: ¡los Estados Unidos! ¡Donald Trump! Trump está regresando al proteccionismo para hacer a Estados Unidos "Great Again": les está poniendo impuestos a las mercancías chinas, mexicanas, europeas... para fomentar su propia industria, impulsar a sus propios empresarios, y, aunque nos caiga mal por gordo y por anaranjado y por estúpido, la economía estadounidense está creciendo (3.1 por ciento).

Alzati dice: "Esto fue el principio del periodo más largo de crecimiento ininterrumpido en la historia del México del siglo XX. De los finales de los 1930s hasta finales de los 1970s México vivió —por primera vez desde su independencia de España en 1821— un periodo de más de cuatro décadas de crecimiento económico sostenido, a niveles que en su época se consideraron sobresalientes".

La mente maestra en el momento cúspide de este periodo de crecimiento —conocido como desarrollo estabilizador— fue un hombre que merece más estatuas que muchos, y que no tiene ninguna (bueno, sólo una, en Parral): el señor Antonio Ortiz Mena (tío de Carlos Salinas de Gortari). Fue secretario de Hacienda cuando fueron presidentes Adolfo López Mateos y Gustavo Díaz Ordaz.

En la época de Antonio Ortiz Mena, México fue una economía fuerte en el mundo, con un crecimiento anual de hasta

6.6% —algo insólito: hoy tenemos crecimiento de 1%: con Fox fue de 2.3%, con Calderón 2.2%, con Peña Nieto 2.4%). El Fondo Monetario Internacional (FMI) decía que el peso era una moneda fuerte y que, si seguíamos así, nos convertiríamos en una protopotencia del tipo de Canadá.

México iba hacia la gloria. Pero ¿qué pasó? Alzati dice: "Para fines de los 1960s [...] las oportunidades para una eficiente sustitución de importaciones había llegado a un límite". Significaba que ya fabricábamos prácticamente todo lo que podíamos comprar. ¿Qué más podíamos vendernos a nosotros mismos? Era el momento de pensar en exportar, es decir, venderles a los de afuera, a otros países y continentes, y ganar dinero extranjero para tener aquí más reservas provenientes de afuera (así es como realmente se hacen ricos los países, siguiendo a Adam Smith).

Es histórica la carta que escribieron conjuntamente don Antonio Ortiz Mena y el secretario de Industria y Comercio, su cuñado Raúl Salinas Lozano (el papá de Carlos Salinas de Gortari). En esa carta (1960) les decían a los empresarios de México que se prepararan para exportar, para vender cosas al mundo entero; que si fallaban o quebraban, el gobierno mexicano los rescataría.

Mientras eso sucedía, en los Estados Unidos el asesor de Seguridad Nacional Zbigniew Brzezinski dijo ante legisladores: "¡Señores! ¡No necesitamos un Japón al sur de nuestra frontera!".

Sí: no debíamos crecer ni volvernos un Japón. Había que frenar a los mexicanos. En México comenzó a suceder un fenómeno... Mientras en Japón y en Corea y en China sus gobiernos estaban aplicando el mismo método de restringir lo importado y fomentar la industria de la exportación —para convertirse en los "tigres asiáticos"—, los empresarios mexicanos, esperanzados en que Ortiz Mena y Salinas Lozano les prometieron "apoyarlos" y "salvarlos", se confiaron. Actuaron "a la mexicana". ¿Para qué exportar si podemos vender aquí? Se cobijaron en el proteccionismo. Ya que el gobierno impide que entren artículos gringos a México, aquí somos los "reyes": los mexicanos van a comprarnos cualquier producto "chafa" que nosotros les demos, no tienen opción.

Sólo que, para poder seguir sacándole ganancia —mantener sus márgenes de utilidad—, estos empresarios relajados tenían que hacer sus productos cada vez más "gachos", más "chafas", más "baras", pero sabían que los protegía el gobierno: "La gente va a comprarnos cualquier basura que le demos, pues no les quedará de otra".

Se volvió un sueño, para cualquier mexicano, poder comprar un producto "chingón", hecho en los Estados Unidos, que tuviera un empaque "padrísimo", de calidad; un chocolate que supiera realmente bien, que no fuera hecho con deshechos. Se volvió un anhelo la entrada de golosinas estadounidenses, el ingreso de los "increíbles" restaurantes McDonald's. Una tristeza.

En pocas palabras, esto fue lo que empezó a catapultar la futura llegada del Tratado de Libre Comercio (que entraría en vigor hasta 1994, y que acabaría con las restricciones contra los productos extranjeros; ahora podrías comprar cualquier cosa venida de afuera, sin restricciones, y provocar que la miscelánea de doña Moni fuera comprada por el maravilloso Seven Eleven, y que el hijo de doña Moni se pasara como empleado a dicho Seven, y que tu dinero al comprar ahí acabara en Dallas, Texas, enriqueciendo a los Estados Unidos) —en pocas palabras, lo provocaron los propios empresarios mexicanos, por flojos, por comodinos y por poco emprendedores. Debieron exportar.

Por no exportar (o exportar poco), mira lo que pasó: con Miguel Alemán sufrimos un desbalance de 1 191 millones de dólares (déficit), por lo cual se aumentó en 25% nuestra deuda externa, y el peso se devaluó de 6.65 a 8.65 por dólar (datos de José Luis Ceceña, exoficial mayor de la SHCP). Sucedió simplemente porque gastábamos más al importar cosas de afuera que lo que ganábamos al vender productos al mundo. Nos fuimos quedando sin dinero y había que pedir prestado. Siguió lo mismo con el pobre Adolfo Ruiz Cortines: el déficit por exportar poco nos dejó en (menos) 1 699 millones de dólares, y ¡duplicó la deuda externa! ¡Cada vez teníamos menos dinero! ¡Y pidió más préstamos a Estados Unidos! El peso se devaluó entonces de 8.65 a 12.50 (cuando te quedas sin dinero, si eres tramposo fabricas más billetes, pero cada billete vale menos, pues se reparte el valor, y eso se llama inflación). Llegó Adolfo López Mateos y los empresarios siguieron sin exportar (o exportando poco, cada vez menos). Nos estábamos quedando con un déficit de ¡2 000 millones de dólares! Adolfo triplicó la deuda (quedó en 1 724 millones de dólares). Llegó el dientón Gustavo Díaz Ordaz y nuestro desbalance ya tocó fondo: 3 700 millones de dólares.

Aquí fue donde comenzó el huracán que nos llevó a donde estamos. (Nadie puede vivir sin exportar, o acaba pobre y endeudado con los otros países del mundo: de nuevo, Adam Smith.) En 1963, representando a los empresarios de los Estados Unidos, David Rockefeller —nieto de John D. Rockefeller— creó el Consejo de las Américas o Business Group for Latin

America (participaron 30 corporaciones). En 1966 dijo en la revista *Foreign Affairs* que el objetivo del Consejo de las Américas era "estimular y apoyar la integración económica" entre los países de América Latina. La verdad es que quería venderles productos gringos a todos los países que tenían prohibiciones (arancelarias) para importar artículos estadounidenses —es decir, los "proteccionistas"—; así David quedaría como un héroe para sus amigotes, al abrirles las puertas de los países "morenos" para inundarlos de cosas. Había que quitar las "murallas" latinoamericanas que restringían el comercio yanqui en ese jugoso mercado de 253 millones de personas (compradores potenciales): América Latina.

En los setenta David Rockefeller le dijo al escritor británico Anthony Sampson: "Lo último que queremos es proteccionismo". Era lógico. El proteccionismo era para protegerse de él. Pasarían 15 años y el 23 de abril de 1992, a punto de lograrse la apertura —es decir, el quiebre de los proteccionismos mexicanos— con el Tratado de Libre Comercio, el presidente George H. W. Bush, en el Foro de las Américas, le dijo a David Rockefeller: "David, gracias, señor. ¡Y gracias por tu trabajo tan realmente vital que pone a tono al sector privado y al Congreso para hacer posible el Tratado de Libre Comercio de América del Norte…! [el TLC] ¡Y déjenme decirles a sus muchos amigos aquí reunidos que el involucramiento personal de David ha sido un factor mayúsculo en este logro!"

En México simplemente firmamos el tratado.

Hoy un elevado porcentaje de lo que compras en la tienda —en cualquier tienda— es fabricado con capital extranjero (las empresas en la Bolsa Mexicana de Valores valen 485 000 millones de dólares, mientras que el dinero que viene del exte-

DE CÁRDENAS AL 68

rior son 330 000 millones de dólares; aquí se celebra esta cifra diciendo: "¡Es inversión extranjera!"). Es bueno que vengan capitales desde el exterior, pero ¿por qué no son nuestros empresarios los que invierten en el exterior, para sembrar los países con industrias y comercios mexicanos, que chupen hacia acá el dinero del mundo, y los convierta a ellos en Rockefellers y a los mexicanos en una potencia? ¡Brindemos! ¡Sí! ¡Con tequila! Hasta las grandes tequileras ya son de extranjeros: Sauza, Herradura, Viuda de Romero, Cazadores, Don Julio, Jimador, Casa Noble, Hornitos, Tres Generaciones: hoy pertenecen a Beam Future Brands, Brown Forman Corporation, Pernod Ricard, Bacardí, Diageo —británica—, Beam Suntory Global y Constellation Brands. ¡Salud!

El capitalismo no es lo malo, sino que el capital sea de otro.

Se nos dijo —y se nos sigue diciendo— que este modelo es simplemente lo mejor, porque es el liberalismo. Pues resulta que el liberalismo o neoliberalismo económico también fue diseñado por el mismo genio: David Rockefeller. Es el llamado Consenso de Washington: la receta que se les da a los diversos países intervenidos del mundo para que hagan la apertura económica, y la deben hacer para poder estar "palomeados" por los bancos estadounidenses y recibir créditos —préstamos—. Si un presidente latinoamericano cumple con el Consenso de Washington, entonces es un neoliberal y lo aprueban en dichos bancos, y le prestan dinero. Si no, le ponen tache y no le prestan, y lo hunden. (En 1986, por pedido de David Rockefeller, el Instituto para la Economía Internacional escribió "Toward a Renewed Economic Growth in Latin America", texto madre del neoliberalismo: bajar barreras, abrir los países a las inversiones extranjeras, privatizar todo, etcétera.)

El liberalismo comercial no es malo cuando tú eres el que produce con las mejores tecnologías, más volumen y más barato, y puedes tronar a los "primitivos", o adquirirlos.

El gobierno actual de México suele decir que hoy estamos viviendo la cuarta transformación (las otras fueron la Independencia, la Revolución y la Reforma), pero se olvida de que ya hubo una cuarta transformación: fue el neoliberalismo, el momento en el que el país —que había tenido un presidente como Manuel Ávila Camacho y un estratega como Antonio Ortiz Mena— se transformó en un "patio trasero" de los Estados Unidos, donde nuestra política la dictan desde Washington, desde el FMI. Ojalá hoy ocurra la Quinta Transformación, el "Quinto Sol": un "Nuevo Desarrollo Estabilizador" con un nuevo Ortiz Mena, ya globalizado, y globalizador, pero con México como líder exportador.

Volviendo a la década de 1960, existe una teoría sobre por qué ocurrieron los incidentes que llevaron a la masacre de 1968, y de por qué Luis Echeverría eliminó a Antonio Ortiz Mena como secretario de Hacienda. En el momento más crítico del conflicto de 1968, estando afuera el humo y los cadáveres de los estudiantes en protesta contra el gobierno y los tanques, el poderoso secretario de la Defensa, Marcelino García Barragán, acompañado por su escolta, se presentó ante el presidente Gustavo Díaz Ordaz, el cual estaba pálido por la situación. Al ver al militar con ese porte, Ordaz se quedó perplejo. El secretario lo miró fijamente. Le dijo: "¡Señor presidente! ¡Acaba de entrevistarse conmigo el embajador de los Estados Unidos! ¡Me ofrece el apoyo del gobierno americano para sustituirlo a usted!"

Lo que ocurrió justo después es lo más importante.

A consecuencia de ello, el siguiente presidente fue un hombre que trabajaba para la CIA, con el nombre código LITEMPO-8: Luis Echeverría Álvarez. El resto es historia. México comenzó a ser controlado por los Estados Unidos.

Posdata: "El desarrollo estabilizador termina trágicamente con la muerte de don Rodrigo Gómez el 14 de agosto de 1970 y con la renuncia, dos días después, de Antonio Ortiz Mena como secretario de Hacienda. [...]. Luis Echeverría, el presidente que terminó con el modelo de Ortiz Mena a partir de 1971, lo reemplazó con el modelo de 'desarrollo compartido'." Jonathan Heath, 9 de junio de 2005.

"El país [México] compró una receta que supuestamente debía haberlo hecho crecer a saltos de conejo. Esa receta económica [el Consenso de Washington] [...] permitía a la apertura comercial y a la inversión extranjera [...] desregular la economía [...]. México ha aplicado muchos elementos del Consenso de Washington [...] y no crece al ritmo previsto [...]. En realidad, la lógica [...] es falsa [...]. Numerosos países —China entre ellos— no siguieron el dogma neoconservador y sus economías se expandieron más que las de los otros que se subieron al carro [del Consenso de Washington] [...]. Varias naciones de Asia están entre esos rebeldes [los que no siguieron el Consenso de Washington] [...]. Asia ha tenido el índice de crecimiento económico sostenido [...] más impresionante de la historia moderna [...]. Los países desarrollados, de Estados Unidos a Gran Bretaña, de Francia a España, ¿han llegado a donde están practicando las fórmulas y recetas que predican? La respuesta es no [...]. Después de haber visto cómo han crecido Estados Unidos, Inglaterra y otros países desarrollados, quedan unas cuantas cosas claras. Primero, que no han seguido las recetas que pregonaron [...]. Protegían sus negocios mientras pedían la apertura del mercado interno de otros Estados y reclamaban profundas liberaciones que practicaban en casa con menos decisión [es decir, eran proteccionistas]." Jacques Rogozinski, octubre de 2012. (Rogozinski: responsable de la privatización de paraestatales durante el gobierno de Carlos Salinas de Gortari, y crítico del Consenso de Washington.)

—¿Cree usted que abrir México a la inversión extranjera es el camino que conducirá al bienestar general, por ejemplo en inversiones petroleras?

—De ninguna manera.

—¿Está usted en contra de que México se abra a la inversión extranjera?

—Yo creo que hay muchas formas de obtener recursos del exterior sin abrir las puertas a una invasión de inversiones de empresas trasnacionales. Creo que lo que México ha logrado hasta ahora, en esa materia, es sumamente importante y no debe darse un paso atrás.

—¿Las trasnacionales no conducen al bienestar del país?

—No es eso, sino el enfoque que se les dé. Si nosotros pensamos en empresas trasnacionales y en la tecnología derivada de ellas, sabemos que es indispensable contar con esa tecnología. La forma como recibamos el aporte tecnológico es lo importante. [Es decir: para que lo produzcamos y vendamos al mundo nosotros.]

Antonio Ortiz Mena

Entrevista con la revista *Proceso*, 30 de julio de 1977.

"El secreto de China [para ser hoy la primera economía del mundo] fue aprender a fabricar en casa lo que antes compraba de otros países [copió la tecnología]. Hoy lo fabrica ella y lo vende al resto del mundo, y se llena del dinero del planeta." Anónimo.

EL GRAN MITO DE LA DEMOCRACIA

Juan Miguel Zunzunegui

Todos anhelamos la libertad; ésa pareciera ser la historia de cada individuo, así como la historia política de la humanidad; o esa versión nos han contado a nivel mundial, precisamente para hacernos pensar que somos libres en la era de mayor sometimiento que ha tenido el ser humano. Pasa lo mismo con la historia de México, nos hemos contado una historia de nosotros mismos donde vamos de la oscuridad a la luz, del conservadurismo al progreso, de la ignorancia a la lucidez, del imperio a la república, del centralismo al federalismo; y desde luego, de la tiranía y la dictadura a la democracia.

Evidentemente nuestro último gran triunfo fue la democracia; es decir, la tan anhelada libertad. Pero la historia de cómo el Partido de la Revolución construyó el México moderno, sus instituciones y su democracia está influenciada por todo el contexto internacional que a menudo decidimos ignorar para limitar nuestra comprensión y conformarnos con discursos nacionalistas que no requieren de razonamiento alguno.

¿Qué es la democracia? Que el pueblo, que es libre por naturaleza, se gobierne a sí mismo. ¿Es libre el pueblo? ¿Es posible la libertad cuando la mente de cada individuo que constituye el pueblo está moldeada por creencias, ideologías, discursos y dogmas del pasado? ¿Se puede ser libre cuando un sistema educativo y uno religioso inoculan en tu mente y en la de toda la sociedad, toda tu cosmovisión, tu manera de ver el mundo? ¿Eres libre cuando todo un sistema de medios masivos y redes sociales determina tus tendencias? ¿Existe la libertad cuando un sistema político y económico al que eres completamente ajeno determina en realidad toda tu forma de vivir? ¿Puedes ser libre mientras toda una estructura social te moldea con arquetipos, te define con etiquetas y te limita con identidades?

¿Es libre el individuo? ¿El individuo se gobierna a sí mismo? ¿Tú te gobiernas a ti mismo? ¿Tu mente es más poderosa que tu pasado y sus estructuras, tu pensamiento comprende la prisión del pensamiento, tu mente crítica va más allá de tus propias ideologías? ¿Eres amo y señor de tu razón, o una veleta de tus emociones y pasiones? La realidad es que los individuos libres son una rara excepción, y los pueblos libres, el hermoso mito de la Ilustración para legitimar un nuevo tipo de poder.

El espíritu del mundo en el siglo XX fue la Guerra Fría; el conflicto entre lo que parecían las únicas dos ideologías existentes y por las que se podía optar: capitalismo o comunismo, y México, evidentemente, se movió conforme lo hacían esos vientos. Lázaro Cárdenas, y sobre todo su mentor ideológico, Francisco Múgica, eran de corte más bien comunista y estalinista. En Europa el miedo a la expansión del comunismo fue la constante durante la década de los veinte, y ese miedo engendró a los fascismos; dictaduras de derecha que en la práctica social y política muy poco divergían de las de izquierda. Podríamos decir que desde ese periodo entreguerras comenzó el conflicto ideológico que después devino en Guerra Fría.

En el momento de la sucesión de Cárdenas, en 1940, con la guerra recién iniciada en Europa, y un Estados Unidos que sabía que iba a entrar tarde o temprano, nuestro vecino del norte no iba a permitir un gobierno socialista o comunista en México, más aun si consideramos el gran compromiso económico que México tenía con Estados Unidos después de la expropiación petrolera. Por eso Cárdenas no heredó la presidencia a Múgica, y el poder recayó en Ávila Camacho, un conservador que canceló en términos generales el proyecto socialista de Cárdenas, y convirtió a México en un exportador de materia prima, agrícola y mineral que sostuviera la guerra de los Estados Unidos.

Qué bien nos fue durante la guerra. Los gringos necesitaban comprarnos de todo, y con ese gran mercado al norte, México comenzó su nuevo proceso de industrialización. Claro, con nuestra nula visión a largo plazo jamás se nos ocurrió que la guerra iba a terminar; por eso el gobierno de Miguel Alemán fue de una gran industrialización y crecimiento del capitalismo; pero dependiendo de Estados Unidos como mercado externo, y sin crear nunca una clase media o mercado interno que fuera sostén de la economía.

La tendencia comunista en tiempos de Cárdenas era lógica por muchas cosas: por los abusos del porfiriato, por la herencia de la revolución, por la realidad social, por la moda intelectual, por la influencia de los republicanos exiliados y hasta por mundial. En tiempos de Miguel Alemán, y siendo vecinos de Estados Unidos, la opción era el capitalismo, además de que con ese vecino no teníamos opción.

Adolfo Ruiz Cortines fue algo así como un viraje corto a la izquierda, o un socialismo *light*, el cual en absoluto se acercaba de nuevo a posturas cardenistas, pero se alejaba bastante del capitalismo desmedido de Alemán. Habló de austeridad, de cuidar recursos y de poner al alcance del pueblo todo lo necesario para una vida digna. Comenzamos a hablar de estabilizar el desarrollo y de tener una economía mixta; algo así como un capitalismo limitado y controlado por el Estado.

Con Adolfo López Mateos (1958-1964) y Gustavo Díaz Ordaz (1964-1970) la Guerra Fría estaba en momentos de máxima tensión; los Estados Unidos desarrollaron una política de contención del comunismo, y México debía ser bien vigilado. No era un país comunista, desde luego, pero mucho más socialista de lo que los estadounidenses soportaban; además, la intelectualidad mexicana solía tender mucho más hacia la izquierda, desde el marxismo ortodoxo hasta el anarquismo radical.

Tan bien vigilado estaba el país que hasta la fecha se habla de que Díaz Ordaz era agente de la CIA, que había células comunistas y que el movimiento del 68, visto por el propio presidente como una revolución, fue detenido de forma violenta por presión de los Estados Unidos. La democracia se ejercía dentro del partido y sus espacios para disentir, a través de moverse entre la telaraña de sus corporaciones, sindicatos, cámaras y demás espacios de reparto de poder.

El periodo de 1970 a 1982 —Echeverría y López Portillo— fue el regreso de los cardenistas y sus ideales, sobre todo con Echeverría; 12 años de un crecimiento desmedido de la burocracia y la estructura del Estado, del abuso de la dádiva, del endeudamiento irresponsable, de los discursos populistas, y desde luego de crisis y devaluación. Entre el lamento de 1968 y el derrumbe económico en los siguientes 14 años por primera vez se llegaba a hablar, aunque fuera sabiendo que era una utopía irrealizable, de cambiar de partido… aunque no es que hubiera opciones.

Pero en la década de los ochenta cambió el mundo de manera radical, y esos cambios, como siempre, fueron los que sacudieron a México y le indicaron el nuevo rumbo. Nuestra historia siempre ha sido más la inercia del mundo que nuestras decisiones libres. El panorama de la Guerra Fría presentaba a una URSS en estancamiento y decadencia, cuyo final se vislumbraba, y el establecimiento en Occidente de ese conjunto de políticas que con el paso del tiempo se llamaron neoliberales.

Miguel de la Madrid representa un cambio de era; gobernó de 1982 a 1988, precisamente en ese mundo donde la élite petrolera, financiera y religiosa estaba literalmente arrasando con la Unión Soviética. Así, tras los 12 años de populismo, los llamados tecnócratas, hoy mafia neoliberal, tomaron el poder dentro del propio partido, y por lo tanto en el país.

De la Madrid heredó un México donde los 12 años de abuso e irresponsabilidad económica habían generado un estado constante de crisis, devaluación, recesión, inflación, en cifras que se contaban en los miles porciento. Fue en su periodo cuando México aceptó que la globalización no era una opción sino un hecho, y comenzó a participar en ella al ingresar a organismos internacionales.

Carlos Salinas de Gortari tomó el poder en 1988; al año siguiente cayó el Muro de Berlín, símbolo más estrepitoso del derrumbe de la Unión Soviética, que efectivamente fue disuelta en 1991. Margaret Thatcher había tomado el poder en Inglaterra en 1979, y Ronald Reagan en los Estados Unidos en 1981; ellos fueron los artífices de la era neoliberal, cuyo triunfo quedó de manifiesto con la desaparición de la URSS.

Con Salinas de Gortari una economía totalmente destruida logró tomar forma y darle a México el periodo de mayor bonanza, apertura al mundo, estabilidad económica y certezas en los últimos 25 años. Pero el modelo neoliberal tiene un gran lado oscuro, y el progreso de México también lo tuvo; un lado oscuro que no parte *per se* del neoliberalismo, sino que depende de la ética con que se aplique; en México, desde luego, se dio con total laxitud.

Habría que comprender qué es el neoliberalismo en vez de simplemente señalarlo como sustituto de Hernán Cortés en los odios prefabricados para el pueblo. Se le llama neoliberalismo, de manera muy sencilla, a volver a establecer en la década de 1980 el mismo esquema liberal cuyo fracaso en el siglo XIX nos llevó a la Primera Guerra Mundial.

Dejar libre la economía; esto es, que el gobierno interfiera en ella lo menos posible, que el Estado se limite a garantizar seguridad y permita que los individuos libres se enriquezcan como mejor les convenga en un esquema de mercados abiertos y competencia constante. La teoría dice que eso funciona y genera bienestar para todos; ésa es su utopía. Funcionaba en el siglo XVIII con las circunstancias de entonces, funcionaba cuando Adam Smith escribió su libro *La riqueza de las naciones*, funcionaba a principios del siglo XIX... después algo salió mal.

Lo que salió mal fue algo simple: construir una economía sobre una serie de teorías que dicen que todos serán beneficiados por la producción de riqueza si se permite que los empresarios, financieros, banqueros, etc., manejen la economía sin intervención del Estado, teniendo como único límite la ética individual. Una teoría desarrollada por la misma especie que elaboró y demostró la teoría de que el hombre es el lobo del hombre dado que somos egoístas por naturaleza.

El liberalismo es dejar que la economía la maneje el mercado, asumiendo que el estado de competencia derivado de eso genere crecimiento económico, trabajo, salario y por lo tanto bienestar para todos. La situación es que el objetivo del capitalismo liberal, y del capitalista, no es alimentar la ética sino generar ganancias, y ganar en esa competencia mercantil. Dado que el objetivo es generar la mayor cantidad de riqueza posible, de ganar, no es de extrañar que eventualmente la ética quede olvidada.

En su versión original, el capitalismo liberal generó una competencia entre empresas por conquistar todas las colonias posibles en el mundo y así producir más riqueza y asegurar más mercados. Cuando ya no había colonias por conquistar, esa competencia devino en guerra mundial. Esa gran guerra de 30 años fue declarada por los gobiernos en nombre de sus empresarios… pero la peleaba el proletariado, esa clase social engendrada precisamente por el capitalismo liberal: el trabajador que no tiene nada más que su fuerza laboral, la cual debe vender como mercancía toda su vida para alcanzar el noble ideal de sobrevivir.

Tras el final de las guerras mundiales, y con la ideología comunista creciendo en todos los países industrializados, se fue creando el Estado de bienestar; una economía capitalista, vigilada por el Estado, y con las leyes e impuestos necesarios para efectivamente beneficiar de muchas formas a toda la pobla-

ción. Dicho esquema, desde luego, mermaba la ganancia de la clase empresarial.

Imponer nuevamente el liberalismo (eso es neoliberalismo) es el resultado del triunfo estadounidense en la Guerra Fría, e implica volver a entregar la economía a los banqueros, a los empresarios, a una serie de organismos internacionales cuyo objetivo es generar mayor riqueza todos los años, pero que no tiene el menor interés en que dicha riqueza se transforme en bienestar. Es olvidarse de la dignidad del trabajador, y volver a lanzarlo al mando como mercancía, como recurso humano que sólo puede vender su fuerza laboral a cambio de sobrevivir.

La doctrina no es buena ni mala; como bien dice la teoría, depende de la ética. Entonces hay que preguntarnos por qué funciona en otros países y no en México. Ahora bien, si consideramos que en México, aunque se abra al mundo, firme tratados internacionales y se adhiera a las instituciones mundiales, el capitalismo siempre ha sido de compadres y contactos en el gobierno, y el Estado siempre ha tenido monopolios, entonces es necesario decir que México jamás vivió una era neoliberal, aunque sea así como se ha establecido el periodo que va de Carlos Salinas de Gortari a Enrique Peña Nieto.

Y en esta era neoliberal de capitalismo, donde el poder lo tiene y lo ejerce el capital, es donde más necesario se hace hablarnos de democracia y decirnos que el poder reside en realidad en el pueblo. Por eso la democracia es confundida con su sucedáneo barato, el voto, pero definitivamente la acción de votar cada determinado número de años, o salir a levantar la mano cada domingo, no tiene que ver con democracia.

Democracia, desde la Grecia antigua, significa poder del pueblo, y se ejercía en la *polis*, las ciudades griegas, cuyo significado se refiere a la comunidad, es decir, a que la ciudad era de todos, y evidentemente todos, y no sólo los gobernantes, eran responsables de ella. Los romanos adoptaron formas democráticas aprendidas de los griegos y establecieron el concepto república, cuyo significado en latín es "la cosa pública", y básicamente significaba lo mismo, que el estado era una cosa pública, es decir, de todos.

La democracia moderna fue resultado de un proceso político-intelectual que se desarrolló en Francia en el siglo XVII, conocido como la Ilustración. De ahí viene la democracia actual, que inspiró primero a los colonos británicos a separarse de Inglaterra y formar Estados Unidos, y posteriormente fue la fuente ideológica de la Revolución Francesa.

Pero no debe olvidarse que esta democracia moderna fue resultado del proceso de la Ilustración, así que antes de poder ser soberano, y por lo tanto responsable de sí mismo, el pueblo debe estar educado, debe conocer, debe entender de ciencia, de política, debe de ser racional, dominar sus pasiones y tener las herramientas que le permitan ejercer de forma comprometida su libertad.

La educación era el prerrequisito para la libertad y la democracia, así lo establecieron los griegos hace 2500 años. La democracia la volvieron a plantear los pensadores que crearon los Estados Unidos, y lo hicieron basados en las ideas de la Ilustración: el hombre racional, esto es, el que domina sus pasiones, emociones y apetitos, es libre; al ser racional y libre es bueno por naturaleza, pues la propia razón le hace comprender que el bienestar individual no puede darse sin el beneficio de toda la comunidad. ¿Es así el pueblo mexicano?

En México nos propusimos la democracia desde 1824, lo malo es que desde entonces nunca nos propusimos también la educación, y la democracia en un país ignorante sólo es discurso de tiranos y demagogos que someten al pueblo con el pueblo como pretexto. Después de un siglo sin democracia, Madero desconoció a Díaz en 1911, convocó a elecciones y las ganó. En 1913 volvieron las balas como la forma de establecer la soberanía, y fue así hasta la llegada de Lázaro Cárdenas en 1934. Ahí fue cuando sustituimos la dictadura de un solo hombre por la dictadura de un solo partido; a partir de 1989 comenzamos a cambiar la dictadura de partido por una de partidos, y en el México de 2020 todos los partidos se enrolaron en uno y volvimos a la dictadura de un solo hombre, con un partido como pretexto y los demás como comparsas. Para la democracia, además de educación, hacen falta demócratas.

De 1940 a 1988 la democracia fue un bonito discurso y una terapia ocupacional; para el año 2000 se nos disfrazó la democracia de alternancia, es decir, se nos hizo pensar que el simple hecho de cambiar de partido en el poder es democracia... aunque estén formados siempre por los mismos políticos. Peor aún, luego se nos convenció de que si tomamos los despojos humanos de cada partido de siempre, los mezclamos, los pintamos de color guinda, los agrupamos con otro nombre y dejamos que el viejo dinosaurio siga en el trono... de alguna forma extraña, ahora sí tenemos democracia.

No existe la democracia en México, porque los mismos de siempre, pueblo y políticos, no pueden generar algo diferente. En el siglo XXI el pueblo mexicano sigue sin pasar por la Ilustración, con lo que nuestra supuesta soberanía popular está en realidad hueca, ya que un pueblo sin ilustración puede ser convencido, engañado y manipulado. Es un pueblo que votará con las vísceras y no con la razón, y jamás podrá encauzar su destino.

CONCLUSIONES

¿QUÉ SIGUE?

PEDRO J. FERNÁNDEZ

Pareciera que hemos llegado a esta larga historia en la cual los héroes han luchado contra los villanos, los vivos contra los muertos, los liberales contra los conservadores, los mexicanos contra los extranjeros, los mexicanos contra los mismos mexicanos. Son ciertas aquellas palabras que cantamos con tanto sentimiento cada vez que se entona nuestro Himno Nacional: "Un soldado en cada hijo te dio"; el problema es que cada soldado es parte de una guerra distinta, a veces contraria, pocas veces aliada, y con seguridad muy visceral. Lo que tres escritores hemos hecho aquí es narrar cómo México se convirtió en un cementerio, en una batalla campal de hombres y mujeres, de contradicciones, de factores nacionales y externos… de todo lo que ha conformado nuestro propio pasado.

Los episodios de la historia nacional que hemos descrito en este libro, con sus matices y bemoles, son complejos; en muchos casos, surreales, y puramente mexicanos. No pueden describirse o entenderse sólo como un monumento de piedra, la imagen de una monografía, una nota en el calendario o un discurso político que se repite cada año, aunque muchos lo crean así (porque así se los han hecho creer).

¿La causa? Siempre he dicho que se debe reconocer su labor a ciertos maestros de Historia de primaria y secundaria, pues hacen un gran trabajo al abordar una historia tan rica, dramática y compleja como la de México, aunque algunos otros la convierten en fechas y hechos a memorizar y decir como merolicos en un salón de clases. Yo recuerdo haber repetido *ad infinitum* que el 16 de septiembre se celebraba la Independencia de México, el 20 de noviembre el Día de la Revolución Mexicana, y el 5 de mayo el mentado Día de la Batalla de Puebla.

Quizá sea ésta la razón por la que muchos mexicanos crecen sin entender su propia historia, sin recordar eventos importantes o con poco interés por los fascinantes acontecimientos que le dieron a México su identidad como nación.

En este recorrido histórico, tres escritores de ficción histórica hemos ofrecido diferentes perspectivas sobre aquellos hechos, los hemos visto desde dentro, desde fuera, desde sus personajes más interesantes, desde sus causas y legados, desde sus traiciones y romances, desde sus consecuencias; hemos desdoblado la historia para que ya no sean hechos y fechas, ni párrafos en un libro de texto, mucho menos imágenes frías en una obra empolvada. Cada uno ha aportado su granito de arena para mostrar que la Historia de México está ¡viva!, ¡es parte de todos nosotros!

En pocas palabras: ¡México tiene una gran historia! Tan grande, que todos los días hay discusiones en redes sociales acerca del legado de personajes como Benito Juárez o Francisco I. Madero, y los argumentos que se publican son tan viscerales que cualquiera podría imaginar que están vivitos y coleando.

¡Y pensar que tienen más de cien años de haber pasado a la otra dimensión!

Seguro han de estar riéndose de nosotros desde el más allá, por tomarlos más en serio de lo que ellos mismos consideraban que era su lugar en la historia de México. Pienso que desacralizar a héroes y villanos, reírnos de ellos, brindar en su nombre y contar sus historias sucias nos ayuda a entender su humanidad. Después de todo, la historia no la hace el bronce sino la carne.

Creo que todos lo tuvimos claro cuando inició este proyecto como una charla amistosa entre nosotros, pero que creció de una forma natural a lo largo de los meses. Parecía una locura que iba tomando vida en el papel... poco a poco, se dio la estructura y comenzamos a trabajar cada uno en sus textos, aunque los estuvimos compartiendo (bendita tecnología) en todo momento para no repetir información o caer en lugares comunes. Estoy seguro de que al leernos, descubrimos mucho sobre nuestra historia, de la misma forma en la que lo hará cada uno de nuestros lectores, porque éste es un libro que invita a cuestionar lo que sabemos de nuestro pasado, a cambiar lo que pensamos acerca de sus protagonistas, a repensar en los factores nacionales e internacionales que los causaron, a vivir otros tiempos de una forma íntima, a entender que México es un caleidoscopio de ideas e historias que se apilan una sobre otra para darle forma.

Ahora puedo ver, con más claridad que antes, cómo todas las tramas tienen una conexión, cómo los personajes obedecieron a las leyes de su tiempo, cómo están conectados hasta nosotros y cómo es nuestro turno de seguir construyendo la patria que nos heredaron para que podamos hacer lo mismo.

El amor a México se transmite a través de la verdad de su pasado, su presente y su futuro.

Éste es un libro que me hubiera gustado tener en mi librero desde hace muchos años, así como espero que todos sus lectores lo guarden, lo cuestionen, lo compartan, lo lean cuantas veces quieran y se sientan protagonistas de él, herederos de un gran legado.

¡El momento es hoy!

Sí, empecé diciendo que habíamos llegado al final del camino, pero éste no es, de ningún modo, el fin de la historia, porque aún la escribimos todos los días, sin importar qué gobierno local, estatal o federal nos represente, o cuántos cambios de partidos se den año tras año. Hoy, nosotros somos los protagonistas del presente, podemos forjar un nuevo rumbo para México; pero para saber a dónde vamos, primero necesitamos entender de dónde venimos.

Decía Porfirio Díaz que la historia es el espejo donde se refleja el porvenir, pero si ese espejo está empañado, no podemos saber a dónde vamos. Este libro es un intento de limpiarlo, a cada lector le corresponde asomarse a él para saber cuál es el reflejo.

Para algunos México está por cumplir 200 años, para otros más de 500, cada uno tiene esa elección, porque el pasado está sujeto a interpretación y el futuro no está escrito aún.

Nos toca a nosotros esa difícil labor...

EL FUTURO COMIENZA AHORA

Leopoldo Mendívil

La historia que no sirve para mejorar el futuro no sirve para nada.

Todos los que escribimos este libro lo hicimos porque anhelamos, al igual que todos los mexicanos, mejorar el futuro; y fue por ello y para ello que decidimos en un principio ser escritores, investigar el pasado, buscar la verdad y compartir ese conocimiento con nuestros compatriotas: si sabemos por qué otros antes que nosotros sufrieron, hoy nosotros sabremos defendernos y crear algo más grande.

Y si sabemos cómo fue que otros triunfaron, entonces nosotros podremos analizar las fórmulas y también triunfar.

México tiene todo y siempre lo ha tenido para ser una potencia; si no lo ha sido hasta ahora se debe en gran medida a que no ha fluido la información sobre cómo lograrlo, y cada mexicano debe tenerla ahora. La falta del conocimiento sobre el pasado no puede sorprender en un país que, de acuerdo con cifras de la Unesco, tiene uno de los más bajos índices de lectura en el mundo.

Otro aspecto que compartimos todos los autores de este libro —y afirmo categóricamente ser fan de Francisco Martín Moreno, cuyos libros me inspiraron a ser escritor— es la fe y la total convicción de que México puede y debe cambiar para mejorar.

Creemos que México debe luchar para generar ese cambio. La historia nos ha enseñado algo a lo largo de los siglos: países que han estado en peores situaciones que la nuestra se han transfromado y mejorado, y han pasado de ser esclavos a convertirse en imperios.

Éste fue el caso de las trece colonias que hoy llamamos "Estados Unidos", cuando se rebelaron contra Inglaterra y crearon la actual mayor potencia del planeta. Éste fue el caso también de Inglaterra cuando a su vez se rebeló contra los invasores vikingos que la esclavizaban. Y también recordemos al imperio mongol cuando, de haber sido una federación de tribus nómadas y primitivas, se volvió en un par de décadas el dominio más grande alguna vez conocido, bajo Gengis Kan.

El único enemigo para lograr todo esto es la falta de fe: el no creer que es posible. Desde hoy debes estar "a las vivas" de los que aniquilan la fe: en ti mismo, en México y en la posibilidad de que las cosas pueden cambiar. Las cosas siempre pueden cambiar. Tú, lector, eres suficientemente inteligente y fuerte en tu mente como para no dejar que destruyan la fe en ti mismo, ni tu decisión de transformar y mejorar a tu país. Tú estás leyendo estas letras porque amas a México y sabes que México no es una "bandera" o un "escudo": México son tu familia, tus amigos, tus hermanos y la mayor parte de las personas que más amas en este universo.

Desde hoy ten bien vigilados a los agentes de la derrota: los que vienen a ti queriendo destruir tu deseo de cambiar, tu valor para lograrlo, la confianza en ti mismo para modificarlo todo. Que nadie te neutralice. Te dirán que México no tiene remedio, que abandones el "idealismo", que te adaptes a la realidad y te acoples evadiéndote del mundo en el que estás, para que te vuelvas neutral, inactivo.

No te vuelvas neutral. Tú puedes transformar las cosas, y México puede cambiar. Los autores de este texto que tienes en tus manos creemos que todo puede modificarse, y por eso buscamos y encontramos las claves en el pasado.

Todo lo que descubrimos sobre el México de siglos anteriores sirve para que construyamos el México de los que vienen. Ahora debemos darle forma a las lecciones del pasado, convertirlas en herramientas y acciones para las nuevas generaciones, para que tengan el poder en sus manos. Los libros de historia que escribimos hablan sobre las trampas que México ha sufrido por siglos para que no las vivamos más, para que aprendamos el gran juego del ajedrez global que han dominado otras potencias como los Estados Unidos e Inglaterra —que hoy nos superan—, y que ahora nosotros lo juguemos y ganemos. Podemos hacerlo. Para ello debemos poseer la información, la estrategia.

Nuestros libros no son para quejarse ni para lloriquear sobre México, ni para hablar mal de la nación a la que amamos. Lloriquear se acabó. La historia que no sirve para cambiar el futuro no sirve para nada.

El día en que miles de niños y jóvenes conozcan todo esto —las estrategias del ajedrez del mundo— y puedan aplicarlo para crear industrias que venzan y dominen en el planeta; y el día en que lo utilicen para llevar a cabo relaciones internacionales inteligentes y planificadas, México va a ser potencia en la Tierra. Y si alguien te dice: "No inventes, eso es un sueño", tú dile: "Alguien lo va a hacer".

SOMOS LO QUE NOS DECIMOS SER

Juan Miguel Zunzunegui

Todos los individuos se cuentan historias de sí mismos, historias que nunca son realidad sino interpretaciones. La vida que tienen, su prosperidad o fracaso, su depresión o alegría, depende por completo de esas historias. Con los países ocurre exactamente lo mismo, todo en nuestra realidad y nuestro porvenir depende por completo del mito que nos contamos de nosotros mismos, de la versión que hacemos de nuestro pasado.

México comenzó a contarse su propia historia, con todos sus mitos, traumas y complejos, después de la revolución; con esa guerra civil como principal impacto, sus justificaciones para la violencia convertidas en pasado, y el contexto de guerra mundial y guerra fría como argumento ideológico. Todo lo que somos hoy es derivado de contarnos esa historia.

México es como un niño pequeño enojado consigo mismo sin saber bien a bien por qué, y siempre poniendo a los demás como culpables de su propio fracaso; desde Cortés y la Malinche, pasando por los árbitros y los jueces olímpicos, y así hasta llegar a Salinas de Gortari y sus hijos mafiosos aferrados al poder. Esta versión de nosotros mismos sólo podrá mantenernos en la pobreza y la ignorancia que tristemente no dejan de ser nuestra realidad.

El mayor patrimonio que México puede ofrecer a sus políticos es la pobreza y la ignorancia. Éstos son los dos elementos que más pesan sobre los hombros de un pueblo y una nación, y son las dos anclas que nos atan al pasado y al estancamiento… pero son exactamente los dos tesoros que ningún político y ningún gobierno han pretendido atacar durante los últimos cien años.

En los países con visión a futuro se sabe que la pobreza y la ignorancia son un lastre, pero en nuestro país son un botín político, el botín político de la revolución. Hay una sola forma de terminar con la pobreza y es capacitando a los pobres para producir riqueza, y desde luego promoviendo el crecimiento económico de la clase empresarial para que ésta ofrezca más empleos con un marco legal que promueva la distribución social de la riqueza.

Sólo un pueblo ilustrado, consciente, racional y sereno tiene la capacidad de gobernarse a sí mismo. Por eso probablemente nada impulse más a un país hacia el progreso que una buena educación, y con dificultad encontraremos algo que lo ate más al pasado y lo hunda en la miseria que una mala educación. México no estaba educado antes de la revolución, y aunque después de esa guerra civil se construyeron escuelas, se instituyó una secretaría de educación y se estableció un sindicato de maestros como parte del sistema político, la educación nunca llegó. Eso fue así porque educar nunca fue el objetivo.

Así como el presente es resultado del pasado, no hay que olvidar que el presente está continuamente construyendo nuestro futuro. Si esa construcción se hace desde la luz de la educación, o desde la oscuridad de la ignorancia, ¿cómo es en México? Comparados con todo un grupo de países desarrollados (OCDE), a lo que se supone que aspiramos, se comprende por qué México está condenado a ser el país del ayer.

Somos el honroso último lugar en libros leídos por habitante. Mientras los noruegos leen un promedio de 47 libros al año, o los españoles 20, los mexicanos leemos dos, y aquí cuenta como libro el *Sensacional de traileros*. En nuestras bibliotecas tenemos cinco libros por cada mil habitantes, mientras en Dinamarca hay 857 y en España 144. Eso es un pésimo fundamento para una democracia.

También somos los que menos vamos a la escuela; no sólo porque nuestro año educativo —de unos 200 días— siempre se vea interrumpido por marchas y huelgas, o porque las escuelas funcionen como guardería de 8 a 12; sino porque somos el país donde menos años permanecemos en un sistema educativo; quizá porque la realidad económica orilla a trabajar, o quizá por la realidad social en la que, en un país de compadres y cuates, el estudio termina teniendo poca relación con el progreso social. Sea como sea, los países más avanzados tienen una escolaridad promedio de 18 años, es decir que llega desde la primaria hasta la maestría, en México el promedio es la preparatoria trunca.

Somos de los países que más dinero destinan a su sistema educativo, pero a la vez somos el último lugar en gasto por estudiante; lo que nos lleva a entender que nuestro dinero de educación se queda más en sindicatos que en aulas; y a pesar de ello, somos el país con mayor número de alumnos por maestro, con lo que es imposible garantizar una educación de calidad.

Pero el más apocalíptico de todos los datos, en un país donde en teoría sabe leer el 94% de la población es que, de cada diez estudiantes en secundaria y preparatoria, siete no comprenden lo que están leyendo. Estamos diciendo que 74% de nuestra población estudiantil carece de hábitos o habilidades para integrar las partes que constituyen un texto con el fin de identificar una idea principal, entender una relación o construir el significado de una palabra o frase. No podemos hacer conexiones o comparaciones, por lo que se nos dificulta vincular lo leído con el mundo real.

Seis de cada diez mexicanos carecen de habilidades matemáticas básicas; cinco de cada diez no tienen competencias lectoras, y siete de cada diez no tienen capacidad de abstracción y solución de problemas simples. Pero eso sí, enarbolando un vacío discurso democrático pretendemos que pueden ser el pilar para tomar las decisiones que encaucen al país por la senda del futuro y el progreso.

Estos datos son los frutos de la revolución y el régimen que nos heredó y aún padecemos. Éste es el material con el que pretendemos construir un pueblo y cimentar un país; esta ignorancia es la argamasa que nos une, el eterno lastre que nos detiene. Ése es el pueblo mexicano con el que hay que construir democracia. Tanta oscuridad es lo que nos hace tan autodestructivos.

No hay un solo problema de México que no tenga solución, pero para ello necesitaríamos políticos dispuestos a resolver esos problemas en vez de ganar dinero y poder con ellos. Como todo país, México es su pueblo, y el pueblo somos todos. Un pueblo es una comunidad que comparte destino, y por lo tanto debe de compartir todo, pues sólo en el bienestar colectivo puede florecer el individual. Ha llegado el momento de ser pueblo.

Haz por México lo que sus políticos y gobernantes nunca han pretendido hacer. Conócelo, compréndelo, acéptalo; sólo así podrás amarlo. Observa su oscuridad y sus defectos sin falsos orgullos patrioteros… y entonces llénalo de tu luz. Tu luz es la comprensión de ti, de los demás y del país, tu luz es tu propia serenidad y pacificación, así como las maneras que encuentres de llevar paz a los demás. Tu luz es la educación, la tuya y la que puedas llevar más allá de ti y de tu entorno.

Paz y educación. Haz de eso tu proyecto por México; trabaja en esos dos pilares. Cifra toda tu atención en el futuro, uno al que sólo llegaremos poniendo toda nuestra energía ciudadana en la educación y en la paz. Entonces podremos vivir sin mitos, y con democracia. Sólo entonces México dejará de estar en guerra contra México.

BIBLIOGRAFÍA

PEDRO J. FERNÁNDEZ

Ávila, Félipe y Pedro Salmerón, *Breve historia de la Revolución Mexicana*, Ediciones Culturales Paidós, México: 2017.

Garner, Paul, *Porfirio Díaz: del héroe al dictador*, Planeta, México: 2003.

Krauze, Enrique, *Biografía del poder*, Tusquets Editores, México: 2014.

Krauze, Enrique, *Siglo de Caudillos*, Tusquets Editores, México: 2014.

Varios autores, *Nueva Historia Mínima de México*, Colegio de México, México: 2016.

LEOPOLDO MENDÍVIL

Agradecimiento especial para los capítulos del autor (particularmente en "La Guerra Masónica", "Díaz y petróleo", "Rockefeller, revolución y petróleo" y "De Cárdenas al 68"), pues se consultó la importante obra de investigación histórica de Doralicia Carmona, José Fuentes Mares, Armando Victoria, Wenceslao Vargas Márquez, Jonathan Brown, Priscilla Connolly, Manuel Mejido, Roy Calvert, Francisco Martín Moreno, Lisa Bud Frierman, Andrew Godley, Judith Wale, Ramiro Pinilla, William Schell, Edith Negrín, Geoffrey Jones, John L. Mitchell, Thomas Torrans, Daniel Yergin, Lorenzo Meyer, José López Portillo y Weber, José Luis Ceceña y Jacques Rogozinski, entre otros.

Juan Miguel Zunzunegui

Ayala, Armando, *Historia esencial de México*, tomo I-VI, Editorial Contenido, México: 2003.

De la Peña, Sergio, *La formación del capitalismo en México*, Siglo XXI, México: 1982.

Duverger, Christian, *Vida de Hernán Cortés*, Grijalbo, México: 2019.

Gallo, Miguel Ángel, *Del México antiguo a la República Restaurada*, Editorial quinto sol, México: 2000.

Riva Palacio, Vicente, *México a través de los siglos*, Océano, México: 1996.

Emiliano Zapata está dispuesto a volver a la lucha, pero 1919 le tiene preparado un sangriento revés. Es traicionado por quien menos lo espera, y en sus últimos momentos de vida recuerda su infancia, sus batallas y a las personas que lo acompañaron desde la cuna hasta el campo de batalla.

En viva voz, Zapata relata fuerte y claro los momentos más importantes de la Revolución Mexicana, como el inicio de la lucha armada, su reunión con Francisco Villa en la Ciudad de México, y su intrigante relación con el yerno de Porfirio Díaz; así como su ideal en Tlaltizapán y las razones que lo llevaron a escribir el famosísimo Plan de Ayala.

A cien años de la muerte de Emiliano Zapata, *Morir de pie* adentra al lector a la apasionante vida de uno de los personajes más emblemáticos de la Revolución Mexicana, y a un importante legado que permanece más vivo que nunca.

Este libro revela la parte oculta de la historia del segundo emperador del México independiente: su pasado borrado, las traiciones y manipulaciones de las que fue objeto, y el verdadero propósito detrás de su brevísimo mandato. Además, explora una posibilidad escalofriante: ¿qué ocurriría si su único y distante heredero fuera hoy llamado por un grupo de monarquistas para restablecer el imperio que se vio truncado por la Reforma? Un complot de esa magnitud desestabilizaría al país y supondría una amenaza patente a la soberanía mexicana. Y a pesar de todo hay en nuestro tiempo quienes consideran que la república democrática es ilegítima y están dispuestos a arriesgarlo todo por restaurar la supuesta gloria de aquel imperio, sin sospechar que con ello sólo conseguirán repetir la historia.

En esta trepidante novela te sumergirás en los misterios sepultados durante 150 años para descubrir las respuestas a las preguntas más inquietantes que dejó el Segundo Imperio. Más que una ficción, éste es un viaje de descubrimiento a uno de los pasajes más oscuros de la histori de México.